W0109931

Johannes Thiele
Die großen deutschen Dichter und Schriftsteller

Johannes Thiele

Die großen deutschen Dichter und Schriftsteller

marixverlag

Copyright © by Marix Verlag GmbH, Wiesbaden 2006
Covergestaltung: Thomas Jarzina, Köln
Bildnachweis: akg-images GmbH, Berlin
Satz und Bearbeitung: C&H Typo-Grafik, Miesbach
Gesamtherstellung: GGP Media GmbH, Pößneck
Printed in Germany

ISBN-10: 3-86539-902-9
ISBN-13: 978-3-86539-902-1

www.marixverlag.de

O mein Freund, wiederhole es Dir unaufhörlich, wie kurz das Leben ist, und daß nichts so wahrhaftig existiert als ein Kunstwerk. – Kritik geht unter, leibliche Geschlechter verlöschen, Systeme wechseln, aber wenn die Welt einmal aufbrennt wie ein Papierschnitzel, so werden die Kunstwerke die letzten lebendigen Funken sein, die in das Haus Gottes gehn, – dann erst kommt Finsternis.

Caroline Schlegel

INHALT

Lust an Literatur 11
Warum Klassiker lesen? 15
Die Dichter 17
    HARTMANN VON AUE 19
    WALTHER VON DER VOGELWEIDE 20
    WOLFRAM VON ESCHENBACH 22
    ANDREAS GRYPHIUS 25
    HANS JACOB CHRISTOFFEL VON GRIMMELSHAUSEN 26
    ANGELUS SILESIUS 28
    CHRISTIAN FÜRCHTEGOTT GELLERT 29
    FRIEDRICH GOTTLIEB KLOPSTOCK 31
    GOTTHOLD EPHRAIM LESSING 34
    CHRISTOPH MARTIN WIELAND 37
    MATTHIAS CLAUDIUS 40
    GEORG CHRISTOPH LICHTENBERG 42
    JOHANN GOTTFRIED HERDER 44
    JOHANN WOLFGANG VON GOETHE 46
    JAKOB MICHAEL REINHOLD LENZ 52
    FRIEDRICH SCHILLER 54
    JOHANN PETER HEBEL 59
    JEAN PAUL 61
    FRIEDRICH HÖLDERLIN 64
    FRIEDRICH SCHLEGEL 67
    NOVALIS (FRIEDRICH VON HARDENBERG) 70
    LUDWIG TIECK 73
    E. T. A. HOFFMANN 76
    HEINRICH VON KLEIST 79
    CLEMENS BRENTANO 83
    ACHIM VON ARNIM 85
    ADELBERT VON CHAMISSO 87
    BETTINA VON ARNIM 89
    LUDWIG UHLAND 91

INHALT

JOSEPH VON EICHENDORFF 93
FERDINAND RAIMUND 96
FRANZ GRILLPARZER 98
ANNETTE VON DROSTE-HÜLSHOFF 100
JEREMIAS GOTTHELF 103
HEINRICH HEINE 106
JOHANN NESTROY 110
CHRISTIAN DIETRICH GRABBE 112
NIKOLAUS LENAU 114
WILHELM HAUFF 116
EDUARD MÖRIKE 118
ADALBERT STIFTER 121
FRIEDRICH HEBBEL 124
GEORG BÜCHNER 127
THEODOR STORM 130
GOTTFRIED KELLER 133
THEODOR FONTANE 137
CONRAD FERDINAND MEYER 139
WILHELM RAABE 142
ARTHUR SCHNITZLER 145
GERHART HAUPTMANN 147
FRANK WEDEKIND 150
STEFAN GEORGE 151
HEINRICH MANN 153
HUGO VON HOFMANNSTHAL 156
THOMAS MANN 159
RAINER MARIA RILKE 163
HERMANN HESSE 166
ALFRED DÖBLIN 168
ROBERT MUSIL 171
STEFAN ZWEIG 173
FRANZ KAFKA 174
GOTTFRIED BENN 177
GEORG TRAKL 180
GEORG HEYM 182
FRANZ WERFEL 184

KURT TUCHOLSKY 186
NELLY SACHS 188
JOSEPH ROTH 190
ERNST JÜNGER 193
CARL ZUCKMAYER 195
BERTOLT BRECHT 198
ERICH MARIA REMARQUE 202
ERICH KÄSTNER 205
ANNA SEGHERS 208
MAX FRISCH 210
PETER WEISS 213
HEINRICH BÖLL 216
PAUL CELAN 219
WOLFGANG BORCHERT 221
FRIEDRICH DÜRRENMATT 223
INGEBORG BACHMANN 226
SIEGFRIED LENZ 228
MARTIN WALSER 231
GÜNTER GRASS 234
CHRISTA WOLF 237
HANS MAGNUS ENZENSBERGER 241
MICHAEL ENDE 244
REINER KUNZE 246
UWE JOHNSON 248
JUREK BECKER 250
PETER HANDKE 252
BOTHO STRAUß 254

Lust an Literatur

Dieses Buch ist kein Schriftstellerlexikon, eher ein Kanon der deutschen Literatur. Es wäre jedoch völlig missverstanden, wollte man in der Auswahl ein Ranking vermuten, ein *Best of*, ein Urteil gar über Rangfolge und Wert. Es will einen roten Faden auslegen, von dem aus sich die Literatur, dieses »weite Feld«, erschließen lässt.

Wirken soll das Buch wie ein Kaleidoskop. Ein Kaleidoskop ist eigentlich ein »Schönbildschauer«, abgeleitet vom griechischen *kalós* (schön) und *skopein* (schauen, betrachten). Ein Spielzeug, bei dem sich unregelmäßig liegende bunte Glasstückchen durch Spiegelung in einem Winkelspiegel zum Bild eines regelmäßigen, sich bei Bewegung ändernden Sterns anordnen.

Man wird einwenden können, dass die Geschichte der Literatur alles andere als ein »regelmäßiges« Bild ergibt, im Gegenteil, dass sie so unruhig, widersprüchlich, sprunghaft und antagonistisch ist wie alle Geschichte. Insofern ist das Bild schief. Mir kommt es jedoch darauf an, sich einen spielerischen Zugang zur Literatur zu bewahren, die unregelmäßigen Steine in Bewegung zu bringen, so dass sich immer neue Bilder ergeben, immer neue Facetten. Und sich entzücken zu lassen, um ein hoffnungslos altmodisches Wort zu gebrauchen, denn letztlich geht es beim Lesen doch darum, »die uns im Leben zugeteilten Stunden der Langeweile gegen solche des Entzückens einzutauschen« (François de la Rochefoucauld). Sich nicht nur irgendeinem »Lesespaß«, sondern einem ästhetischen Vergnügen hinzugeben. Die Spielräume auszuschöpfen, die sich durch Lektüre in der Phantasie des Lesers auftun, sich verführen zu lassen von der Möglichkeit des Weiterdenkens und Weiterspinnens und auch des Widersinns.

»Große deutsche Dichter und Schriftsteller« flößen Respekt ein. Wie erratische Zeugen einer unzugänglichen Zeit stehen sie da, mit der Aura des verstaubten, langweiligen Bildungsballasts. Ist das nicht alles viel zu schwierig? Muss man nicht über ein hohes Maß an Wissen verfügen, um sich ihnen überhaupt zu nähern, geschweige denn aus ihrer Lektüre einen Gewinn zu ziehen? Nein, die Klassiker sind keine »Geister, deren Schriften, in unvermindertem Jugendglanz, durch die Jahrtausende gehen«, wie Arthur Schopenhauer empathisch schreibt. Sie sind eine einzigartige Einladung, das Leben zu deuten, zu verstehen, einen schärferen Blick, ein heißeres Herz zu gewinnen.

Freilich: Information kann nicht schaden. Es hilft, zu erfahren und zu wissen, welche Bedeutung einem Autor zukommt, worin seine Unverwechselbarkeit besteht, seine Originalität, seine besondere Qualität, das vielleicht umstürzend Neue, das er in die Literatur hineingetragen hat. Doch diese Informationen dürfen nicht dazu führen, Literatur nur auf ihren praktischen Nutzwert abzuklopfen und – wenn sie diesen nicht auf den ersten Blick hergeben – sie gleich ad acta zu legen.

Es geht hier also in jedem Fall – bei aller sachlichen Information – um die emotionale Wirkung der Literatur. Wir lesen Tausende, Zehntausende Texte in unserem Leben. Texte in Beipackzetteln, Gebrauchsanweisungen, Gesetzbüchern, Zeitungen, Lexika, Taschenbüchern, Bestsellern. Literatur wird aus Texten erst dann, wenn sie uns fühlen lassen, wirklich fühlen lassen. Große Literatur haben wir vor Augen, wenn wir uns noch im kleinsten Vers und in der kürzesten Geschichte als Teil der Menschheit fühlen.

Wenn Literatur uns nicht bewegt, zu Tränen rührt, aufrüttelt, erschüttert, frieren macht, Hitze unter die Haut schickt, wenn sie uns nicht sehnsüchtig stimmt, elegisch oder melancholisch, wenn sie nicht unsere Ängste schürt und unsere Hoffnungen hochfliegen lässt bis zu den weißen Wolken, wenn sie uns nicht unsere Unterlassungen und fahrlässigen

Versäumnisse bewusst macht, uns nicht etwas Holdseliges, Staunlustiges, Traumschönes in Erinnerung ruft, etwas, das wir alle einmal geahnt haben, als wir – willig oder unwillig – ein zerknittertes Reclamheftchen oder abgegriffenes Hamburger Leseheft in Händen hielten, wenn sie uns nicht durch alle Höllen schickt und uns alle Himmel zeigt, wenn sie nicht die unendliche lange Weile unseres Lebens unterbricht, wenn wir nicht einmal nach einer Lektüre die Welt in Brand setzen wollten oder vor Liebe vergehen – dann ist sie nichts. Gar nichts. Wenn sie aber nur ein Fünkchen ist, ein Fünkchen Wahrheit, Lust, Witz, Überschuss, Wahnsinn – dann ist sie alles.

Für den Literaturwissenschaftler Emil Staiger eröffnet Literatur eben diesen Raum der Möglichkeiten: »Halten wir uns bereit, die Gewöhnungen unseres Tages abzustreifen und das Vergangene wieder als Hort verscherzter und vergessener, aber lebendiger Möglichkeiten zu ehren. Nur so entrinnen wir natürlich der würdelosen Despotie des Zeitgeistes, nur so gewinnen wir jene Freiheit, die einzig der Raum der Geschichte gewährt.«

Irgendwo muss jedes Buch seinen Schlussstrich haben. Ich habe mich dafür entschieden, keinen Autor mehr aufzunehmen und zu berücksichtigen, der nach 1945 geboren wurde. Vielleicht gibt es intelligentere, sachbegründetere Kriterien, es ist jedoch letztlich gleich. Wer einen soliden und auch unterhaltsamen Überblick sucht, der ihm die Geschichte der deutschen Literatur von 1945 bis heute prägnant und mit dem Mut zum leidenschaftlichen Plädoyer und subjektiven Urteil vorstellt, möge zum Buch *Lichtjahre* von Volker Weidermann greifen.

München, im Juli 2006   *Johannes Thiele*

WARUM KLASSIKER LESEN?

Wer wird nicht einen Klopstock loben?
Doch wird ihn jeder lesen? – Nein.
Wir wollen weniger erhoben,
Und fleißiger gelesen sein.
GOTTHOLD EPHRAIM LESSING,
SINNGEDICHT AN DEN LESER

Nirgends kann man den Grad der Kultur einer Stadt und
   überhaupt den Geist ihres herrschenden Geschmacks
   schneller und doch zugleich richtiger kennen lernen,
   als – in den Lesebibliotheken.
Höre, was ich darin fand, und ich werde Dir ferner nichts
   mehr über den Ton von Würzburg zu sagen brauchen.
»Wir wünschen ein paar gute Bücher zu haben.«
»Hier steht die Sammlung zu Befehl.«
»Etwa von Wieland.«
»Ich zweifle fast.«
»Oder von Schiller, Goethe.«
»Die möchten hier schwerlich zu finden sein.«
»Wie? Sind alle diese Bücher vergriffen? Wird hier so
   stark gelesen?«
»Das eben nicht.«
»Wer liest denn hier eigentlich am meisten?«
»Juristen, Kaufleute und verheiratete Damen.«
»Und die unverheirateten?«
»Sie dürfen keine fordern.«
»Und die Studenten?«
»Wir haben Befehl ihnen keine zu geben.«

»Aber sagen Sie uns, wenn so wenig gelesen wird, wo in aller Welt sind denn die Schriften Wielands, Goethes, Schillers?«

»Halten zu Gnaden, diese Schriften werden hier gar nicht gelesen.«

»Also Sie haben sie gar nicht in der Bibliothek?«

»Wir dürfen nicht.«

»Was stehn denn also eigentlich für Bücher hier an diesen Wänden?«

»Rittergeschichten, lauter Rittergeschichten, rechts die Rittergeschichten mit Gespenstern, links ohne Gespenster, nach Belieben.«

»So, so.«

HEINRICH VON KLEIST

DIE DICHTER

HARTMANN VON AUE

* um 1168
† um 1210

Minnelehre
Das Büchlein
Romane
Erek
Iwein
Verslegenden
Der arme Heinrich
Gregorius

Hartmann von Aue, der sich in kirchlicher Lehre ebenso auskennt wie in der Antike und der sogar bei einem Kreuzzug mit von der Partie ist, gilt als der Herold höfischer Klassik. Bei keinem anderen Dichter finden wir die Lehre der Minne so ausgefeilt und dichterisch umgesetzt wie bei diesem ritterlichen Poeten *(Das Büchlein)*. Weibliche Erotik und männliche Abenteuerlust sind die Ingredienzien, aus denen Hartmann publikumswirksame Stoffe zur abendlichen Unterhaltung und Erbauung auf den Burgen schmiedet.

Maß und Zucht, Gesinnungsadel und Treue – die Grundwerte der höfischen Kultur des Mittelalters spiegeln sich auch in den beiden Epen *Erek* und *Iwein*, für die der französische Dichter Chrétien de Troyes mit seinen Dichtungen um die Ritter der Artusrunde die Vorlage liefert.

Erek beginnt wie ein traditionelles Ritterabenteuer: Der Held reitet aus, erringt die Geliebte und kehrt ehrenvoll an den Artushof zurück. Doch damit ist bei Hartmann die Geschichte nicht wie sonst üblich zu Ende, sondern beginnt erst: Der Held ist von der Liebe zu seiner Frau Enite so gefesselt und in Anspruch genommen, dass er darüber seine Pflichten als Ritter vernachlässigt. Als Enite eines Tages im Selbstgespräch ihre Unzufriedenheit und Enttäuschung über Ereks tatenloses Leben bei Hofe äußert, geht er auf Abenteuerfahrt, jedoch nicht ohne Enites Begleitung. In den sich steigernden Gefahren bewähren sich beide: Erek als Ritter, Enite als liebende Frau. Die Moral der Geschichte liegt auf der Hand: Es gilt, für Amour und Ehre das rechte Maß zu finden.

Moralischer geht es in der Legende *Gregorius* zu, in der Hartmann – beeindruckt von seinem Kreuzzugserlebnis – eine Büßergeschichte von Schuld und Gnade unter christlicher Perspektive erzählt. Auch die Erzählung *Der arme Heinrich* zeigt, dass die Bereitschaft zum Opfer Gottes Gnade bewirkt – ein Wechselspiel zwischen einem todkranken Ritter und einem Bauernmädchen, das sein Herzblut für die Genesung des Geliebten geben will.

Als direktes Gegenstück zum *Erek* kann Hartmanns letztes großes Epos gelten: Diesmal ist es nicht die Maßlosigkeit der Minne, die den Helden bedroht, sondern das Übermaß an Abenteuern. *Iwein* vergisst über seinen ritterlichen Aventiuren seine Gemahlin Laudine und verletzt das Gebot der Minne, aber auch Maß und Zucht. Als er sich bei weiterer Abenteuern und Kämpfen als Beschützer der Unterdrückten und Armen erweist, kann Laudine gar nicht anders, als ihm zu verzeihen.

WALTHER VON DER VOGELWEIDE

* um 1170
† um 1230

Gedichte
ca. 30 Textzeugnisse, u.a. in der *Kleinen Heidelberger Liederhandschrift*, der *Manessischen Handschrift* und der *Weingartner Handschrift*

Spruchdichtung
ca. 140 bis 150 überlieferte Sprüche

> Unter der Linde
> auf der Heide,
> wo unser beider Bett war,
> da könnt Ihr finden
> sorgfältig beides
> niedergedrückt: Blumen und Gras.
> Vor dem Wald in einem Tal,
> tandaradei,
> sang schön die Nachtigall.
> WALTHER VON DER VOGELWEIDE

Ja, Tandaradei – Leben und Lieben und Singen scheinen eins zu sein bei Walther von der Vogelweide. Doch schon zu Lebzeiten gilt er als an Vielseitigkeit, Wandlungsfähigkeit und Genialität unübertroffen. Der größte Lyriker und Dichter des Mittelalters ist ein fahrender Sänger, an vielen Höfen zu Gast, unbehaust und ruhelos, dessen Lieder nicht nur von Liebe und Verehrung des Weiblichen singen, sondern auch politische, kämpferische und kritische Themen zum Inhalt haben.

Walthers Songbook ist an den Höfen heiß begehrt, seine Spruchdichtung, seine Minnegesänge, seine Mädchenlieder, die dann von der höfischen Dorfpoesie weiterentwickelt werden. Sprachkraft, Bildung, Rittergeist zeichnen ihn aus. Politisch steht er ganz auf der Seite von Kaiser und Reich der Staufer, er gilt als guter Ratgeber und weiser Zeitkritiker. Doch so heftig er sich gegen den Machtanspruch der Papstkirche wehrt – Walther ist ein überzeugter Christ. Was ihn nicht davon abhält, unzählige Lieder über »herzeliebe frowelin« zu dichten und zu singen: »Nemt, frouwe, disen kranz« oder das berühmte sinnenfrohe Lied »Under der linden«.

Mit der höfischen Liebe zur verführerischen Grande Dame kennt er sich ebenso aus wie mit der Liebe zum einfachen Mädchen vom Land, dessen Schönheit er preist, das ihm seine Liebe schenkt und dessen gläsernes Ringlein ihm lieber ist als das Gold der Königin. Heiter sind diese Lieder, gelöst, voll warmer Empfindung. Sie durchbrechen die Künstlichkeit der höfischen Poesie.

Die höfische Form ist auch Maßstab für die Spruchdichtung Walthers: In satirisch-polemischer Art und Weise nimmt er Stellung zu aktuell-politischen Fragen, verunglimpft er seine Feinde. Verschiedene Fürstenhöfe sind die wichtigsten Bezugspunkte der Sprüche, in denen virtuos Politik in Dichtung umgesetzt wird. Die Stilisierung des Sängers, der sein Publikum unmittelbar in Bann zieht, ist ein ebenso wichtiges Ausdrucksmittel wie die anschauliche Bildsprache, die Eindringlichkeit, Lebendigkeit und nicht zuletzt der auf Witz bedachte Effekt, der stets eine finale Pointe hervorruft. Nach Walthers Attacken auf den Papst stellt Thomasin von Zerklaere fest: »Er hat tausend Menschen verwirrt.«

Mit zunehmendem Alter wird Walther immer resignierter und entsagender. Die frühere übermütige Lebensfreude ist fast gänzlich verschwunden, als der Verfall und der beginnende Niedergang des Reiches unübersehbar werden. Der Glanz der Schönheit und der Lebensfreude ist trügerisch geworden. Als Walther seine Augen schließt, scheint eine ganze Welt unterzugehen.

WOLFRAM VON ESCHENBACH

* um 1170/1180
† um 1220

Gedichte
Minnelieder

Epen
Parzival
Willehalm
Titurel

> Wenn Ritterschaft, sprach Parzival,
> zugleich der Seele Seligkeit
> sich samt des Leibes Ruhm im Streit
> erjagen kann mit Schild und Schwert –
> stets hab' ich Ritterschaft begehrt.
> Ich stritt, wo ich zu streiten fand;
> auch sind die Taten meiner Hand
> vom Ruhme nicht mehr allzu weit.
> Versteht sich Gott auf rechten Streit,
> so soll er mich zum Gral ernennen.
> Fürwahr, sie sollen mich bald kennen:
> Wer Kampf sucht, findet ihn bei mir.
> WOLFRAM VON ESCHENBACH, PARZIVAL

Wolfram von Eschenbach ist der Dichter des *Parzival*. Damit ist eigentlich alles gesagt. Denn mit diesem viel gelesenen und weit verbreiteten höfisch-ritterlichen Versroman gelingt ihm – obwohl er den allerdings fragmentarischen *Perceval* von Chrétien de Troyes verarbeitet – literarisch etwas völlig Neues und Eigenes: nicht nur eines der anspruchsvollsten Großepen des Mittelalters, sondern auch ein früher »Entwicklungsroman« der Weltliteratur.

Wolfram verknüpft zwei Erzählschichten miteinander: den Artuskreis und die Gralssage. Und folgerichtig verläuft die Entwicklung des jugendlichen Helden vom ahnungslosen Knaben zum Artusritter und schließlich zum Hüter des Grals.

Nach dem frühen Tod seines Vaters wächst Parzival bei seiner Mutter Herzeloyde in der Waldeinsamkeit auf. Als Jüngling zieht Parzival aus, den Hof von König Artus zu suchen, wo er nach manchen Abenteuern und Mutproben – unter anderem dem Kampf gegen den Roten Ritter – auf-

23

genommen wird. Doch da er auf seinem Weg über die Gralsburg versäumte, nach dem Grund für die Trauer dort – das
Leiden von König Amfortas – zu fragen, wird er von der
Gralsbotin Kundry aus der Tafelrunde ausgeschlossen und
verflucht. Jahrelang zieht Parzival nun unruhig durch die
Welt, von Hader gegen Gott und sein Schicksal erfüllt. Bei
dem Klausner Tevrizent versöhnt er sich mit Gott und wird
dafür mit der Einführung in das Gralsgeheimnis belohnt.
Auf der Gralsburg stellt er die erlösende Frage, Amfortas
wird geheilt und Parzival Hüter des Grals.

Eine Fülle einzelner Episoden strukturiert dieses Epos,
Parzival begegnet zahlreichen Gestalten, unter anderem
dem kämpferischen und mit Abenteuern glänzenden Artusritter Gawan. Doch er wächst auch über die höfisch-rit-
terliche Welt hinaus: Irrtümer, Zweifel, Umwege führen ihn
schließlich zu Gott. Sein Weg kann als Analogie zur Heilsge-
schichte – Unschuld, Sündenfall, Erlösung – gelesen werden.
So werden Göttliches und Menschliches vereinigt: »Wer sein
Leben so beendet, dass er Gottes Huld nicht durch Hingabe
an die Lust der Welt verloren, dabei aber auch sich in der
Welt in Ehren bewährt hat, der hat recht gelebt« (Schluss
des Epos).

Wolframs weitere Epen sind fragmentarisch geblieben:
Im *Titurel* erzählt er die zarte und tragische Liebesgeschichte der schönen Sigune, die ihrem toten Verlobten die Treue
hält; im *Willehalm* berichtet er vom Kampf gegen die heid-
nischen Sarazenen, wobei aus dem Glaubenskampf schließlich ein Epos der Menschlichkeit wird.

Wolframs Sprache unterscheidet sich wesentlich vom Stil
Hartmanns von Aue – sie ist bildhaft, reich an Pointen, auch
ironisch. Dieser wirkungsreichste deutschsprachige Dichter des Mittelalters ist mehr als »nur« ein Ritterdichter. Der
Stoff des Parzival inspiriert Richard Wagner zum Libretto
einer seiner besten Opern. Und Wolfram selbst tritt als Figur
gleich in zwei Wagner-Opern auf: im *Tannhäuser* und in den
Meistersingern.

ANDREAS GRYPHIUS

* 2. Oktober 1616 Glogau
† 16. Juli 1664 Glogau

Gedichte
  Sonn- und Feiertagssonette
  Teutsche Reimgedichte
Dramen
  Leo Arminius oder Fürstenmord
  Catharina von Georgien
  Cardenio und Celinde oder Unglücklich Verliebte
  Großmüthiger Rechts-Gelehrter oder Aemilius Paulus
    Papinianus
  Absurda Comica oder Herr Peter Squentz
  Horribilicribrifax

Das Leitmotiv seiner Gedichte ist das christliche Symbol von der Vergänglichkeit des Menschen und der Eitelkeit alles Irdischen. Dieses ursprünglich religiöse und fast kirchlich-dogmatische Gefühl vertieft sich in seinen Sonetten grandios künstlerisch zur Weltanschauung einer erschütternden Resignation und eines erhabenen schmerzlichen Pessimismus. *Klabund*

Du siehst, wohin du siehst, nur Eitelkeit auf Erden,
Was dieser heute baut, reißt jener morgen ein;
Wo itzund Städte stehn, wird eine Wiese sein,
Auf der ein Schäferkind wird spielen mit der Herden.
ANDREAS GRYPHIUS

Mit Andreas Gryphius sind wir mitten im pathetisch-religiösen Hochbarock. Die Verheerungen des Dreißigjährigen Krieges schildert Gryphius, der auch als Begründer des deutschen Trauerspiels gilt, aus innerer Bewegung und Ergriffenheit. Das Gefühl der Nichtigkeit der Welt und der

Vergänglichkeit des Lebens – zum Beispiel in den Gedichten mit Vanitas-Thematik – veranlasst ihn jedoch nicht zu weltabgekehrter Passivität. Es ist der Glaube an eine höhere und bessere Welt, die ihn treibt und motiviert und Hoffnung für den sich über das Irdische erhebenden Menschen schöpfen lässt.

In seiner Lyrik beschwört Gryphius leidenschaftliches Bewusstsein von Vergänglichkeit, düsterem Ernst und glaubensfester Religiosität. Auch seine Dramen zwischen Himmel und Hölle sind reich an Affekten, doch ohne tragische Spannung, und behandelt die tiefe Skepsis gegenüber der Welt und die Standhaftigkeit des gewissenhaften Menschen.

Seine zur Posse neigenden Lustspiele schließlich zeigen Gryphius von einer lockeren Seite: Hier werden die Gegensätze von Sprachen und Milieus verspottet. Die *Absurda Comica* wirkt wie englisches Komödiantenspiel und zeigt – ganz ähnlich wie Shakespeares *Sommernachtstraum* – rüpelhafte wie eifrige Handwerker auf der Bühne »Pyramus und Thisbe« spielen. Der *Horribilicribrifax* schließlich ist eine amüsante Karikatur der Großsprecherei und des Kauderwelschs, des Phrasendreschens und der Halbbildung, »die sich als Folge der Überschätzung alles Militärischen besonders beim Offiziersstand bemerkbar macht. Der aufschneiderische Maulheld Horribilicribrifax ist eine köstliche Figur, die man heute noch leibhaftig herumlaufen sehen kann« (Klabund).

Hans Jacob Christoffel von Grimmelshausen

* 12. März 1621 Gelnhausen
† 17. August 1676 Renchen (bei Offenburg)

Romane
Dietwalts und Amelinden anmuthige Liebs- und Leidsbe-
schreibung
Schwartz und Weiß oder der Satirische Pilgram
Der seltzame Springinsfeld
Das wunderbarliche Vogelnest
Courasche
Der Abentheuerliche Simplicissimus Teutsch
    »Das ist:
    Die Beschreibung des Lebens eines seltzamen Vaganten
    genannt Melchior Sternfels von Fuchshaim
    wo und welcher gestalt Er nemlich in diese Welt kommen
    was er darinn gesehen
    gelernet
    erfahren und außgestanden
    auch warumb er solche wieder freywillig quittirt. Überauß
        lustig
    und männiglich nutzlich zu lesen.«

Hier haben wir gleich den typischsten aller Barocktitel
vor Augen. Und in barocker Überfülle erzählt Hans
Jacob Christoffel von Grimmelshausen, schon als Kind in
die Kriegswirbel hineingezogen, dann Trossbube und Mus-
ketier, die abenteuerliche, mitunter krasse, unverbildete,
lebensnahe Geschichte aus dem »großen Krieg« und überwindet damit – nicht zuletzt durch den im Mittelpunkt stehenden Pikaro, dem Burschen aus dem Volk – gleich auch
den höfisch-galanten Stil.
    Im Gegensatz zum höfischen Epos betrachtet der Schel-
menroman nämlich die Welt von unten, aus der Perspektive der Unterdrückten, der kleinen Leute. In der Form der
fiktiven Autobiographie ist der *Simplicissimus der* große
volkstümliche, zeitüberdauernde Roman des unbekannten
Deutschen im Dreißigjährigen Krieg, der aus der Sicht eines
verwegenen Helden, aus der Mitte der Soldaten, Bauern und
Kleinbürger geschildert wird: Gespräche und Geschichten,
farbige Berichte ländlichen Lebens und städtischer Kultur,

soldatischen Lagertreibens, ziehender Landsknechthaufen, der Belagerungen, Kämpfe, Listen und Überfälle, marodierenden und sengenden Horden, der Leiden und Drangsale, der Tränen und des Gelächters einer aus den Fugen geratenen, chaotischen Zeit.

Diese unbekümmerte Mischung aus Drastik und Derbheit erinnert an Schwanksammlungen, doch christliche Gläubigkeit und idyllisch spielende Phantasie sprengen alle Kategorien. Grimmelshausen, der »mit Lachen die Wahrheit sagen« will, bietet Satire, Fantasy und sogar eine Robinsonade, außerdem eine Menge Märchen und Schwänke, so dass das Ganze sich wie ein Geschichtenbuch fürs Lagerfeuer liest, wäre da nicht die große Moral vom Krieg als dem Bild für die Unbeständigkeit alles Irdischen. Und würde im *Simplicissimus* nicht auch der große Traum von einem künftigen, einigen, friedvollen Deutschland geträumt.

ANGELUS SILESIUS

* 25. Dezember 1624 Breslau
† 9. Juli 1677 Breslau

Mystische Schriften
Geistreiche Sinn- und Schlußreime
Cherubinischer Wandersmann
Die heilige Seelenlust

> *Du mußt zum Kinde werden*
> Mensch, wirst du nicht ein Kind, so gehst du nimmer ein,
> Wo Gottes Kinder sind: die Tür ist gar zu klein.

> *Ohne warum*
> Die Ros' ist ohn' warum; sie blühet weil sie blühet,
> Sie acht' nicht ihrer selbst, fragt nicht, ob man sie siehet.
> ANGELUS SILESIUS, CHERUBINISCHER WANDERSMANN

Johann Scheffler, genannt Angelus Silesius (»schlesischer Bote«), kreist in seinen knappen, pointiert zugespitzten Epigrammen um das Geheimnis des Innewohnens Gottes in der Seele, der mystischen Erfahrung des Einswerdens der Seele mit dem Göttlichen als dem Grund und Ziel aller Religion. Sein *Cherubinischer Wandersmann* versammelt meist zweizeilige Aphorismen in sprachlicher Vollendung, die den christlichen Glauben mystisch ausdeuten und in geistreichen Formulierungen und paradoxen Zuspitzungen beim Leser kleine Erleuchtungen bewirken.

In dieser epigrammatischen Versschmiede zeigt sich Silesius' einzigartige Kunst: So wie sich der Mystiker in das innere Selbst versenkt und in der Berührung der Gegensätze, die in Gott aufgehoben werden, die »Unio mystica« im Göttlichen ersehnt, in der letztlich Ort und Zeit und Begriffe keine Rolle mehr spielen, so wird hier das unaussprechliche mystische Erlebnis – das Aufgehen im Unendlichen – in kühnen Bildern und verblüffenden Formulierungen nachvollziehbar.

CHRISTIAN FÜRCHTEGOTT GELLERT

* 4. Juli 1715 Hainichen (Sachsen)
† 13. Dezember 1769 Leipzig

Gedichte
Geistliche Lieder und Oden
Prosa
Fabeln und Erzählungen
Dramen und Schäferspiele
Die zärtlichen Schwestern
Das Los in der Lotterie
Das Band
Sylvia

Roman
Das Leben der schwedischen Gräfin von G.
Programmschriften
Pro comoedia commovente (Für das rührende Lustspiel)
Briefe, nebst einer praktischen Abhandlung von dem guten
Geschmacke in Briefen
Moralische Vorlesungen

Unstreitig ist unter allen unsern komischen Schriftstellern Herr Gellert der einzige, dessen Stücke das meiste ursprünglich Deutsche haben. Es sind wahre Familiengemälde, in denen man gleich zu Hause ist. *Gotthold Ephraim Lessing*

Wer heute die Texte Christian Fürchtegott Gellerts liest, wird kaum noch ermessen können, welche ungeheure Popularität sie zu ihrer Zeit gehabt haben. Seine *Fabeln und Erzählungen* sind zweifellos das beliebteste und populärste Buch in der zweiten Hälfte des 18. Jahrhunderts; es wird in fast alle Kultursprachen übersetzt. Diese flüssig geschriebenen und locker komponierten Versgeschichten sind von geradezu anmutiger Liebenswürdigkeit und dienen der Unterhaltung und Belehrung; sie bieten bisweilen aber auch humorvolle Satire gegen Freigeisterei, Modetorheiten, Charakterfehler und propagieren bürgerliche Genügsamkeit, Gerechtigkeit und Ehrlichkeit. *Das Leben der schwedischen Gräfin von G.* ist eines voller Schicksalsschläge, die mit der Gelassenheit des aufgeklärten Christen hingenommen und überwunden werden.

So kann dieser bescheidene, später ständig kränkelnde Professor der Rhetorik zurecht als einer der wichtigsten Autoren der deutschen Aufklärung gelten – ganz nach dem Geschmack seiner Zeit. Man liebt seine moralischen Histörchen mit praktischem Nutzen über alles. Sie sind die eigentlichen Transmitter bürgerlicher Moral, die beharrlich gegen das Laster kämpft. Auch in seinen Lustspielen kommt es Gellert weniger darauf an, sein Publikum zu unterhalten und zu amüsieren, als es zu »rühren« und Vernunft und Gemüt zum Ausgleich zu bringen. So werden Gegensätze harmonisiert, Mäßigung und Gelassenheit erreicht: Gellert als der große Didaktiker, der das Gestelzte und Gezierte früherer Zeiten hinter sich lässt und seine Leserinnen und Leser mit Natürlichkeit zu überzeugen weiß. Doch schon Mitte des 19. Jahrhunderts ist Gellert nurmehr eine Figur der Literaturgeschichte.

FRIEDRICH GOTTLIEB KLOPSTOCK

* 2. Juli 1724 Quedlinburg
† 14. März 1803 Hamburg

Gedichte
  Ausgewählte Oden und Elegien (u.a. *Die Frühlingsfeier, Der Eislauf, Dem Erlöser, Der Zürcher See*)
Versepos
  Der Messias
Aufsätze und Abhandlungen
  Von der Sprache der Poesie
  Die deutsche Gelehrtenrepublik
  Von dem Fehler, andere nach sich zu beurteilen
  Vom Range der schönen Künste und der schönen Wissenschaften
  Von der Freundschaft
  Gedanken über die Natur der Poesie

Man ist gegenwärtig sehr geneigt, Lessing als den Ausgangspunkt unserer Literatur hinzustellen. Das ist aber nicht wahr. Der Vater unserer Literatur ist Klopstock. Er hat zuerst den Funken der Begeisterung in die träge und pedantische Masse geworfen.
Franz Grillparzer

Im Frühlingsschatten fand ich sie;
Da band ich sie mit Rosenbändern:
Sie fühlt' es nicht und schlummerte.

Ich sah sie an; mein Leben hing
Mit diesem Blick' an ihrem Leben:
Ich fühlt' es wohl, und wußt' es nicht.

Doch lispelt' ich ihr sprachlos zu,
Und rauschte mit den Rosenbändern:
Da wachte sie vom Schlummer auf.

Sie sah mich an; ihr Leben hing
Mit diesem Blick' an meinem Leben,
Und um uns ward's Elysium.
Friedrich Gottlieb Klopstock, Das Rosenband

Aus einem pietistischen Elternhaus stammend, macht sich Friedrich Gottlieb Klopstock die Ideale der Unabhängigkeit zu eigen, wird 1792 sogar zum Ehrenbürger der Französischen Revolution ernannt. Ohne die hochgestimmte Gefühls- und Sprachgewalt seiner Lyrik sind weder die Gedichte des jungen Goethe, noch die Rilkes und Georges denkbar. Er bevorzugt die Ode, die Hymne, das Versepos – Genres, die heute nicht mehr hoch im Kurs stehen und rasch den Eindruck aufkommen lassen, es mit einem langweiligen Poeten zu tun zu haben, dessen Dauererregung uns nur noch ebenso kurios vorkommt wie die seherische Phantasie, das begeisterte Lebensgefühl, die patriotische Begeisterung.

Doch Klopstock bringt einen ganz neuen Ton in die Literatur: die Offenbarung der Gefühle. Sich freizumachen von moralischer Autorität und sich ohne Sündenbewusstsein der Größe und Schönheit der Schöpfung hinzugeben, sich mit Gleichgesinnten in Freundschaftsbünden zusammenzufinden – von diesem Programm geht eine bezwingende Wirkung aus. Es wirkt wie ein Zündholz im vertrockneten Literaturgehölz.

Wollte die Aufklärung den Leser bloß belehren oder allenfalls noch belustigen, so soll er jetzt in seiner Existenz getroffen werden, emporgehoben aus seiner Misere, wahrhaft erschüttert. Empfindsame Betrachtung und mitleidvolle Ausmalung wollen die Seele durch erhabene Vorstellungen und Gefühle erwecken. Es werden die ganz großen Themen gesetzt: Gott und Natur, Freundschaft und Liebe, Freiheit und Vaterland, Tod und Ewigkeit.

Klopstock wendet sich an das Gemüt, an die Seele, kraftvoll und weltbejahend steigert er den religiösen Gefühlskult. Sein Glaube an die Bestimmung des Menschen zu Freiheit und Größe manifestiert sich zum Beispiel in der hymnischen Naturschilderung der *Frühlingsfeier*. Dichtung wird zum »heiligen Beruf«, der Dichter zum religiösen Seher und patriotischen Propheten.

Die *Frühlingsfeier* wirkt bis zu Goethes *Werther*: »Wir traten ans Fenster. Es donnerte abseitwärts, und der herrliche Regen säuselte auf das Land, und der erquickendste Wohlgeruch stieg in aller Fülle einer warmen Luft zu uns auf. Sie stand auf ihren Ellenbogen gestützt, ihr Blick durchdrang die Gegend; sie sah gen Himmel und auf mich, ich sah ihr Auge tränenvoll, sie legte ihre Hand auf die meinige und sagte: ‚Klopstock!' Ich erinnerte mich sogleich der herrlichen Ode, die ihr in Gedanken lag, und versank in dem Strome von Empfindungen, den sie in dieser Losung über mich ausgoß.« *Das* war die Wirkung dieses Dichters, so wenig nachvollziehbar uns dies heute vorkommen mag. Große Gefühle. *Bigger than life*.

Dichtung wird jetzt zum Erlebnis, stärker denn je. Der Griff zu antiken Versmaßen ermöglicht Klopstock enthusiastische Gefühlsaufschwünge, neue Ausdrucksmöglichkeiten der Sprache durch mehr Musikalität, größere Klangfülle, durch neu geprägte Bilder und Wörter. Sein *Messias* – der Miltons *Verlorenes Paradies* zum Vorbild nimmt – schildert in pathetischer und ekstatischer Sprache Leiden und Triumph Christi. Aber weniger die biblischen Geschehnisse zählen, als vielmehr die Gedanken, Gefühle und Empfindungen und Gefühle der Jünger und Engel und aller Mitspieler des großen Passions- und Erlösungsdramas, das sich auf einer kosmischen Bühne vollzieht, auf der Geisterchöre von Himmel und Hölle mitwirken.

In bewusster Abwendung vom spielerischen Rokoko hält hier hymnischer Ernst Einzug in die Literatur und beeinflusst in der überstarken Betonung von emotionaler Erlebnisfähigkeit vor allem den Sturm und Drang.

Klopstock, erfüllt von der Utopie eines deutschen Geisteslebens, mag uns heute mit seiner spirituellen Sinnlichkeit und vollkommenen Künstlichkeit der Sprache ferngerückt sein wie kaum ein anderer Dichter. Zu seiner Zeit war die Gefühls- und Sprachgewalt seiner freirhythmischen Poesien ein absoluter Höhepunkt der literarischen Artikulation.

GOTTHOLD EPHRAIM LESSING

* 22. Januar 1729 Kamenz (Sachsen)
† 15. Februar 1781 Braunschweig

Dramen
Der junge Gelehrte
Der Freigeist
Miss Sara Sampson
Die Juden
Minna von Barnhelm oder Das Soldatenglück
Emilia Galotti
Nathan der Weise
Prosa
Fabeln
Ästhetische Schriften
Briefwechsel über das Trauerspiel
Briefe, die neueste Literatur betreffend
Laokoon oder über die Grenzen der Malerei und Poesie
Hamburgische Dramaturgie
Der Rezensent braucht nicht besser machen zu können,
    was er tadelt
Leben und leben lassen

Kritische und philosophische Schriften
Das Christentum der Vernunft
Über die Wirklichkeit der Dinge außer Gott
Anti-Goeze
Daß mehr als fünf Sinne für den Menschen sein können
Die Erziehung des Menschengeschlechts

Merkwürdig ist es, daß jener witzigste Mensch in Deutschland auch zugleich der ehrlichste war. Nichts gleicht seiner Wahrheitsliebe. Lessing machte der Lüge nicht die mindeste Konzession, selbst wenn er dadurch, in der gewöhnlichen Weise der Weltklugen, den Sieg der Wahrheit befördern konnte. *Heinrich Heine*

Nicht die Wahrheit, in deren Besitz irgendein Mensch ist oder zu sein vermeinet, sondern die aufrichtige Mühe, die er angewandt hat, hinter die Wahrheit zu kommen, macht den Wert des Menschen. Denn nicht durch den Besitz, sondern durch die Nachforschung der Wahrheit erweitern sich seine Kräfte, worin allein seine immer wachsende Vollkommenheit besteht. Der Besitz macht ruhig, träge, stolz.
GOTTHOLD EPHRAIM LESSING

Mit Gotthold Ephraim Lessing haben wir nicht nur *den* aufklärerischen Schriftsteller *par excellence* vor uns, sondern zugleich den Überwinder des rationalen Klassizismus. Er ist die treibende Kraft des Literaturbetriebs seiner Zeit – als Autor von Tragödien, Komödien, Fabeln und Gedichten, als Literaturtheoretiker und Kritiker, als Literaturwissenschaftler und Kunsthistoriker, als philosophischer und theologischer Denker.

An Lessing führt kein Weg vorbei, nicht an seiner hohen Moralität, nicht an seiner Humanität, nicht an seiner Toleranz. Auf ihn haben sich alle berufen, ihn haben sie alle für sich vereinnahmt, der bürgerliche Liberalismus ebenso wie der nationalbewusste Konservatismus, ja selbst der frühe Sozialismus. Und als Begründer der Literaturkritik gilt er auch. Bewundert wird sein schmuckloser, aber auch phrasenloser, schöner Stil, dessen Einfachheit imponiert. Lessing kommt ohne Mythologie und Empfindsamkeit aus, den Hilfskonstruktionen der Literatur seiner Zeit. Er ist ganz klar und schnörkellos, unprätentiös und in jeglicher Hinsicht beeindruckend.

Dem Drama gibt Lessing völlig neue Impulse: Er will in Anschluss an die aristotelische Tragödientheorie Emotionen wecken, Furcht, Mitleid, schließlich Katharsis, die Reinigung der Leidenschaften. Der Zuschauer soll sich mit dem Helden identifizieren, mit ihm fiebern und mit ihm leiden und zugleich von der Furcht ergriffen werden, das gleiche Unglück könne auch ihn treffen. Doch diese Absicht ist nur zu verwirklichen, wenn der Held nun kein unerreichbares Ideal mehr verkörpert, sondern realistisch gezeichnet wird, als ein »gemischter Charakter«, der nicht mehr nur völlig gut oder völlig böse angelegt ist. Nicht eine naturalistische Wiedergabe ist das Ziel, sondern die poetische Wahrheit, die der Dichter aufzuzeigen habe.

Damit bestimmt Lessing die Funktion der Literatur neu und eröffnet neue künstlerische Möglichkeiten. Er wertet den Dichter auf, der erstmals als künstlerisches Subjekt begriffen und legitimiert wird.

Nach wie vor beherrschen Tragödien und bürgerliche Dramen den Spielplan, das effektvolle Rokoko-Lustspiel *Minna von Barnhelm*, deren Konflikt sich glücklich löst, ist eine der wenigen Komödien auf den Bühnen der damaligen Zeit. Mit Gespür für publikumswirksame Konstellationen lässt Lessing Liebe und Ehre aufeinandertreffen: Die grazil-heitere und anmutige Titelheldin, ihre schelmisch-listige und gewandte Kammerzofe Franziska, der allzu korrekte Major Tellheim, der ehrliche Grobian Just – sie alle sind lebhaft und echt empfunden, keine Abziehbilder oder Pappfiguren. Und auch die wendigen, scharfzüngigen Dialoge geben dem Stück zusammen mit dem dramaturgisch angelegten Spielwitz eine noch heute überzeugende Vitalität.

Aus dem Trauerspiel *Emilia Galotti*, in dem es um Moral und Ehre geht, spricht die Empörung des aufgeklärten Bürgertums: Schonungslos und unsentimental werden Hofleben und der willkürliche Absolutismus der Fürsten kritisiert. Und auch in den anderen Dramen, mit denen das neuere deutsche Theater überhaupt beginnt, will Lessing den Zuschauer zum mitfühlenden Betrachter machen. Auch wenn die dialektisch zugespitzte Sprache sich eher an den Verstand der Zuschauer wendet, so sind die Figuren auf der Bühne doch lebendig und geben nicht papiernes Zeug von sich.

Lessing vertritt ein Bild vom Menschen, der das Wahre sucht, das Gute erstrebt und das Schöne hervorbringt – und dessen Vernunftbildung zur bleibenden Aufgabe humanisiert wird. In seinem Stück *Nathan der Weise*, das nichts anderes als Lessings Glaubensbekenntnis ist, wird der wohlhabende Nathan von Sultan Saladin, der es auf Nathans Geld abgesehen hat, durch eine Fangfrage in die Enge getrieben. Saladin verlangt zu hören, welche der drei großen Offenbarungsreligionen – die jüdische, die christliche oder die islamische – Nathan am meisten eingeleuchtet habe. Der Weise antwortet darauf mit der berühmten »Ringparabel« – einer grandiosen Begründung des Ideals der allgemeinen Toleranz und des großen Bruderbundes der Menschheit.

Das umfangreiche Werk dieses schöpferischen Dramatikers, bahnbrechenden Theoretikers und scharfsinnigen Kritikers ist kaum weniger als die Keimzelle der neueren deutschen Literatur.

CHRISTOPH MARTIN WIELAND

* 5. September 1733 Oberholzheim (Schwaben)
† 20. Januar 1813 Weimar

Verserzählungen
Komische Erzählungen

CHRISTOPH MARTIN WIELAND

Musarion
Oberon
Romane
Die Abenteuer des Don Sylvio von Rosalva
Geschichte des Agathon
Die Abderiten
Der goldene Spiegel
Geheime Geschichte des Philosophen Peregrinus Proteus
Singspiel
Alceste
Zeitschrift
Der Teutsche Merkur

Wieland war, kraft seines überschwenglichen Sinns für das Ak-
tuelle, der vollendete Redakteur. Er redigierte das klassische Alter-
tum für den gebildeten Bürgerstand seiner Tage. *Walter Benjamin*
Selten sind die Deutschen so liebevoll lächerlich gemacht worden, wie von ihrem unvergleichlichen schwäbischen Humoristen
Wieland. *Hermann Kesten*

> Die schöne Danae war keine von denen, welche das, was
> sie tun, nur zur Hälfte tun. Nachdem sie einmal beschlos-
> sen hatte, ihren Freund glücklich zu machen, so vollführte
> sie es auf eine Art, welche alles was er bisher Vergnügen
> und Wonne genannt hätte, in Schatten und Wolkenbilder
> verwandelte.
> CHRISTOPH MARTIN WIELAND, GESCHICHTE DES AGATHON

Der von den Anhängern Klopstocks, vom Sturm und
Drang und teils auch von der Romantik wegen seiner
leichtfertigen Sinnlichkeit angefeindete Christoph Martin
Wieland wendet sich nach den ersten literarischen Versuchen, die noch ganz von schwärmerischer Empfindsamkeit
bestimmt sind, der griechischen Antike, ihrer Weltklugheit
und Naturfreude zu und mischt alles zu einem leicht ge-
nießbaren, spritzigen Trunk aus Galanterie und Satire. Hier
finden wir fein komponierte Mixturen aus graziöser Libe-
ralität, französischer Frivolität und einem bezaubernden

38

Feenwesen. Sie machen Wieland zu einem führenden Repräsentanten der aufklärerischen Spätkultur und eleganten Lebenskunst des Rokoko, deren weltoffene Kunst nicht nur die progressiven Höfe, sondern auch die Umgangs- und Lebensformen des Bürgertums in den Städten prägt.

Nach all der emphatischen Seelenschwärmerei und dem religiösem Enthusiasmus seiner frühen Jahre löst Wieland schließlich durch neuartige ästhetische Mittel wie Durchbrechung der Illusion, Vielfalt der Perspektiven, Ironie sowie die Einbeziehung des Lesers geradezu einen Modernitätsschub in der Literatur aus. Nun dominieren die eleganten, pikanten, frivolen Stoffe der griechischen Mythologie. In heiter-ironischer Art lässt Wieland die schöne *Musarion* ihre Lebensweisheit vorbringen: Schalkhaft widerlegt die anmutige Griechin alle Schwärmerei und Askese der Philosophie und lädt zu sinnenfreudigem, seelenschönem Liebesglück.

Der »Kallos Agathos«, der schöne Mensch, ist ein griechisches Bildungsideal, sozusagen der antike Gentleman. Wieland legt mit seiner *Geschichte des Agathon* den ersten deutschen Bildungs- und Entwicklungsroman vor, er wird als »erster Romanist« in Deutschland gefeiert, wenn auch offensichtlich ist, in welchem Maße er sich von Fielding, von Rousseau, von Cervantes anregen lässt. *Agathon* ist eine lange, märchenhafte Geschichte, durchzogen von leiser Ironie, den Lessing den »ersten und einzigen Roman für den denkenden Kopf, von klassischem Geschmack« nennt. Er spiegelt in der Wandlung Agathons vom Schwärmer zum harmonisch gebildeten Menschen wohl Wielands eigene Entwicklung wider.

In den *Abderiten* wird der lächerliche Spießbürger der Kleinstadt satirisch aufs Korn genommen und in seiner ganzen Beschränktheit und Pedanterie vorgeführt.

Und dann der *Oberon*, geschöpft aus Tausendundeiner Nacht, aus dem Sommernachtstraum, aus dem französischen Ritterroman – ein Gespinst aus liebenswürdiger Phantastik, eine beschwingte Reise ins romantische Land, über die Goethe sagt: »Oberon wird, solange Poesie Poesie, Gold Gold und Kristall Kristall bleiben, als ein Meisterstück poetischer Kunst geliebt und bewundert werden.«

Bemerkenswert erscheint Goethe auch Wielands Engagement in der Vermittlung: »Er hat außerordentlich gewirkt, indem gerade das, was ihn anmutete, wie er sich's zueignete und es wieder mitteilte, auch seinen Zeitgenossen angenehm und genießbar begegnete.« Nicht zu unterschätzen ist daher Wielands Bemühen um die Wiederentdeckung antiker Stoffe und Autoren sowie seine Übersetzung der Werke Shakespeares, die diesen Theaterautor in Deutschland erst populär machen. Als Journalist gewinnt Wieland Profil durch seine populärwissenschaftlichen Aufsätze zu ästhetischen, politischen, philosophischen und naturkundlichen Themen.

MATTHIAS CLAUDIUS

* 15. August 1740 Reinfeld (Holstein)
† 21. Januar 1815 Hamburg

Gedichte
   (u.a. *Der Mond ist aufgegangen (Abendlied), Der Tod und das Mädchen, Wiegenlied, Das Lied hinter dem Ofen zu singen*)
Prosa
   Sämtliche Werke des Wandsbecker Boten
   Tändeleien und Erzählungen

Aber zuweilen hat viel Schlichteres, Weicheres den Vorrang – wobei vor allem Matthias Claudius nicht zu vergessen ist mit seinem ‚Der Mond ist aufgegangen' ... Darüber geht im Grunde nichts. *Thomas Mann*

Der Wandsbecker Bote ist nicht nur wegen der Wirkung, die er zu seiner Zeit auf viele getan hat, unvergessen geblieben, sondern seines Wesens wegen, in welchem ein beachtenswertes Stück Deutschtum Gestalt und Person geworden war. *Hermann Hesse*

> Der Mond ist aufgegangen
> Die goldnen Sternlein prangen
> Am Himmel hell und klar;
> Der Wald steht still und schweiget.
> Und aus den Wiesen steiget
> Der weiße Nebel wunderbar.
> Matthias Claudius, Abendlied

Matthias Claudius steht als Theologe und Jurist und nicht zuletzt als Herausgeber des *Wandsbecker Boten* ganz in der Tradition der Aufklärung. In seinen Liedern und Gedichten überwindet er die Kluft zwischen Bildungs- und Volksdichtung und vermag die Menschen durch seinen kindlich-naiven, beseelten und herzensfrommen Tonfall zu gewinnen. Die Beiträge in seinem *Boten* wollen in ihrer charakteristisch feuilletonistischen Mischung aus Gedichten und Rezensionen, literarischen, wissenschaftlichen und politischen Neuigkeiten, Traktaten und Epigrammen moralisch wirken, nicht mit erhobenem Zeigefinger, sondern in der Art eines freundlichen Pädagogen, dem es vor allem darauf ankommt, verstanden zu werden.

Doch der leichte Tonfall und der locker dargebotene Inhalt all dieser Gespräche, Briefe und Besprechungen, dieser Bauern-, Wiegen- und Trinklieder dürfen nicht zu dem Missverständnis verleiten, es hier mit einem Leichtgewicht zu tun zu haben, das nichts anderes im Sinn habe, als die Volksseele zu streicheln. Claudius ist alles anderes als ein genialer Vereinfacher und Poet simpler Gemüthaftigkeit, der idyllisch Empfindsames mit leichter humorvoller Kritik verknüpft. Er ist fest im literarischen Leben seiner Zeit verankert, und auch wenn über seinem Werk der idyllische Glanz der Verklärung und der menschlichen Wärme zu schweben scheint, so bietet er doch nichts für Duckmäuser und schlichte Gemüter, sondern – im Gegenteil – das wirksamste Gegengift zur Phrasendrescherei aller Zeiten. Wie beliebt er war, lässt Herders Hinweis auf diesen »Knaben der Unschuld, voll Mond, Licht und Lilienduft der Unsterblichkeit in der Seele« erahnen.

Georg Christoph Lichtenberg

* 1. Juli 1742 Oberramstadt (bei Darmstadt)
† 24. Februar 1799 Göttingen

Aufzeichnungen und Aphorismen
  Aus den Sudelbüchern
Aufsätze und Streitschriften
  Briefe aus England
  Über die Macht der Liebe
  Über Physiognomik, wider die Physiognomen
  Gnädigstes Sendschreiben der Erde an den Mond
  Ein Traum

Lichtenbergs Schriften können wir uns als der wunderbarsten Wünschelrute bedienen; wo er einen Spaß macht, liegt ein Problem verborgen. *Johann Wolfgang von Goethe*
Von dem, was in diesen ‚Sudelbüchern', wie er das genannt hat, an Witz heute verschüttet liegt, leben andere Leute ihr ganzes Leben ... Nein, die Welt ändert sich nicht, und dies ist ein sehr aktueller Schriftsteller; er ist niemals etwas anderes gewesen. *Kurt Tucholsky*

> Ich übergebe Euch dieses Büchlein als einen Spiegel, um hinein nach Euch, und nicht als eine Lorgnette, um dadurch und nach andern zu sehen.
> Sagt, ist noch ein Land außer Deutschland, wo man die Nase eher rümpfen lernt als putzen?
> Heutzutage machen drei Pointen und eine Lüge einen Schriftsteller.
> Wenn ein Buch und ein Kopf zusammenstoßen und es klingt hohl, ist das allemal im Buch?

Der Mann hatte soviel Verstand, daß er fast zu nichts mehr
in der Welt zu brauchen war.
Ich bin überzeugt, man liebt sich nicht bloß in andern, son-
dern haßt sich auch in andern.
Ehe man tadelt, sollte man immer erst versuchen, ob man
nicht entschuldigen kann.
Die Leute, die niemals Zeit haben, tun am wenigsten.
GEORG CHRISTOPH LICHTENBERG, SUDELBÜCHER

Auch Georg Christoph Lichtenberg ist ein Kind der Aufklärung – aber was für eines! Auch bei ihm finden wir
den aufklärerisch motivierten Kampf gegen Intoleranz und
Schwärmerei, gegen Aberglaube und Dogmatismus, gegen
den übertriebenen Geniekult des Sturm und Drang. Doch
mit was für Waffen tritt er an! Als Naturwissenschaftler, der
über Astronomie und Physik forscht, aber auch über Physiognomik, der sich darüber hinaus für Geschichte, Staaten-
kunde, Philosophie, Literatur und Kultur interessiert, ist
Klarheit und Prägnanz sein oberstes Ziel.

Und so verfertigt dieser hervorragende Stilist mit spitzer
Feder eine recht umfangreiche Produktion: ein umtriebiger,
in allen Zeitschriften präsenter Autor mit einer fast unüber-
blickbaren Fülle naturwissenschaftlicher, populärphiloso-
phischer, polemischer und satirischer Abhandlungen über
jedes nur denkbare Thema des Alltags.

Es gibt gleichwohl von Lichtenberg nicht *das* große Werk.
Doch es gibt diese Notizheftchen und Schreibbücher, von
ihm selbst *Sudelbücher* genannt, in die er unermüdlich die
witzigsten Einfälle notiert – Zitate, Themen, Fragmente,
Bausteine für eigene geplante Werke. Vor allem aber funkelnde und geistsprühende Aphorismen, die den Gegner
aller schwärmerischen und empfindsamen Strömungen
zum ersten großen Meister dieses literarischen Genres in
Deutschland machen. Wie scharf er beobachtet, wie präzise er einen Gedanken auf den Punkt bringt, wie brillant
er formuliert! Das alles ist bewundernswert. Auch in den

Aphorismen ist Lichtenberg Aufklärer, besessen von der Wahrheit, radikal ehrlich, jedoch nicht ohne Selbstkritik und -ironie, voller Witz und Humor.

Die Geistesblitze und philosophischen Einfälle in den *Sudelbüchern* gehören zu den wenigen überdauernden deutschen Sprachkunstwerken – eines der wenigen auch, deren Lektüre wirklich Spaß macht.

JOHANN GOTTFRIED HERDER

* 25. August 1744 Mohrungen (Ostpreußen)
† 18. Dezember 1803 Weimar

Romanze
  Der Cid
Theoretische Schriften
  Von deutscher Art und Kunst
  Auch eine Philosophie der Geschichte der Menschheit
  Übers Erkennen und Empfinden in der menschlichen Seele
  Lessing
  Briefe zur Beförderung der Humanität
  Ideen zur Philosophie der Geschichte der Menschheit
  Abhandlung über den Ursprung der Sprache
Literaturkritische Schriften
  Fragmente über die neuere deutsche Literatur
  Kritische Wälder
Anthologie
  Volkslieder
Autobiographische Schriften
  Journal meiner Reise im Jahre 1769

Über der festen Grundlage einer allgemeinen philosophischen Bildung wölbte sich bei Herder in den Gewittern seiner Zeit der Regenbogen eines großen Geistes und eines hellen Herzens ... Herder war ein Denker des Gefühls. Manchmal schlägt der Blitz der apriorischen Logik in seinen Gedankenwald, ihn und uns belehrend, daß die Bäume nicht in den Himmel wachsen. *Klabund*

Seine persönliche und geistige Wirkung war zwar im Augenblick seines Auftretens unermeßlich, aber bald vergessen und verborgen. Er ist die Stimme des Jahrhunderts, aber das Jahrhundert braucht ihn nicht mehr, nachdem er gesprochen, und er selber findet nicht mehr zu dem Jahrhundert zurück. Er wird nicht genannt, wo er wirkte, und die Romantik, die von ihm ihr Bestes hat, hat ihn nicht als ihren Ahnherrn anerkannt. *Benno von Wiese*

Johann Gottfried Herder ist eine tragisch zu nennende Figur der Geistesgeschichte: Kaum ein anderer Autor – obwohl dem Namen nach bekannt – wird so wenig gelesen. Kaum etwas von seinem umfangreichen literarischen, religiösen und philosophischen Gesamtwerk ist noch in irgendeiner Weise im Bewusstsein der intellektuellen Elite des Landes präsent.

Und doch hat Herder einen unverrückbaren Platz in der Literaturgeschichte durch die Wirkung, die er verzeichnet: Seine Idee vom Volk als ein lebendiger Organismus trägt nicht nur in Deutschland zur Bildung eines Nationalbewusstseins bei. Seine Sammlung *Volkspoesie*, die er gegen die zeitgenössische Bildungsdichtung stellt, ist ein Vorläufer der romantischen Anthologie. Seine Auffassung von Sprache als Voraussetzung aller kulturellen Leistung verweist auf die gesellschaftliche Existenz des Menschen und konstituiert erst die Sprachphilosophie. Durch die ihn auszeichnende unmittelbare Sprachgewalt und emotionale Prosa nimmt er Einfluss auf die literarische Bewegung des Sturm und Drang. Und ohne seinen Primat der Humanität, diese höchste Bestimmung des Menschen, in die alle Religion aufgeht, von der alle Bildung ihren Ausgang nimmt, wäre der deutsche Bildungsroman undenkbar – Goethes *Wilhelm Meister* ebenso wie Stifters *Nachsommer*.

Doch was Herder an dichterischen Werken zu Papier bringt – unter anderem die Nachdichtung *Der Cid* – tritt zurück und wird überlagert, ja überwuchert durch die Publikationen des Geschichtsphilosophen, Sprachtheoretikers,

Theologen, Kunst- und Literaturkritikers, die eine immense Wirkung auf die deutsche Literatur haben, ohne selbst »große Literatur« zu sein. Aus Philosophie und Dichtung schöpfend, aus innerer Vision, Ahnung und Ergriffenheit schafft Herder so etwas wie ein »gegenaufklärerisches« Weltbild, das auf die Entwicklung der deutschen Sprache und eines genuin deutschen Geistes entscheidend Einfluss nimmt.

Wegweisend ist Herder schließlich in der Entdeckung des »Shakespeares von innen«, dessen Werke ihm als »eine Welt- und Völkergabe« erschienen. Und mit dem Wort »Volkslied« schafft er einen ganz neuen Begriff für den »ewigen Erb- und Lustgesang des Volkes«.

JOHANN WOLFGANG VON GOETHE

* 28. August 1749 Frankfurt am Main
† 22. März 1832 Weimar

Gedichte
  Gedichte (Ausgabe letzter Hand, 1827)
  West-östlicher Divan
Versepen
  Reineke Fuchs
  Hermann und Dorothea
Dramen
  Götz von Berlichingen mit der eisernen Hand
  Prometheus
  Clavigo
  Stella
  Egmont
  Iphigenie auf Tauris
  Torquato Tasso
  Faust (Der Tragödie erster Teil)
  Faust (Der Tragödie zweiter Teil)
Romane und Novellen
  Die Leiden des jungen Werthers

Wilhelm Meisters Lehrjahre
Die Wahlverwandtschaften
Wilhelm Meisters Wanderjahre
Aufzeichnungen und Aphorismen
Maximen und Reflexionen
Ästhetische Schriften
Einfache Nachahmung der Natur, Manier, Stil
Über epische und dramatische Dichtung
Shakespeare und kein Ende
Urworte. Orphisch
Autobiographische Prosa
Aus meinem Leben. Dichtung und Wahrheit
Italienische Reise
Campagne in Frankreich 1792

Goethe – kein deutsches Ereignis, sondern ein europäisches: ein großartiger Versuch, das achtzehnte Jahrhundert zu überwinden durch eine Rückkehr zur Natur, durch ein Hinaufkommen zur Natürlichkeit der Renaissance, eine Art Selbstüberwindung von seiten dieses Jahrhunderts. *Friedrich Nietzsche*

> Mein Freund, wenn's denn um meine Augen dämmert, und die Welt um mich her und Himmel ganz in meiner Seele ruht, wie die Gestalt einer Geliebten; dann sehn ich mich oft und denke: ach könntest du das wieder ausdrücken, könntest du dem Papier das einhauchen, was so voll, so warm in dir lebt, daß es würde der Spiegel deiner Seele, wie deine Seele ist der Spiegel des unendlichen Gottes. Mein Freund – Aber ich gehe darüber zu Grunde, ich erliege unter der Gewalt der Herrlichkeit dieser Erscheinungen.
> JOHANN WOLFGANG GOETHE, DIE LEIDEN DES JUNGEN WERTHERS

> Kennst du das Land, wo die Zitronen blühn,
> Im dunklen Laub die Gold-Orangen glühn,
> Ein sanfter Wind vom blauen Himmel weht,
> Die Myrte still und hoch der Lorbeer steht,

47

Kennst du es wohl?
  Dahin! Dahin
Möchte ich mit dir, o mein Geliebter, ziehn.

Kennst du das Haus? Auf Säulen ruht sein Dach,
Es glänzt der Saal, es schimmert das Gemach,
Und Marmorbilder stehn und sehn mich an:
Was hat man dir, du armes Kind, getan?
Kennst du es wohl?
  Dahin! Dahin
Möchte ich mit dir, o mein Beschützer, ziehn.
Johann Wolfgang von Goethe: Mignon

Mit Johann Wolfgang von Goethe öffnet sich die deutsche Literatur zur Welt: Er ist durch die Vielfalt seines Werkes sowie durch dessen weit über seinen Sprachraum hinaus gehende Wirkung der bedeutendste deutsche Dichter.

Man weiß nicht, wo anfangen mit Goethe und wo aufhören. Sein Werk umspannt nahezu alles, was Literatur ist und sein kann: Gattungen und Stile, Themen und Interessen. Gedichte, Epen, Romane, Dramen, vom genialen Wurf unsterblicher Verse bis zu Singspielen und Maskenzügen am Weimarer Hof. Dichter und Autobiograph, Fürst im Kulturbetrieb seiner Zeit, Literatur- und Kunstkritiker, die universale Geistesgröße schlechthin, den auch fast alles interessierte, was die Naturwissenschaften umtrieb, der über Mineralogie, Geologie und Botanik ebenso forschte und schrieb wie über Farbenlehre und Physik. Dazu eine atemberaubende und anstrengende Karriere vom Leiter des Weimarer Hoftheaters über den Staatsbeamten bis zum Diplomaten und Minister.

Das alles steht jedoch nicht unverbunden nebeneinander oder sich disparat gegenüber, sondern bildet ein Lebens- und Geisteswerk von einzigartiger Geschlossenheit: »Bruchstücke einer großen Konfession« nennt Goethe in *Dichtung und Wahrheit* alles, was von ihm bekannt geworden ist.

Mit seinem Sturm-und-Drang-Roman *Die Leiden des jungen Werthers* gelingt Goethe der Durchbruch: Werther, der empfindsame Held und Typ des unzufriedenen jungen bürgerlichen Intellektuellen, fühlt sich in der enthusiastisch und verzehrend dargestellten Liebe zu Lotte in ergreifendem Schmerz gefangen. Er scheitert an der gesellschaftlich-hierarchischen Ordnung ebenso wie an der eigenen hohen Selbsteinschätzung. Noch nie zuvor ist so über Schönheit und Tragik, Glut und Schmerz, über ein ganz vom Gefühl und von der Subjektivität eines »verwöhnten Herzens« bestimmtes Leben geschrieben worden.

Dieser Briefroman, vermutlich der erste moderne Roman in Deutschland und sehr viel mehr als nur die Geschichte einer enttäuschten Verliebtheit, entfesselt mit seiner höchst subjektiven Konfession und mit der beklemmenden Schilderung einer als ausweglos empfundenen Liebe einen unbeschreiblichen Sturm der Begeisterung, aber auch des Widerspruchs. Da der Leser gar nicht anders kann, als die Perspektive des unglücklichen Helden einzunehmen, muss ihn dessen Selbstmord am Ende in tiefer Verwirrung zurücklassen. Tatsächlich mündet das »Werther-Fieber« in eine erhebliche Anzahl von Selbstmorden unter den Lesern.

Nach der persönlichen Erlebnislyrik des Sturm und Drang, den großen Hymnen, aber auch den ersten patriotischen Dramen *Clavigo* und *Götz von Berlichingen* (dessen Fülle von Szenen und Gestalten und spannenden Dialogen begeistert – hier stehen Menschen auf der Bühne, das ist dramatischer Geschichtsunterricht!) kündigt sich mit Beginn seiner Weimarer Zeit, zum Beispiel mit den Mignon- und Harfenliedern um 1782, die Ausweitung der Ausdrucksformen überhaupt an. Mignon, die auch *Wilhelm Meister* im gleichnamigen Roman tief beeindruckt, ist Sendbotin eines Landes – Italien –, das für Goethe die geistige Heimat seiner Kunst bedeutet und das in der geheimnisvollen poetischen Schönheit des Sehnsuchtsliedes seinen Ausdruck findet.

In der Lyrik legt Goethe eine lange Entwicklung zurück: von der schwungvollen Bewegung des Anfangs zu einem geklärten und geläuterten Stil. Mit der Zeit treten die freien Rhythmen zurück, zugunsten der festen Fassung, die ein klassisches Ideal verkörpert.

Klassik ist für Goethe das Reale, das Ausgewogene, das künstlerisch Gestaltete, nicht das Unwirkliche, Exaltierte, das im Traum Geschaute (das ihn an den Romantikern so sehr irritiert). Ausgangspunkt und Voraussetzung des klassischen Denkens und Dichtens ist die volle Selbstverantwortung des Menschen für sein Menschsein, die Humanität, die wesentliche Impulse aus dem Lebensgefühl und der Welterfahrung der Antike bezieht. So kommt es auch bei Goethe zur durchaus schwärmerischen Sicht innerer und äußerer Schönheit, zur Suche nach Harmonie, die im »Stil« die höchste Stufe erreicht.

Von 1786 bis 1788 ist Goethe unterwegs auf seiner Reise durch Italien (die er allerdings erst ein Vierteljahrhundert später literarisch verarbeitet), von der er beflügelt zurückkehrt. Die aus dieser Inspiration entstehenden großen klassischen Dramen *Iphigenie auf Tauris*, *Egmont* und die Tragödie um den Renaissance-Poeten *Torquato Tasso* üben auf Friedrich Schiller einen derartigen Reiz aus, dass er die Freundschaft zu Goethe sucht. Im klassischen Jahrzehnt der Jahre dieser einzigartigen Poetenliaison, die von 1794 bis zum Tod Schillers dauert, beendet Goethe seinen *Wilhelm Meister*, mit dem er Neuland betritt: Er begründet damit den Bildungs- und Entwicklungsroman in Deutschland, der in seiner Vorbildfunktion einen unglaublichen Einfluss auf die Generationen der Romanautoren nach ihm ausübt. In sehr bewusster und sinnvoller Komposition wird hier der innere und äußere Werdegang eines Menschen von den Anfängen bis zu einer gewissen Reifung der Persönlichkeit geschildert, die im Versuch der Versöhnung zwischen Individuum und Gesellschaft ihren Ausdruck findet.

Die Freundschaft mit Schiller, befestigt in einer umfangreichen Korrespondenz, ist geradezu die Keimzelle der Weimarer Klassik. Die *Xenien* schreiben beide zusammen, Goethe findet mit großen Balladen, mit dem Versepos *Hermann und Dorothea* und schließlich mit dem ersten Teil der *Faust*-Tragödie zu Höhepunkten seines Schaffens. Franz Grillparzer bringt es auf den Punkt: »Schiller *geht* nach oben, Goethe *kommt* von oben.« Doch Goethe mag den Höhenflügen Schillers ins abgehoben Idealistische nicht folgen. Seine Stoffe erfüllt er mit eigenen Gedanken, während Schiller zur moralisierenden Darstellung antiker Vorlagen neigt. Goethes Ideal ist das des formbewussten »großen Stils«. Zugleich zielen Schiller mit seinem Vernunftidealismus und Goethe mit seinem Naturidealismus auf einen harmonischen Ausgleich zwischen rationalen und emotionalen Kräften.

Goethes dramatisches Werk ist erfüllt von dem Willen, sich dem absoluten Gesetz und damit dem erlösenden Prinzip einzuordnen – Ideendramatik, in der nicht die Form als solche, sondern erst ihre geistige Erfüllung den Maßstab des Klassischen ergibt.

Das Spätwerk schließlich wird stark von Vollendung und Retrospektive geprägt: Neben den lyrischen Meisterwerken des *Westöstlichen Divan* und der *Marienbader Elegie*, dem zweiten Teil des *Wilhelm Meister* (*Wanderjahre*) und dem Roman *Die Wahlverwandtschaften* konzentriert Goethe sich mit *Dichtung und Wahrheit* und der *Italienischen Reise* auf die Erinnerungsarbeit.

Im allgemeinen Bewusstsein nicht nur seiner Zeit gilt Goethe als Dichter des *Werther*, vor allem aber des *Faust*, der zur Figur der nationalen Identität im gerade entstehenden Deutschland stilisiert wird. Noch heute ist der *Faust* – in verschiedenen, über sechzig Jahre hinweg entstandenen Fassungen – das Werk, mit dem sich Goethes Name zuallererst verbindet, das Hauptwerk der deutschen Literaturgeschichte, eine Herausforderung für das Theater bis heute.

Die Faust-Idee hat nicht nur Friedrich Nietzsche irritiert: »Eine kleine Näherin wird verführt und unglücklich gemacht; ein großer Gelehrter aller vier Fakultäten ist der Übeltäter. Das kann doch nicht mit rechten Dingen zugegangen sein? Nein, gewiß nicht! Ohne die Beihilfe des leibhaftigen

Teufels hätte es der große Gelehrte nicht zustande gebracht. – Sollte dies wirklich der größte deutsche ‚tragische' Gedanke sein?« Nein, es ist die ungeheure Dialektik Goethes, »in der das Göttliche und das Teuflische, Fausts unendliches Bestreben und der höhnische Nihilismus des Mephistopheles dichterisch auseinandertreten und einander die Wahrheit streitig machen« (Thomas Mann).

Mit Goethe betreten die Deutschen erstmals das Terrain der Weltliteratur. Heinrich Heine stellt ihn – bei aller Kritik – in eine Reihe mit den ganz Großen der Literatur:»Goethes größtes Verdienst ist eben die Vollendung alles dessen, was er darstellt; da gibt es keine Partien, die stark sind während andere schwach, da ist kein Teil ausgemalt während der andere nur skizziert worden, da gibt es keine Verlegenheiten, kein herkömmliches Füllwerk, keine Vorliebe für Einzelheiten. Jede Person in seinen Romanen und Dramen behandelt er, wo sie auch herkommt, als wäre sie die Hauptperson. So ist es auch bei Homer, so bei Shakespeare.«

Bei Goethe finden wir alles, was Literatur ist und sein kann, alle Genres, alles Geniale, alles Kolossale und alles Kleinliche, den Gipfelstürmer und den Geheimrat. Einen universellen Geist, überlebensgroß, einen Fixstern, an dem sich alles orientiert. Ein Zentralmassiv der deutschen Literatur: Die Sekundärliteratur über Goethe füllt selbst eine ganze Bibliothek.

JAKOB MICHAEL REINHOLD LENZ

* 23. Januar 1751 Seßwegen (Livland)
† 23./24. Mai 1792 Moskau

Dramen
Der Hofmeister oder Vorteile der Privaterziehung
Die Soldaten

Die Freunde machen den Philosophen
Der Engländer
Erzählende Prosa
Zerbin oder Die neuere Philosophie
Der Landprediger
Der Waldbruder
Pandaemonium
Essays und Reden
Anmerkungen über das Theater
Versuch über das erste Principium der Moral
Über die Natur unsers Geistes

Man erinnert sich an Lenz – aber mit der Figur des sich auflehnenden *Hofmeisters* sind wir schon in einer wesentlich anders gerichteten Zeit: Eine neue Ethik des Künstlers hebt an, profitierend vom religiösen Zusammenbruch der Zeit und der wirtschaftlichen Neugestaltung der Gesellschaft: es beginnt die Literatur. *Franz Blei*

Mit vier Büchern gleich vier Paukenschlägen betritt dieser Autor des Sturm und Drang, der Generation zwischen Aufklärung und Klassik, die literarische Szene: Jakob Michael Reinhold Lenz wirkt auf seine Zeitgenossen wie ein genialischer Dichter, und da seine ersten Werke anonym erscheinen, hält man Goethe für den Autor. Und Zeit seines Lebens bleibt Lenz sogar im Schatten Goethes; seine Karriere findet ein Ende, noch ehe sie begonnen hat, knapp vier Jahre nach dem furiosen Start. »Lenz jedoch, als ein vorübergehender Meteor, zog nur augenblicklich über den Horizont der deutschen Literatur hin und verschwand plötzlich, ohne im Leben eine Spur zurückzulassen« (Johann Wolfgang von Goethe).

Doch so sehr Lenz sich Goethe verpflichtet fühlt, sich seine Vorbilder und Vorläufer aus dem Werk deutlich herauskristallisieren lassen – er ist doch von eigener schöpferischer Originalität. Er hat seinem großen Vorbild nicht nur einfach hinterher geschrieben oder ihm nachgedichtet, er lässt in seiner radikalen Kritik an Unterdrückung und Rechtlosigkeit ein Engagement erkennen, zu dem Goethe sich nie durchgerungen hätte. Wendet sich der *Hofmeister* auf recht drastische, ja groteske Weise gegen die Hoferziehung, die Komödie *Soldaten* gegen die skrupellosen und folgenschweren Liebesabenteuer der zur Ehelosigkeit verpflichteten Offiziere, so taucht das Romanfragment *Der Waldbruder* schon – mit Rousseau auf der Flucht vor der Gesellschaft – in die Wertherstimmung.

Lenz siedelt seine Dramen in der Gegenwart an, die Konflikte ergeben sich aus den sozialen Spannungen der damaligen Gesellschaftsordnung. Dabei verzichtet Lenz nicht nur auf den von Lessing geforderten »gemischten« Helden, er verzichtet sogar ganz auf Helden. Er zeigt keine Tugendgestalten oder Schurken, sondern Menschen, deren Charakter und Verhalten von den sozialen Verhältnissen bestimmt wird. Dies ist es auch, was Georg Büchner an ihm so faszinierend findet.

In diesen »Gemälden der menschlichen Gesellschaft« (Lenz) liegt eine ganz eigene Modernität, nicht nur in der Mischung aus Tragik und Komik, sondern auch, indem beim Publikum Verachtung, Mitgefühl, überhaupt emotionale Reaktionen hervorgerufen werden.

In der Novelle *Lenz* von Georg Büchner wird der Dichter schließlich selbst zum Sujet eines Meisterwerkes der Literatur.

FRIEDRICH SCHILLER

* 10. November 1759 Marbach am Neckar
† 9. Mai 1805 Weimar

Gedichte und Balladen
Gedichte (1776–1788)
Gedichte (1789–1805)
Balladen (u.a. *Die Glocke, Die Bürgschaft, Die Kraniche des Ibykus*)

Dramen
  Die Räuber
  Die Verschwörung des Fiesko zu Genua
  Kabale und Liebe
  Don Carlos
  Wallenstein (*Prolog, Wallensteins Lager, Die Piccolomini, Wallensteins Tod*)
  Maria Stuart
  Die Jungfrau von Orleans
  Die Braut von Messina
  Wilhelm Tell
Erzählungen
  Der Verbrecher aus verlorener Ehre
  Der Geisterseher
Historische Schriften
  Geschichte des Abfalls der vereinigten Niederlande
  Geschichte des Dreißigjährigen Krieges
Theoretische Schriften
  Philosophische Briefe
  Was heißt und zu welchem Ende studieren wir Universalgeschichte?
  Über die tragische Kunst
  Über das Pathetische
  Über die ästhetische Erziehung des Menschen
  Über naive und sentimentalische Dichtung
  Über das Erhabene

Schiller ist kein Umgang für alle Tage, dieser irrtümlich vertrauliche, ja triviale Umgang hat sein Bild gefälscht, hat sein Wort verbraucht und entstellt. Er ist, innerhalb unseres deutschen Sprachraumes, einer unserer Nothelfer, als solcher stieg er immer wieder auf zur reinsten Lebensquelle, zum Licht. *Carl Jacob Burckhardt*

Und in dieser fast übermäßigen, schon fast naturfremden, dem Willen, der Freiheit, der Bewußtheit verschworenen Männlichkeit nun also steckt ein Künstlerkind, das in aller Welt nichts Höheres weiß als das Spiel, das da sagt, unter allen Geschöpfen allein der Mensch könne spielen, und er sei Mensch nur ganz, wenn er spiele. Wohl, das ist ästhetische Philosophie. *Thomas Mann*

MARQUIS POSA. Ja, beim Allmächtigen!
Ja – ja – ich wiederhol' es. Geben Sie,
Was Sie uns nahmen, wieder! Lassen Sie,
Großmütig, wie der Starke, Menschenglück
Aus Ihrem Füllhorn strömen – Geister reifen
In Ihrem Weltgebäude! Geben Sie,
Was Sie uns nahmen, wieder. Werden Sie
Von Millionen Königen ein König.
Oh, könnte die Beredsamkeit von allen
Den Tausenden, die dieser großen Stunde
Teilhaftig sind, auf meinen Lippen schweben,
Den Strahl, den ich in diesen Augen merke,
Zur Flamme zu erheben! – Geben Sie
Die unnatürliche Vergöttrung auf,
Die uns vernichtet. Werden Sie uns Muster
Des Ewigen und Wahren. Niemals – niemals
Besaß ein Sterblicher so viel, so göttlich
Es zu gebrauchen. Alle Könige
Europens huldigen dem span'schen Namen.
Gehen Sie Europens Königen voran.
Ein Federzug von dieser Hand, und neu
Erschaffen wird die Erde. Geben Sie
Gedankenfreiheit. –
Friedrich Schiller, Don Carlos

Mit Johann Wolfgang von Goethe verbindet Friedrich Schiller nicht nur eine Freundschaft, sondern auch die Ausnahmestellung in der klassischen deutschen Literatur um die Wende vom 18. zum 19. Jahrhundert. Doch so unumstritten wie Goethe ist Schiller nie. Er wird angehimmelt und verklärt, aber auch angegriffen und verspottet. Irgendwie scheint es nicht möglich zu sein, diesem Bannerträger patriotischer Emotionen, diesem Feuerläufer und Windstürmer, dessen Ruhm nicht zuletzt von dem unzerstörbaren Nimbus als Volks- und Freiheitsdichter zehrt, dessen Wirkungsgeschichte von pathetischen Feiern wie von unlauteren Verzerrungen nicht frei ist, noch mit einem Rest von Unvoreingenommenheit zu begegnen.

Wie bei Goethe schlummern nicht nur viele Talente in seiner Brust, sondern drängen ungestüm heraus: Schillers literarische Produktion – Dramen, Gedichte, Erzählungen, historische Werke, Schriften zur Ästhetik und Philosophie – ist beängstigend umfangreich und vielfältig.

Ein hoher idealistischer, enthusiastischer Ton wird gleich in den ersten Werken der hymnisch-gedanklichen Lyrik angeschlagen (*An die Freude*, vertont von Ludwig van Beethoven im Schlusschor der Neunten Sinfonie), die keine Erlebnisdichtung sein will, sondern poetischer Ausdruck einer Weltanschauung. Sie entwickelt sich von stürmischen zu immer beherrschteren Formen.

Schillers Sturm-und-Drang-Stück *Die Räuber* erlebt mit seinem unerhörten Schwung, der fortreißenden Leidenschaft und den immer neuen Steigerungen des Ausdrucks bei der frenetisch umjubelten Uraufführung 1782 im Mannheimer Nationaltheater einen beispiellosen Erfolg, der sich rasch in ganz Deutschland fortsetzt. Wie ein Fanal wirken die antifeudalen, revolutionären Elemente in diesem Stück, das die soziale Realität mit Wucht auf die Bühne bringt und manchen handfesten Theaterskandal auslöst.

Don Carlos spielt am Hof des spanischen Königs Philipp II., am Vorabend des Abfalls der Vereinigten Niederlande von der spanischen Herrschaft. Familien-, Generationen- und Liebeskonflikte werden überlagert von der bedeutsameren politischen Handlung um die – von Schiller erfundene – Figur des Marquis Posa, eines republikanischen Patrioten, der mit großer Zivilcourage und schwärmerischer Leidenschaft gegenüber dem tyrannischen König für Gedanken- und Redefreiheit und Menschenrechte eintritt.

In *Kabale und Liebe* geht es um das Motiv der »verführten Unschuld«, und erstmals tritt eine wirklich bürgerliche Heldin auf. »Kabale« heißt Intrige: Ferdinand, der Sohn des Präsidenten von Walter, eines hochrangigen Adligen, und Luise Miller, die Tochter des Stadtmusikanten, lieben sich, doch der Präsident möchte seinen Sohn aus politischen

Gründen lieber mit Lady Milford, der Favoritin seines Fürsten, verkuppeln. Er zettelt eine Intrige gegen Ferdinand und Luise an: Sein Sekretär Wurm treibt die Liebenden in eine Eifersuchtstragödie, die tödlich endet. Eine beißende Kritik an der moralischen Verkommenheit des Adels, ein Loblied auf den gewissenhaften Idealismus des Bürgertums.

Von klassischer und strenger Form sind die Dramen der letzten fünf Lebensjahre in Weimar mit ihren historischen Sujets: *Wallenstein, Maria Stuart, Die Jungfrau von Orléans* und *Wilhelm Tell* (»Wir wollen sein ein einzig Volk von Brüdern«). Mehr noch als mit den Dramen, die nicht nur die Spielpläne bis heute beherrschen, sondern auch zur Schullektüre gehören, wird Schiller volkstümlich durch seine berühmten Balladen (*Die Glocke, Die Bürgschaft*), während die großen philosophierenden Gedichte, aber auch die wenigen Ausflüge ins erzählende Fach (*Die Geisterseher*) nicht einmal annähernd eine vergleichbare Resonanz und Wirkmacht erreichen.

Nein, es ist zum einen das Drama (und die dramatische Form der Ballade), mit dem Schiller sich das hohe Ziel steckt, »den Menschen nicht bloß in einen augenblicklichen Traum von Freiheit zu versetzen«, sondern »ihn wirklich und in der Tat frei zu machen« (Vorrede zur *Braut von Messina*); und zum anderen die Lyrik, in welcher der Gedanke alles gilt, die Idee, die zur Poesie wird, der Geist, der den Stoff beherrscht und verwandelt. Beides ist nicht ohne das so vielgeschmähte Pathos, mit dem die von Schiller tief empfundenen Spannungen zwischen Geist und Natur, Freiheit und Schicksal, Pflicht und Neigung, Ideal und Leben vorgetragen werden.

Doch Schiller ist alles andere als ein Dichter im idealistischen Elfenbeinturm: Er verdient sein Geld als Journalist, Redakteur und als Herausgeber (*Musenalmanach*). Auch seine Verdienste als Historiker sind beträchtlich: In den Geschichtsdarstellungen lässt er die Schicksale ganzer Völker wie Epen abrollen, entwirft er hinreißende Porträts historischer Figuren. Mit seiner Ästhetik setzt er Maßstäbe, an denen sich ein ganzes Jahrhundert abarbeitet, nicht zuletzt auch an der Philosophie, in der die Ideen zu Hause sind, in der das Schöne und die Kunst zusammengedacht werden, so radikal, so energisch wie nie zuvor und nie danach in der deutschen Literatur.

Johann Peter Hebel

* 10. Mai 1760 Basel
† 22. September 1826 Schwetzingen

Gedichte
Alemannische Gedichte
Geschichten
Das Schatzkästlein des Rheinischen Hausfreunds
Biblische Geschichten

Wenn man heute ... J. P. Hebel nicht als ‚Verkannten' ausgraben und dem öffentlichen Interesse empfehlen kann, ist das weit mehr sein eigenes Verdienst als das der Nachwelt. Verdienst der souveränen Bescheidenheit, die auch posthum in eine solche Rolle sich nicht schicken würde und ein Jahrhundert um die Einsicht betrog, im »Schatzkästlein des rheinischen Hausfreundes« eines der lautersten Werke deutscher Prosa-Gold-Schmiederei zu besitzen. *Walter Benjamin*

Die berühmte Geschichte von Herrn *Kannitverstan* des Dichters Johann Peter Hebel, der mit dem *Schatzkästlein des Rheinischen Hausfreunds* bekannt wird, war über viele Generationen einer der beliebtesten Texte in deutschen Lesebüchern. Doch nicht viel spricht – auf den ersten Blick – dafür, ausgerechnet Hebel zu den »großen deutschen Dichtern« zu zählen. Zu erbaulich, zu provinziell, zu idyllisch, zu mundartlich, zu moralisch – die abqualifizierenden Schlagworte sind rasch bei der Hand.

Doch wie ist es zu erklären, dass Goethe ihn »auf einen

eignen Platz auf dem deutschen Parnaß« stellt? Dass ausgerechnet das »Schatzkästlein« ein Lieblingsbuch von Franz
Kafka ist? Dass Kurt Tucholsky als »Reinigungsbad der Seele« die Lektüre von Hebel empfiehlt, »das fegt die Ecken
aus«? Dass Elias Canetti den Dichter als seinen »besten Lehrer« bezeichnet (»Es gibt nicht viele, die so lange nach ihrem
Tode Lehrer bleiben«)?

Hebel, dieser »Kalendermann« und volkstümliche Erzähler, lebt keineswegs im literarischen Abseits – seine Gedichte
und Geschichten werden nicht nur von den führenden Köp-
fen des Literaturbetriebs wahrgenommen, sondern finden
vor allem raschen und anhaltenden Zuspruch beim Publikum. Weder sonderlich beeindruckt von den Strömungen
der Klassik und Romantik noch das Erbe der Aufklärung bei
aller unkonventionellen und undogmatischen Religiosität
verleugnend, findet Hebel sehr rasch seinen eigenen, unverwechselbaren Ton. Er ist der große Pädagoge der deutschen
Literatur, kein Moralist im verbissenen Sinn, sondern ein
Meister der volkstümlichen Anekdote, die in ihrer Pointe
immer eine explizite Erkenntnis vermittelt.

Man sollte sich durch den munteren Tonfall all dieser
Wirtshausschwänke und merkwürdigen Begebenheiten des
Schatzkästleins nicht verleiten lassen, den Dichter sozusagen in die moralische Ecke zu stellen. Diese munteren Geschichten von der guten und prompt auch belohnten Tat,
diese Schelmenstücke, biographischen Porträts und Histörchen haben immer den rechten, den richtigen Weg im Sinn,
auf den sie ihre Leser zu führen beabsichtigen.

Kein Bildungshochmut kann jedoch Hebel etwas ans
Zeug flicken, keine Arroganz gegen die entwaffnende Er-
baulichkeit seines Erzählens etwas ausrichten. »Seine Moral ist die Fortführung der Erzählung mit anderen Mitteln«
(Walter Benjamin), sein Provinzialismus ein Weltgefühl, seine Kunst der Belehrung zugleich eine der Unterhaltung. Jedes Kind vermag ihn zu verstehen, jeder Erwachsene auch,
wenn sein Gemüt sich etwas Kindlichkeit bewahrt hat.

JEAN PAUL

* 21. März 1763 Wunsiedel (Fichtelgebirge)
† 14. November 1825 Bayreuth

Romane
  Hesperus
  Titan
  Flegeljahre. Eine Biographie
Kleinere Prosa
  Leben des vergnügten Schulmeisterlein Maria Wutz in
    Auenthal
  Leben des Quintus Fixlein
  Des Feldpredigers Schmelzle Reise nach Flätz
  Dr. Katzenbergers Badereise
  Die wunderbare Gesellschaft in der Neujahrsnacht
  Blumen-, Frucht- und Dornenstücke oder Ehestand, Tod und
    Hochzeit des Armenadvokaten F. St. Siebenkäs
Satiren
  Grönländische Prozesse oder satirische Skizzen
  Auswahl aus des Teufels Papieren
Ästhetische Schriften
  Vorschule der Ästhetik

   Diese Gedichte, ohne Silbenmaß, aber von der zartesten Einheit
des Aufschwunges und des Klanges, sind die Selbstgespräche und
Briefe der Figuren, ihre Ergießungen gegen die Einsamkeit oder
gegen ein verstehendes Herz, ihre Träume, ihre letzten Gespräche
und Abschiede, ihre Todes- und Seligkeitsgedanken; oder es sind
Landschaften, Sonnenuntergänge, Mondnächte, aber Landschaften
und Mondnächte der Seele mehr als der Welt. Die deutsche Dichtung hat nichts hervorgebracht, was der Musik so verwandt
wäre, nichts so Wehendes, Ahnungsvolles, Unendliches.
Hugo von Hofmannsthal
   Ich sehe keinen Autor, der mehr Energie liefert als er gegen Ab-
schnürung, Abkapselung, gegen die Anschmiedung auf Prokrus-
tesbetten, gegen die Verdrängung aus dem Bunten ins einfarbige

61

Eingefärbte, aus dem widersprüchlichen Bewegten ins heillos Fest-
gemachte und Zubetonierte. *Walter Höllerer*

Mit seinem Debüt – bitteren Satiren voll beißender Ironie
– stößt Jean Paul beim Publikum auf Granit. Erst als
es ihm gelingt, seine satirische Schreibweise um empfind-
sam-gefühlvolle und humoristische Elemente zu erweitern,
kommt er zu jener Stilmischung, die sein Markenzeichen
wird und seinen Ruhm begründet.

Wie Kleist und Hölderlin ist auch Jean Paul nicht in die
Schubladen der deutschen Klassik und Romantik einzuordnen. Er entzieht sich überhaupt jeglicher Klassifizierung
nach Epoche und Stil. Manchmal meinen wir in seinen
Werken Spuren des humoristischen englischen Romans zu
entdecken – eine Art deutscher Laurence Sterne oder Henry
Fielding. Dann wieder lesen wir romantisch-träumerische
Phantasien von äußerster Subjektivität, erleben wir Züge
des bürgerlichen Rokoko und der Empfindsamkeit, klassische Ideale der Humanität und Bildung.

Es ist alles drin in Jean Paul, in diesem poetischen Ge-
samtkunstwerk, das um die großen Themen von Liebe und
Freundschaft, Tod und Unsterblichkeit kreist, in dem Ide-
alität und Realität in nie aufhörendem Kampf liegen, in
dem die Begrenztheit der kleinbürgerlichen Existenz dieses
Dichters in entgrenzter Phantasie und dichterischer Einbil-
dungskraft aufgesprengt wird.

Eine seltsame Irritation löst dies aus: die offenkundige
Sehnsucht, aus der Enge der kleinbürgerlichen Welt zu
fliehen, und dann diese Liebe zum Kleinen und Übersichtlichen, ja Genügsamen, wie wir sie auch bei Adalbert Stifter
finden.

Nach und nach überwindet Jean Paul die klassischen Formen, nimmt er den Subjektivismus der Romantik vorweg.
Die wuchernde Fülle der Gedanken, Anspielungen und Ab-
schweifungen wird durch keinerlei Gestaltungswille mehr
in Form gebracht. In den Nachtseiten seines Schaffens offen-

bart sich das Grauen vor dem totalen Nichts, das Jean Paul wie keiner vor ihm empfindet. Ein klassisches Beispiel: die vielzitierte *Rede des toten Christus vom Weltgebäude herab, daß kein Gott sei*, eingeschoben in den *Siebenkäs*-Roman.

Jean Pauls Werke leben von den merkwürdigen, seltsamen Charakteren, die dem Erzähler wichtiger sind als jede schön gerade erzählte Handlung: die ebenso empfindsame wie schwärmerische Geliebte, der kauzige Humorist, der genialische Held, der kleinbürgerliche Sonderling oder Pedant. Sie alle reden ununterbrochen, und so muss man sich als Leser immer auf die offene Form einstellen, in der nach Lust und Laune eingeschoben und abgeschweift wird, zahllose Zwischenreden, Fußnoten, Exkurse, Anreden eine kuriose Mixtur ergeben und ein Leseerlebnis ganz unverwechselbarer Art schaffen: Immer wird der Leser, wie Jean Paul zugibt, zuerst »ins Dampfbad der Rührung geführt und sogleich ins Kühlbad der frostigen Satire hinausgetrieben«.

Siebenkäs, ein kleiner Advokat, lebt in bescheidenen Verhältnissen und wagt doch die Rebellion, indem er sich durch einen inszenierten Scheintod aus dem ihm fremden Milieu befreit, seine brave, hausbackene Frau verlässt und geradewegs in die Arme einer poetisch-zarten Geliebten eilt.

Schließlich der *Titan*, wie Goethes *Wilhelm Meister* ein Entwicklungsroman: Sein Held ist der Sonnengott Albano, der die Harmonie sucht, sein Gegenspieler der genialische Himmelsstürmer Roquairol, an dem sich die Abgründe einer übersteigerten Romantik zeigen: Roquairol ist unsterblich verliebt in Linda, die jedoch Albano liebt. Ein Eifersuchts- und Liebesdrama voll atemberaubend finsterer Episoden, eine »herz- und seelenverheerende Fabel«, verwirrend verworren, voll dunklem Glanz. »Das Buch ist der Streit der Kraft mit der Harmonie«, urteilt Jean Paul selbst. »Jeder Himmelsstürmer findet seine Hölle.«

Kein Wunder, dass die großen Geister in Weimar mit Jean Paul nicht viel anzufangen wissen: Diese barocke Phantasie, dieser würzige Humor, diese absolut verwickelte Unübersichtlichkeit der Handlung machen Jean Paul geradezu zum Antipoden der Klassik. Heinrich Heines bissiges Urteil: »ein Verhängnis im Schlafrock«.

FRIEDRICH HÖLDERLIN

* 20. März 1770 Lauffen am Neckar
† 7. Juni 1843 Tübingen

Gedichte
  Gedichte (1784–1800)
  Gedichte (1800–1804: Oden, Elegien, Hymnen, Nachtgesänge)
  Gedichte (1806–1843)
Versdrama
  Der Tod des Empedokles
Roman
  Hyperion
Ästhetische und philosophische Schriften
  Urteil und Sein
  Über die verschiedenen Arten zu dichten
  Reflexion
  Die Bedeutung der Dichtarten
  Das Werden im Vergehen
  Pindar-Fragmente
  Über die Verfahrensweise des poetischen Geistes

Hölderlin! von ihm wollte ich schreiben, und das Herz pocht mir schon, wenn ich an ihn denke! – Hölderlin, der eigentliche Dichter der Jugend, dem Deutschland eine große Schuld abzutragen hat, weil er an Deutschland zu Grunde gegangen ist. *Georg Herwegh*
   Es ist ganz Zartheit und Adel des Herzens, und doch ist eine Riesenkraft des deutschen Gemütes darin, die Adlerflügel ausspannt … *Hugo von Hofmannsthal*

   Mit gelben Birnen hänget
   Und voll mit wilden Rosen

Das Land in den See,
Ihr holden Schwäne,
Und trunken von Küssen
Tunkt ihr das Haupt
Ins Heilignüchterne Wasser.

Weh mir, wo nehm ich, wenn
Es Winter ist, die Blumen, und wo
Den Sonnenschein,
Und Schatten der Erde?
Die Mauern stehn
Sprachlos und kalt, im Winde
Klirren die Fahnen.
Friedrich Hölderlin, Hälfte des Lebens

Friedrich Hölderlin gehört, wie der früh verstorbene Novalis, zu den Autoren, deren Leben *und* Werk zum Mythos geworden ist. Er scheint so sehr dem Klischee des todessehnsüchtigen Poeten mit dem Hang zur rauschhaften Übersteigerung zu entsprechen, dass es schwer fällt, ihm in seiner besonderen Position zwischen Klassik und Romantik gerecht zu werden. Er ist doch alles andere als ein Vermittler. Als Dichter des Idealismus, beeinflusst von Klopstock und Schiller, aber auch von der idealistischen Philosophie Kants, Hegels und Schellings, bleibt ihm jedoch eine größere Wirkung auf seine Zeitgenossen versagt: Sein Werk bleibt zunächst – mit Ausnahme des *Hyperion*, der Sophokles-Übersetzungen sowie einiger verstreut veröffentlichter Gedichte – ungedruckt. Erst nach seiner Wiederentdeckung Anfang des 20. Jahrhunderts erlebt Hölderlins Werk nicht nur eine Renaissance, sondern sogar eine verspätete Erfolgsgeschichte.

Als Student schwärmt Hölderlin zusammen mit seinen Kommilitonen Schelling und Hegel für die Ideale Rousseaus, für Freiheit, Wahrheit, Gemeinschaft. Im idealisierten antiken Griechenland findet Hölderlin den Orientierungspunkt für seinen Traum vom Humanismus.

FRIEDRICH HÖLDERLIN

In seinen Gedichten, welche die Themen Natur und Landschaft, Liebe und Freundschaft variieren, verarbeitet er vor
allem persönliche Erfahrungen. Der Einklang von Mensch,
Natur und Gottheit entspricht zutiefst Hölderlins Lebensgefühl: die Freude der Natur, die »frohe Verwirrung« in der
Liebe. Seine Geliebte Susette Gontard wird zum Vorbild für
Diotima – dies ist der Name einer weiblichen Figur in Pla-
tons »Gastmahl« – und zur Inspiration für eine beseligende
und schmerzlich hoffnungslose Liebesdichtung, eine ergreifende Seelenmusik, in der Freiheit, Schönheit, Harmonie gefeiert werden. Über den patriotischen Gedichten liegt eine
Stimmung weihevoller Festlichkeit.

Die Utopien einer neuen Verwirklichung der Humanität
bringen Hölderlin in Verbindung mit den revolutionären
Zirkeln der kleinen Universitätsstadt Tübingen. Obwohl er
kein unmittelbar politischer Dichter ist, kann sein Einfluss
auf die Verbreitung republikanisch-demokratischer Ideale nicht überschätzt werden. In seinem Roman *Hyperion*
artikuliert Hölderlin in lyrischen Briefen und Monologen
die erschütternden Erfahrungen seines früh scheiternden
Lebens. Alles ist in diesem handlungsarmen, im Griechenland der Gegenwart spielenden Roman auf die inneren
Erfahrungen konzentriert, die Ideale und Widerfahrnisse
des empfindsam-elegischen Helden Hyperion, der seinem
deutschen Freund Bellarmin aus seinem Leben berichtet:
Hyperion sehnt sich nach der seligen Einheit mit der Natur und macht sich aus Trauer über das verlorene Vaterland
und die Unwiederbringlichkeit früherer Größe und Schönheit auf den Weg nach Deutschland (»So kam ich unter die
Deutschen ... Es ist ein hartes Wort, und dennoch sag' ich's,
weil es Wahrheit ist: ich kann kein Volk mir denken, das
zerrissner wäre«).

Doch die Verbindung von Privatem und Politischem, die
Hyperion zu leben versucht, scheitert angesichts der vorge-
gebenen Strukturen. Nur in der Isolierung kann Hyperion
seine Identität bewahren, was sich wie eine Selbstbeschrei-

bung Hölderlins liest. »Eines der trefflichsten Bücher der Nation, ja der Welt«, urteilt Clemens Brentano.

Der Gesang der Deutschen, die Oden auf die »ländlich-schönen« Städte, die Stromgedichte über Rhein, Main, Donau, Neckar – das alles vermag ein lyrisch gestimmtes Gemüt zu ergreifen. Nicht zuletzt auch seine dunkle, religiöse Sprache, die Hölderlin für seine späten Gedichte findet, für visionäre Gesänge mit ihrem einzigartigen Spiel von Licht und Schatten.

Mit dieser einsamen, mit dem Schicksal ringenden Seele, voller leidenschaftlicher Hingabe, kompromisslos und mutig, steht Hölderlin als eine singuläre, erratische Erscheinung in den Fluten der deutschen Literatur.

Dass Friedrich Nietzsche ihn seinen »Lieblingsdichter« nennt, überrascht nicht. Auch nicht, dass beider Geist in Umnachtung versinkt.

FRIEDRICH SCHLEGEL

* 10. März 1772 Hannover
† 12. Januar 1829 Dresden

Roman
   Lucinde
Fragmentensammlungen
   Kritische Fragmente (Lyceums-Fragmente)
   Athenäums-Fragmente
   Ideen
Ästhetische und politische Schriften
   Versuch über den Begriff des Republikanismus
   Von den Schulen der griechischen Poesie
   Griechen und Römer
   Charakteristiken und Kritiken
   Gespräch über die Poesie
   Über die Unverständlichkeit

Philosophie des Lebens. Philosophie der Geschichte

Friedrich Schlegel war ein tiefsinniger Mann. Er erkannte alle Herrlichkeiten der Vergangenheit und er fühlte alle Schmerzen der Gegenwart. Aber er begriff nicht die Heiligkeit dieser Schmerzen und ihre Notwendigkeit für das künftige Heil der Welt. Er sah die Sonne untergehn und blickte wehmütig nach der Stelle dieses Untergangs und klagte über das nächtliche Dunkel, das er heranziehen sah; und er merkte nicht, daß schon ein neues Morgenrot an der entgegengesetzten Seite leuchtete. *Heinrich Heine*

> Die romantische Poesie ist eine progressive Universalpoesie. Ihre Bestimmung ist nicht bloß, alle getrennten Gattungen der Poesie wieder zu vereinigen und die Poesie mit der Philosophie und Rhetorik in Berührung zu setzen. Sie will und soll auch Poesie und Prosa, Genialität und Kritik, Kunstpoesie und Naturpoesie bald mischen, bald verschmelzen, die Poesie lebendig und gesellig und das Leben und die Gesellschaft poetisch machen … Sie umfaßt alles, was nur poetisch ist … bis zu dem Seufzer, dem Kuß, den das dichtende Kind aushaucht in kunstlosem Gesang … Die romantische Poesie ist unter den Künsten, was der Witz der Philosophie, und die Gesellschaft, Umgang, Freundschaft und Liebe im Leben ist.
> Friedrich Schlegel, Fragment aus dem Athenäum

Wie die meisten seiner literarisch orientierten Zeitgenossen sucht Friedrich Schlegel zunächst Anschluss an Goethe und Schiller und erkennt in der Antike das große Vorbild (*Griechen und Römer*). Doch unter dem Einfluss Fichtes und mit der Gründung der romantischen Zeitschrift »Athenäum« wird Schlegel rasch zum Vordenker, Chefideologen und Theoretiker der Romantik. Anders als Novalis wagt er die geforderte gegenseitige Durchdringung von Poesie und Philosophie, Leben und Kunst, Religion und Geschichte nur in einem einzigen Werk: im Romanfragment *Lucinde*. Die ganz große Liebe, die intime Beziehung wird hier im Licht eigener erotischer Erfahrungen zu einem Universalmythos, geschaffen aus genialen Einfällen und paradoxen intellektuellen Ideen über die Gleichrangigkeit von Mann und Frau, frei von bürgerlichen Zwängen und jenseits aller Konventionen.

Im Mittelpunkt des geheimnisumwitterten Romans steht die Entwicklung des Helden Julius. In Briefen an die Geliebte Lucinde und den Freund Antonio, in Gesprächen, Aufzeichnungen und Reflexionen werden von Schlegel die »Lehrjahre der Männlichkeit« entwickelt: Mit den unterschiedlichsten Frauen stürzt Julius sich in Liebesabenteuer, bei jeder lernt er eine andere Facette des Weiblichen kennen. Auch die Körperlichkeit der Liebe wird keineswegs schamhaft verschwiegen, sondern kommt aufs Tableau. Damit durchbricht Schlegel ein Tabu und zieht sich den Vorwurf der Unsittlichkeit zu, wird aber von freizügigen Lesern und Kritikern dafür gefeiert, ein Manifest der befreiten Liebe geschrieben zu haben.

Lucinde ist das wunderbarste Wesen von allen, »sinnliche« Geliebte, »seelische« Gefährtin und »geistige« Partnerin zugleich, sie ist die Summe all der Eigenschaften, die der Held Julius bei anderen Frauen kennengelernt hat. Sie ist »eins und unteilbar«, als naturhaftes Geschöpf vollkommen wie eine Pflanze und dem zerrissenen und entfremdeten Mann in ihrer Ganzheit überlegen. Doch ist dies mehr als eine Form männlicher Projektion, eine Männerphantasie?

Und was ist dieser Roman wirklich? Das absolute poetische Kunstwerk, in dem das große romantische Versprechen eingelöst wird? Oder doch nur ein halbherziger Versuch, mit unzulänglichen erzählerischen Mitteln der Poesie und der Liebe zugleich auf die Spur zu kommen und in der Feier der unbedingten Liebe gegen alle ehelichen Fesseln den Affront gleich mitzuliefern? Selten hat ein Roman eine solche allgemeine Empörung ausgelöst; Schiller reagiert sogar mit wütender Kritik (»ein Gipfel moderner Unform und Unnatur«). Der Vorwurf der Obszönität feiert Konjunktur, die Auseinandersetzungen um *Lucinde* arten in einen regelrechten Literaturskandal aus, in dem gleich die ganze romantische Bewegung mit in die Schusslinie gerät.

Schlegels literaturhistorische Bedeutung liegt weniger in diesem merkwürdig missglückten und doch gedankenschönen Roman, sondern in seinen *Fragmenten*, in denen Problematik und Programm der romantischen Bewegung formuliert werden. Und dass er dieser Bewegung als Herausgeber der maßgeblichen Zeitschriften des Zeitgeists – neben »Athenäum« vor allem »Europa« und »Concordia« – Organisation und Zusammenhalt gibt. Er wird oft missverstanden, verleumdet und angefeindet, dabei versucht er nichts anderes, als den Romantikern ein Freund zu sein und ihnen Ideen zu geben, für die er geprügelt wird, während man sie bei anderen bewundert.

Später geht Schlegel den Weg mancher Romantiker zur konservativen Philosophie, die sich auf das mittelalterlich-christliche Erbe besinnt und der Restauration die theoretische Legitimation verleiht. »Er duselt und frömmelt«, wie der übellaunige Franz Grillparzer nach einer persönlichen Begegnung mit ihm in sein Tagebuch notiert.

NOVALIS (FRIEDRICH VON HARDENBERG)

* 2. Mai 1772 Oberwiederstedt (Sachsen)
† 25. März 1801 Weißenfels (Sachsen)

Gedichte
 Hymnen an die Nacht
 Geistliche Lieder
Romane und Novellen
 Die Lehrlinge zu Sais
 Heinrich von Ofterdingen
Fragmentensammlungen
 Blüthenstaub

Glauben und Liebe
Athenäums-Fragmente
Essay
Die Christenheit oder Europa

Novalis ist der einzige wahrhafte Dichter der romantischen Schule, nur in ihm ist die ganze Seele der Romantik Lied geworden und nur in ihm ausschließlich sie. Die anderen, wenn sie überhaupt Dichter waren, waren bloß romantische Dichter. *Georg Lukács*

Hinterlassen hat er das wunderlichste und geheimnisvollste Werk, das die deutsche Geistesgeschichte kennt. Ebenso wie sein kurzes, äußerlich tatenloses Leben den Eindruck seltsamster Fülle macht und jede Sinnlichkeit wie jede Geistigkeit erschöpft zu haben scheint, so zeigen die Runen dieses Werkes unter spielender, entzückend blumiger Oberfläche alle Abgründe des Geistes, der Vergöttlichung durch den Geist und der Verzweiflung am Geiste. *Hermann Hesse*

> Der Jüngling lag unruhig auf seinem Lager und gedachte des Fremden und seiner Erzählung. »Nicht die Schätze sind es, die ein so unaussprechliches Verlangen in mir geweckt haben«, sagte er zu sich selbst; »fernab liegt mir alle Habsucht: aber die blaue Blume sehn' ich mich zu erblicken. Sie liegt mir unaufhörlich im Sinn, und ich kann nichts anderes dichten und denken. So ist mir noch nie zumute gewesen: es ist, als hätt ich vorhin geträumt, oder ich wäre in eine andere Welt hinübergeschlummert ...
> Novalis, Heinrich von Ofterdingen

Wenn nicht mehr Zahlen und Figuren
Sind Schlüssel aller Kreaturen,
Wenn die, so singen oder küssen,
Mehr als die Tiefgelehrten wissen,
Wenn sich die Welt ins freie Leben,
Und in die Welt wird zurück begeben,
Wenn dann sich wieder Licht und Schatten
Zu echter Klarheit werden gatten,
Und man in Märchen und Gedichten
Erkennt die ewgen Weltgeschichten,

Dann fliegt vor Einem geheimen Wort
Das ganze verkehrte Weisen fort.
NOVALIS

Friedrich von Hardenberg, der sich Novalis nennt, ist als Person der Inbegriff des romantischen Dichters, sein Werk gilt als Inbegriff der Romantik. Er ist alles andere als ein weltfremder Träumer und liebenswürdiger Schwärmer, sondern vielseitig gebildet, naturwissenschaftlich interessiert und von einer intellektuellen Phantasie, wie man sie bei kaum einem anderen Dichter der Frühromantik findet. Novalis – der Universalpoet des romantischen Manifests: »Die Welt muß romantisiert werden. So findet man den ursprünglichen Sinn wieder ... Indem ich dem Gemeinen einen hohen Sinn, dem Gewöhnlichen ein geheimnisvolles Ansehn, dem Bekannten die Würde des Unbekannten, dem Endlichen einen unendlichen Schein gebe, so romantisiere ich es.« Romantische Philosophie als Heimweh, als Wunsch, überall zu Hause zu sein.

In den *Hymnen an die Nacht* verarbeitet Novalis seine Todessehnsucht und die unstillbare Trauer um den frühen Tod seiner erst fünfzehnjährigen Geliebten Sophie und seines Bruders Erasmus. Die Nacht, diese wahre Göttin der Romantik, erscheint als das unendliche Reich der Poesie und des Traums, als Symbol des wahren Seins und der tiefsten Liebe. Geheimnisvoll, aber auch heilig, weil sie den Dichter mystisch mit der Geliebten in ewigwährender luftiger Brautnacht vereint.

Auch in den *Lehrlingen zu Sais*, dem Romanfragment mit dem wunderschönen Märchen von *Hyacinth und Rosenblüth*, kommt die »magische Naturauffassung« als Ausdruck von Natur- und Liebessehnsucht zur Sprache. Ein Fragment bleibt ebenso *Heinrich von Ofterdingen*, der romantische Roman schlechthin, in den Erzählung und Reflexion und alle Formen der Poesie Eingang finden. Phantasiereich und poesieverliebt erzählt Novalis die Geschichte des sagenhaften

Minnesängers und seiner Suche nach der »blauen Blume«, die das Wesen der Poesie, der poetischen Auffassung von Natur und Leben symbolisiert. Im Märchen, das der Dichter Klingsor erzählt, ist der Sinn des Romans verschlüsselt: Allein die Poesie vermag die Welt und damit die Menschen zu erlösen.

Das Fragment ist nur der erste Teil eines ursprünglich auf sieben Bände angelegten phantasievoll übersteigerten Gegenstücks zum von Novalis als »prosaisch«, als »im Grunde fatal und albern« empfundenen *Wilhelm Meister* – die weiteren Teile sollten in ähnlicher Weise der Physik, dem bürgerlichen Leben, der Handlung, der Geschichte, der Politik und der Liebe gewidmet sein. In diesem Werk ist alles drin, was Romantik sein will: Märchenglaube und Naturseele, Traum und Wirklichkeit, Ineinander von sichtbarer und unsichtbarer Welt, Mystik und Magie, Sehnsucht nach Unendlichkeit, Freiheit des Subjekts und ein unstillbarer Wunsch nach Freundschaft und größerer Heimat.

LUDWIG TIECK

* 31. Mai 1773 Berlin
† 28. April 1853 Berlin

Dramen
  Der gestiefelte Kater
  Die verkehrte Welt
  Prinz Zerbino
Romane
  Peter Lebrecht
  Geschichte des Herrn William Lovell
  Franz Sternbalds Wanderungen
  Vittoria Accorombona
Erzählungen und Märchen
  Die Geschichte von den Haimonskindern

Phantasus (u.a. *Der blonde Eckbert, Der getreue Eckhart, Der Ru-
nenberg, Liebeszauber, Liebesgeschichte der schönen Magelone,
Die Elfen, Der Pokal*)

Novellen

Die Gemälde
Die Gesellschaft auf dem Lande
Der Aufruhr in den Cervennen
Der junge Tischlermeister
Dichterleben (zwei Teile)
Des Lebens Überfluß

Dramen

Leben und Tod der heiligen Genoveva
Kaiser Octavianus

Tieck – ein urbaner Geist und Genie der Teilnahme, einer der
großen Anreger der deutschen und der Weltliteratur, der Schöpfer
freier, heiterer und wehmutumdunkelter Werke, die ein neues Fun-
keln und Scheinen in die Dichtung gebracht haben, einen neuen
Duktus der Sprache für ungewohnte Stimmungen der Sinne und
der Seele, und mit erstaunlicher Einfühlungsgabe einen sicheren
Instinkt für das Maß, ein tiefes Gefühl für Schonung und Menschlichkeit verbinden. *Robert Minder*

> Mondbeglänzte Zaubernacht,
> Die den Sinn gefangen hält,
> Wundervolle Märchenwelt,
> Steig auf in der alten Pracht!
> Ludwig Tieck, Kaiser Octavianus

Ludwig Tieck lässt sich nicht vereinnahmen, weder von
bestimmten literarischen Entwicklungen und Strömungen, noch später von der tiefsinnigen Religiosität und
dem unbedenklichen Patriotismus der Restaurationszeit.
Man hat diesem vielseitigsten und produktivsten Autor der
Frühromantik vorgeworfen, ein substanz- und standpunkt-
loser Künstler zu sein. Und doch ist nichts verkehrter als
das.

Tieck hat – als romantisches Universalgenie – viele Begabungen und Interessen. Er beginnt stürmisch und drängerisch, sieht sich in der Tradition der Berliner Aufklärung, legt mit der *Geschichte des Herrn William Lovell* einen Briefroman vor, in den er alles hineinstopft, wonach damals Bedarf besteht: empfindsame Briefe, psychologisierende Gedankengänge, dann einen spannenden Kriminalfall, gewürzt mit einer Prise modernem Schauerroman.

Hochromantisch geht es mit *Franz Sternbalds Wanderungen* weiter, einer im altdeutschen Butzenscheiben-Nürnberg der Dürerzeit angesiedelten Bildungsgeschichte, umrankt von Kunstgesprächen in romantischem Geist, voller Freundschaftskult und Landschaftsstimmung: Da wandert ein junger Maler nach Italien und bewundert die sinnenfrohe Kunst des Südens, stürzt sich in phantastische Liebesabenteuer und kehrt am Ende doch zur ernsten, deutschen Kunst zurück. Der italienerfahrene Goethe stöhnt nur: »Es ist unglaublich, wie leer das artige Gefäß ist.«

Vielleicht liegt Tiecks größte Leistung in der Erneuerung volkstümlicher Dichtung, vor allem der *Märchen*, teils durch eigene Erfindungen, bald vereinfachend, bald phantastisch-gefühlvoll und nicht selten mit witzig-ironischer Zuspitzung. Schließlich die Wendung zum Realismus in *Des Lebens Überfluß*, ein Lob auf die Kunst des stilvollen Verarmens und der fröhlichen Bedürfnislosigkeit. Dazu Trauerspiele, Lustspiele, historische Romane, Verdienste als Kritiker, Übersetzer, Journalist und Theatermann.

Tieck ist »der König der Romantik« (Friedrich Hebbel), charmant, liebenswürdig, ein allgegenwärtiges Allroundgenie im Kulturbetrieb der Restauration. Flink und gewitzt erkennt er Trends und nimmt sie auf, sein Repertoire reicht vom märchenhaften Stimmungsbild über die stets reizbare romantische Phantasie bis zu Fragen, die auch die Autoren des Vormärz beschäftigen: Toleranz, Klassen- und Ständegegensätze, Frauenemanzipation. Doch alles weitgehend ohne persönliche Färbung, ohne innere Beteiligung, ohne

»Seele«: Den Vorwurf der allzu flachen und auf Wirkung
bedachten Poesie, der Formlosigkeit, der fehlenden Her-
zensbegeisterung wird Tieck nicht los.

E. T. A. Hoffmann

* 24. Januar 1776 Königsberg
† 25. Juni 1822 Berlin

Romane
  Die Elixiere des Teufels
  Lebensansichten des Katers Murr
Erzählungen und Märchen
  Fantasiestücke in Callots Manier (u.a. *Ritter Gluck, Kreisleriana,
    Don Juan, Der Magnetiseur, Der goldene Topf, Die Abenteuer der
    Silvester-Nacht*)
  Nachtstücke (u.a. *Der Sandmann*)
  Die Serapionsbrüder (u.a. *Die Bergwerke von Falun, Nußknacker
    und Mausekönig, Die Automate, Meister Martin der Küfner und
    seine Gesellen, Das Fräulein von Scuderi*)
  Klein Zaches genannt Zinnober
  Prinzessin Brambilla
  Meister Floh
  Des Vetters Eckfenster

> Es ist mir nicht möglich, deutlich anzugeben, wie lan-
> ge ich, von dem Doppelgänger verfolgt, durch finstre
> Wälder floh, es ist mir so, als müsse das Monate hin-
> durch, ohne daß ich Speise und Trank genoß, gedauert
> haben. Nur *eines* lichten Augenblicks erinnere ich mich
> lebhaft, nach welchem ich in gänzlich bewußtlosen Zu-
> stand verfiel. Eben war es mir geglückt, meinen Dop-
> pelgänger abzuwerfen, als ein heller Sonnenstrahl und
> mit ihm ein holdes, anmutiges Tönen den Wald durch-
> drang. Ich unterschied eine Klosterglocke, die zur
> Frühmette läutete. »Du hast Aurelie ermordet!« Der

Gedanke erfaßte mich mit des Todes eiskalten Armen,
und ich sank bewußtlos nieder.
E. T. A. Hoffmann, Die Elixiere des Teufels

Tagsüber bearbeitet der Kammergerichtsrat Ernst Theodor Amadeus Hoffmann in seinem ungeliebten Beruf Akten in verstaubten Kanzleien, am Abend und in der
Nacht, an seinem Klavier, an seinem Schreibtisch führt er
sein »eigentliches« Leben, wird er zum Geisterkönig im
Reich der Wunder. Ein hervorragender Jurist, aber auch ein
universal begabter Künstler, dem Wirklichkeit und Traum
ständig durcheinander geraten.

Kein anderer deutscher Dichter verwebt in seinen Erzählungen, Märchennovellen und Romanen das Mysteriöse,
Spukhafte und Grausige so kunstvoll mit dem realen Leben
wie Hoffmann, dessen Begabungen weit gespannt sind, der
auch musiziert und komponiert (so vertont er Fouquets *Undine* und ist auch als Musikschriftsteller erfolgreich). Gegen
die beginnende Mechanisierung und Veräußerlichung des
Seins, gegen die Verdrängung der Nacht- und Schattensei-
ten stellt Hoffmann ein Vertrautsein mit geheimnisvollen
Mächten, die in das menschliche Leben eingreifen, die Alltägliches und Märchenhaftes miteinander verknüpfen. Hier
klingt die romantische Naturphilosophie auf bisweilen düstere Weise nach. Frühes *Gothic*, wenn man so will.

Die *Fantasiestücke* sind in der Manier Callots, des Kupfer-
stechers und Schilderers des Komödiantenlebens, komponiert, darin neben dem *Ritter Gluck* vor allem das Märchen
Der goldene Topf, das Hoffmann selbst als bestes seiner frühen Werke ansieht. Vergeblich versuchen die Philister den
Studenten Anselmus, der alles mit den Augen eines Poeten
und Träumers betrachtet, zurückzugewinnen. Denn er hat
sich im Haus des Archivarius Lindhorst, der in Wahrheit ein
Geisterfürst ist, in dessen Tochter Serpentina, ein verfüh-
rerisches Schlänglein, verliebt. Schließlich, nach mancherlei Spuk, wird Anselmus mit ihr zum wunderbaren Leben

nach Atlantis entführt. Und der Archivarius fragt: »Ist denn des Anselmus Seligkeit etwas anderes als das Leben in der Poesie, der sich der heilige Einklang aller Wesen als tiefstes Geheimnis der Natur offenbart?«

Diesen Einklang, in dem für Augenblicke alle Spannungen überwunden sind, erlebt Hoffmann vor allem in der Musik. In den Geschichten um Kapellmeister Kreisler (*Kreisleriana*, *Lebensansichten des Katers Murr*), dem musikalischen Doppelgänger Hoffmanns, zeigt sich, dass Kunst und Leben untrennbar miteinander verbunden sind und dass Musik die Seele von der Wirklichkeit erlösen und in das übersinnliche Reich des Schönen und Poetischen zu führen vermag. Nicht einmal der vollkommen unkünstlerische Kater Murr, dessen Leben und Lieben so amüsant erzählt wird, kann die Bekenntnisse des Kapellmeisters entkräften.

Auch *Die Serapionsbrüder* sind eine Sammlung von Novellen und Märchen, allerdings durch eine Rahmenerzählung verbunden: unheimlich (Im *Fräulein von Suceri* hängt ein Goldschmied so sehr an den von ihm verfertigten Schmuckstücken, dass er die Käufer tötet, um wieder in ihren Besitz zu kommen), kindlich-anmutig (*Nußknacker und Mäusekönig*), tiefgründig (*Die Bergwerke von Falun*). Eine wunderbare Mischung aus verschiedensten Aromen ist auch das phantastische, traumartige Märchen *Prinzessin Brambilla*, ein graziöses Spiel, ein Karnevalsspaß mit heiteren Verwechslungen: Denn Brambilla ist nicht nur Prinzessin, sondern auch Näherin, der Prinz ist auch ein Schauspieler.

Zu den berühmtesten Erzählungen aus der Hoffmannschen Werkstatt gehört *Der Sandmann* aus den *Nachtstücken*, in denen Hoffmann die verdrängten Ängste und Träume, all die Nachtseiten des Bürgers gestaltet, unheimlich und grotesk: Olimpia, die verständnisvolle Geliebte Nathanaels, ist in Wahrheit ein Automat, in den Nathanael seine Wünsche und Phantasien hineinliest – ein entlarvendes Bild für das Verhältnis der Geschlechter, in dem das bürgerliche Liebesideal als das erscheint, was es ist: als eine die weibliche Identität zerstörende Unsicherheit des Mannes.

Die *Elixiere des Teufels* schmecken wie »herrlicher Syrakuser«; gefährlich sind sie durch die Vermessenheit, sie zu kosten. So trinkt der Mönch Medardus von dem Gebräu, und nachdem ihm eine schöne Frau ihre verbotene Liebe gebeichtet hat, beginnt eine endlose Reihe von Verwechslungen zwischen Medardus und seinem Doppelgänger Viktorin.

Und verwechseln wir nicht selbst beim Lesen ständig Traum und Wirklichkeit, Tag und Nacht, Wahn und Sinn auf der Leiter, die Hoffmann uns hinstellt, »auf der man hinaufsteigen will in höhere Regionen«, in ein phantastisches Zauberreich? Dann mag jeder glauben, »dies Reich gehöre auch noch in sein Leben hinein und sei eigentlich der wunderbar herrlichste Teil desselben«.

HEINRICH VON KLEIST

* 18. Oktober 1777 Frankfurt an der Oder
† 21. November 1811 Berlin

Dramen
  Robert Guiskard
  Der zerbrochene Krug
  Amphitryon
  Penthesilea
  Das Käthchen von Heilbronn oder Die Feuerprobe
  Die Hermannsschlacht
  Prinz Friedrich von Homburg
Erzählungen
  Michael Kohlhaas
  Die Marquise von O…
  Das Bettelweib von Locarno
  Der Findling

Das Erdbeben von Chili
Der Zweikampf
Ästhetische, philosophische und politische Schriften
Aufsatz, den sichern Weg des Glücks zu finden
Über die allmähliche Verfertigung der Gedanken beim Reden
Katechismus der Deutschen
Betrachtungen über den Weltlauf
Brief eines jungen Dichters an einen Maler
Über das Marionettentheater

Ich weiß, wenn ich mich mit Kleist einlasse, dann flirte ich mit
der Hölle. Ich tue es nicht gern. Wenn ich es aber tue, dann kommen mir eher als bei dem edlen Schiller und dem weisen Goethe
und dem prächtigen Lessing leider die Begeisterungstränen.
Sebastian Haffner

> »Bassa Manelka!« ruft der Kerl, und gibt seinem Pferde
> die Sporen und sprengt auf sie ein; sprengt, so wahr Gott
> lebt, auf sie ein, und greift sie, als ob er das ganze Ho-
> henlohische Korps hinter sich hätte, an; dergestalt, daß, da
> die Chasseurs, ungewiß, ob nicht noch mehr Deutsche im
> Dorf sein mögen, einen Augenblick, wider ihre Gewohn-
> heit, stutzen, er, mein Seel, ehe man noch eine Hand um-
> kehrt, alle drei vom Sattel haut, die Pferde, die auf dem
> Platz herumlaufen, aufgreift, damit bei mir vorbeisprengt,
> und: »Bassa Teremtetem!« ruft, und: »Seht er wohl, Herr
> Wirt?« und »Adies!« und »auf Wiedersehn!« und: »hoho!
> hoho! hoho!« - - So einen Kerl, sprach der Wirt, habe ich
> zeit meines Lebens nicht gesehen.
> HEINRICH VON KLEIST, ANEKDOTE AUS DEM LETZTEN
> PREUßISCHEN KRIEGE

Als Feuerkopf steht er vor uns, genialisch, voller Unruhe
und Besessenheit. Geprägt von preußischer Offizierstra-
dition mit einem besonderen Verständnis für Kunst und Bildung, aber auch von den Idealen der Aufklärung, ist Heinrich von Kleist prädestiniert für die Rolle des patriotischen
Dichters und Vorkämpfers für Preußens Glanz und Gloria.

Sein übersichtliches Werk jedoch lässt solche Verein-
nahmungen kaum zu. Zu sehr, zu oft bricht der begeisterte
Aufschwung sich an der Erfahrung der Wirklichkeit, das
beflügelnde Gefühl an der unzulänglichen Realität, werden die Träume schließlich in die Ausnüchterungszelle der
Literatur gesperrt. Überhaupt ist das sich absolut setzende
romantische Gefühl für Lichter und Geheimnisse das alles
beherrschende Motiv in Kleists Werk – ein Gefühl allerdings, das immer vom Scheitern bedroht ist, das sich stets
an der Gesellschaft, an Ruhmsucht, Eigennutz und Ehrgeiz
reibt und schließlich daran zerbricht. Kleist sehnt sich nach
Gewissheit und Sicherheit und täuscht sich doch nicht über
den betörenden Schein des Daseins, dem er die unzerstör-
bare Kraft großer Gefühle entgegenstellt.

In seiner bedeutendsten Erzählung *Michael Kohlhaas*
thematisiert Kleist das Rechtsgefühl des Einzelnen, der
zur Selbsthilfe greifen muss, um seine Menschenwürde zu
retten: Kohlhaas, aufs tiefste verletzt durch die kränkende
Recht- und Schutzlosigkeit im eigenen Land, besteht wie ein
Besessener auf seinem Recht und greift zur Selbstjustiz. Er
erhebt sich gegen die Obrigkeit, gerät dabei zwangsläufig in
Schuld und opfert Glück und Leben um der Gerechtigkeit
willen.

Auf der Bühne spielt *Das Käthchen von Heilbronn* – das Mädchen, das liebt, weil es lieben muss – seine unbedingte, süße
Weiblichkeit aus, indem es dem Grafen Wetter vom Strahl
in schwärmerischer Hingabe durch alle Erniedrigungen
folgt und verhandelt im Lustspiel *Der zerbrochene Krug* der
verschlagene Dorfrichter Adam gegen sich selbst und wird
trotz aller Ausflüchte als Schuldiger entlarvt. *Penthesilea*, die
Amazonenkönigin, Furie und Grazie zugleich, erleidet die
Tragödie der Leidenschaft und der Verzweiflung. Der schlaf-
wandelnde, von Ruhm und Liebe träumende *Prinz Friedrich
von Homburg* schließlich steht im Zwiespalt zwischen staatli-
chem Gesetz und persönlicher Freiheit: Er hat durch seinen
unbeherrschten Griff nach Ruhm und Glück die Pflicht ver-

letzt und soll den Tod finden. Zuerst erscheint ihm das Sterben als etwas Unfassbares, er bricht unter der Last der Furcht zusammen, dann bringt die Todesnähe ihm das wahre Leben der sittlichen Notwendigkeit nahe, entdeckt ein in sich verstrickter unfreier Mensch seine größte Freiheit.

So ist Kleists Werk merkwürdig unausgeglichen, zerrissen, in einer Spannung zwischen Tragik und Humor, märchenhafter Romantik und klassischer Harmonie, vorwärts getragen, ja getrieben von nicht selten maßloser Leidenschaft und hoch fliegenden Träumen. »Mit Heinrich von Kleist tritt der zentrale Dichter des deutschen Dramas und das erste moderne Ich groß, tragisch und ganz lebendig in die deutsche Literatur« (Arnold Zweig) – »völlig einmalig, aus aller Hergebrachtheit und Ordnung fallend, radikal in der Hingabe an seine exzentrischen Stoffe bis zur Tollheit, bis zur Hysterie« (Thomas Mann). Mit Kleist erleben wir die erschreckende Nacktheit der Ideale, die Entzauberung der Phantasie.

Immer geht es ums Ganze. Die *Marquise von O...* sieht sich nackter Gewalt ausgesetzt. Bei der Eroberung ihres Hauses durch anstürmende russische Truppen wird sie vor der Vergewaltigung zwar gerettet, aber ihr Retter, der Graf F., nutzt die Ohnmacht der Marquise aus, um sie seinerseits mit Gewalt zu nehmen. Als Erzähler fasst Kleist die Vergewaltigungsszene in einem Gedankenstrich zusammen und provoziert damit, dass der Leser sie in den ihm gebotenen Symbolen des Kampfes und des Krieges ausphantasiert. Die Marquise wird schwanger, ohne zu wissen, wie und von wem, und lässt – ziemlich selbstbewusst, wie ich finde – den unbekannten Vater durch eine Zeitungsannonce suchen. Nach vielen Umwegen und dramatischen Verwicklungen wird dem Graf schließlich vergeben, kommt es zur glücklichen Versöhnung.

Kleists Werke fließen nicht dahin in trügerischer Ruhe, sie flackern nervös gespannt, haben ihre heiteren Höhepunkte, ihre bitteren Erkenntnisse, sie sind mitreißend in einem ganz unmittelbaren Sinn. Der Dichter selbst hält die Widersprüche nicht aus: Mit seiner Geliebten Henriette Vogel geht er in den selbstgewählten Tod: »Die Wahrheit ist, daß mir auf Erden nicht zu helfen war ...«

CLEMENS BRENTANO

* 9. September 1778 Frankfurt
† 28. Juli 1842 Aschaffenburg

Gedichte
Ausgewählte Gedichte
Dramen
Ponce de Leon
Die Gründung Prags
Roman
Godwi oder Das steinerne Bild der Mutter
Erzählungen
Aus der Chronika eines fahrenden Schülers
Die drei Nüsse
Geschichte vom braven Kasperl und dem schönen Annerl
Märchen
Rheinmärchen
Italienische Märchen
Anthologie
Des Knaben Wunderhorn (zusammen mit Achim von Arnim)

Von den deutschen Dichtern hat Clemens Brentano am meisten Musik im Leibe. *Friedrich Nietzsche*
Daß es diese Poesie im 19. Jahrhundert nicht leicht hatte, versteht sich. Da war viel Ratlosigkeit und man half sich, ganz wie in unseren Tagen, damit, sie durch Feindseligkeit zu verdecken. Zuchtlos, krankhaft, willkürlich, bizarr, zerrissen, unnatürlich: da war kein Urteil zu spießig und zu griesgrämig, um Brentanos Werk an den Marterpfahl der Literaturgeschichte zu nageln. Das alles hat nichts genutzt. Kunstwerke sind auf diese Art und Weise nicht umzubringen. *Hans Magnus Enzensberger*

CLEMENS BRENTANO

> Singet leise, leise, leise,
> Singt ein flüsternd Wiegenlied,
> Von dem Monde lernt die Weise,
> Der so still am Himmel zieht.
>
> Singt ein Lied so süß gelinde,
> Wie die Quellen auf den Kieseln,
> Wie die Bienen um die Linde
> Summen, murmeln, flüstern, rieseln.
> CLEMENS BRENTANO, WIEGENLIED

Bekannt wird Clemens Brentano als Mitherausgeber von *Des Knaben Wunderhorn* (zusammen mit Achim von Arnim), der berühmten Sammlung von alten und neuen Volksliedern, die viel zur Popularisierung der Romantik beiträgt: »Dieses Buch kann ich nicht genug rühmen«, befindet Heinrich Heine, »es enthält die holdseligsten Blüten des deutschen Geistes, und wer das deutsche Volk von einer liebenswürdigen Seite kennen lernen will, der lese diese Volkslieder.«

Doch der große Durchbruch gelingt Brentano nicht – zu zerrissen, exzentrisch und ruhelos ist sein Leben und Dichten im »unversöhnlichen Kampf mit dem eigenen Dämon«, zu fragmentarisch sein umfangreiches und vielfältiges Werk, das so gut wie allen literarischen Genres Glanzlichter aufsetzt und in seiner Widersprüchlichkeit doch nur eine zwiespältige Wirkung zeitigt, schwankend zwischen Bewunderung und Ablehnung, jedoch nie ohne Leidenschaft.

Mit *Godwi* legt Brentano einen »verwilderten« Roman in Briefen vor, dazu in munterer Folge Erzählungen, Satiren, Tragödien, Märchen und was es an kunstvollen Verrätselungen noch gibt – in immer neuen Formen werden Freigeisterei und Leidenschaft gefeiert, wird unbekümmerte Sinnlichkeit besungen, kommen in der *Geschichte vom braven Kasperl und dem schönen Annerl*, über der die wehmütige Stimmung eines Volksliedes liegt, sogar realistische Momente zu ihrem Recht.

Dieses disparate Werk verdammt Brentano in fortge-schrittenem Alter selbst als »geschminkte Toilettensünden unchristlicher Jugend«, als er nach einer »Generalbeichte« auf geradezu rigorose Weise konvertiert und – wie Heine spöttisch bemerkt – zum »korrespondierenden Mitglied der katholischen Propaganda« wird. Er beendet seine literarische Produktion und begnügt sich mit einer – allerdings erfolg-reichen – Leben-Jesu-Trilogie sowie damit, fast fünf Jahre am Krankenbett der stigmatisierten Nonne Anna Katharina Em-merich zu verbringen und deren Visionen aufzuzeichnen, um sie nach ihrem Tod zu einem Buch zu verarbeiten.

Gäbe es nicht seine Gedichte, bilderreiche, schillernde Kleinodien in wunderschönen Fassungen, betörend oft und von geradezu melodiösem Schwung, sowie seine volkstüm-lichen Balladen und Lieder, die ihm Weltruhm eintragen – Brentano wäre heute vielleicht ein vergessener, auf jeden Fall unverstandener Exponent abgründiger Melancholie und schließlich stiller Resignation. Er ist nicht so in Märchen versponnen, in Natursehnsucht versunken wie andere Ro-mantiker. Doch das Sinnen und Träumen, das Vertiefen in die Mystik der Gefühlswelt, das wilde Irrlichtern der Poesie – das hat niemand so geahnt und gedichtet wie dieser frühe Surrealist.

Achim von Arnim

* 26. Januar 1781 Berlin
† 21. Januar 1831 Wiepersdorf (Niederlausitz)

Romane
Armut, Reichtum, Schuld und Buße der Gräfin Dolores
Die Kronenwächter
Erzählungen und Novellen
Isabella von Ägypten
Der tote Invalide auf dem Fort Ratonneau

Die Majoratsherren
Die drei liebreichen Schwestern
Landhausleben
Dramen
Ludwig Achim von Arnims Schaubühne
Anthologie
Des Knaben Wunderhorn (zusammen mit Clemens Brentano)
Trösteinsamkeit

Ludwig Achim von Arnim ist ein großer Dichter und war einer der originellsten Köpfe der romantischen Schule ... Im Volke ist dieser Schriftsteller ganz unbekannt geblieben, und er hat nur ein Renommee unter den Literaten. *Heinrich Heine*

Nicht nur durch die gemeinsame Herausgabe der rund sechshundert Volkslieder und Gedichte in der Sammlung *Des Knaben Wunderhorn* ist der besonnene Achim von Arnim mit dem unruhig-lebhaften Clemens Brentano verbunden. Er heiratet auch dessen Schwester Bettina, die selbst eine literarische Karriere anstrebt. Bis auf das *Wunderhorn* hat sich von den Dichtungen Arnims nur wenig als durchsetzungsfähig erwiesen. Was dieser patriotisch gesinnte preußische Adlige zu Papier bringt – historische Romansujets und Novellen – mag zwar in der für Arnim typischen Mischung aus realistischen und phantastischen Elementen zu den Highlights der romantischen Novellistik gehören, eine durchschlagende Bedeutung erlangt es jedoch nicht. Seine Spezialität: Verknüpfung von historischen Erzählstoffen mit Zeitproblemen.

Ein Fall für die Literaturgeschichte, die verstaubte Akten verwaltet? Nein, Achim von Arnim ist der Anführer der romantischen Expedition, dessen Sonden tief in die unzugänglichen Regionen der Vergangenheit hinabreichen und etwas zutage fördern, was zum Schönsten der Literatur überhaupt gehört. Mit der *Trösteinsamkeit*, einem Sammelband von Zeitschriftenartikeln, liefert er für die Heidelberger Romantik die wegweisende Programmschrift.

Achim von Arnim kann daher als eigentlicher Traditions-
entdecker und –bewahrer der Romantik gelten. Und mag
auch seine Phantasie mit ihm durchgehen und seine Dichtung – so sah es Goethe – wie ein Fass sein, »wo der Böttcher
vergessen hat, die Reifen festzuschlagen, da läufts denn auf
allen Seiten heraus«, mag sein überquellender Einfallsreich-
tum einfach nicht zu bändigen sein und die Literaturhisto-
riker ihm die Gestaltlosigkeit seiner Werke und einen Mangel an Komposition und Formgebung ankreiden – in dieser
Unentschiedenheit zwischen Maß und Übermaß, in dieser
Vorliebe für Gespenster, Wahnsinn und Traumgesichte, in
diesem übermütigen Witz ist eine enorme literarische, ja
phantastische Energie zu spüren.

ADELBERT VON CHAMISSO

* zwischen 27. und 30. Januar 1781 Schloß Boncourt
(Champagne)
† 21. August 1838 Berlin

Gedichte
Gesammelte Gedichte
Deutsche Volkssagen
Erzählung
Peter Schlemihls wundersame Geschichte
Balladen und Versgeschichten
Das Riesen-Spielzeug
Salas y Gomez
Autobiographische Schriften
Bemerkungen und Ansichten auf einer Entdeckungsreise
Tagebuch

Obgleich Zeitgenosse der romantischen Schule, an deren Bewe-
gungen er Teil nahm, hat doch das Herz dieses Mannes sich in der
letzten Zeit so wunderbar verjüngt, daß er in ganz neue Tonarten
überging, sich als einer der eigentümlichsten und bedeutendsten
modernen Dichter geltend machte. *Heinrich Heine*

87

Er (der Graue) schlug ein, kniete dann ungesäumt vor mir
nieder, und mit einer bewundernswürdigen Geschicklichkeit sah ich ihn meinen Schatten, vom Kopf bis zu meinen
Füßen, leise von dem Grase lösen, aufheben, zusammen-
rollen und falten und zuletzt einstecken. Er stand auf, ver-
beugte sich noch einmal vor mir und zog sich nach dem
Rosengebüsche zurück. Mich dünkt, ich hörte ihn da leise
für sich lachen.

ADELBERT VON CHAMISSO, PETER SCHLEMIHL

Adelbert von Chamisso, ein Nachfahre der Romantik,
landet *einen* großen Hit, der ihn auch international zu
einem Dichter von Rang macht: *Peter Schlemihl*, die wundersame Geschichte des Mannes, der seinen Schatten verkauft.
Das restliche Werk tritt hinter diesem großen Wurf zurück,
ja verschwindet fast in der Vergessenheit: politische Lyrik,
Liebesgedichte, Sonette, balladeske Erzählungen bis hin
zum Gelegenheitsgedicht. Manches ist formstreng, anderes
locker komponiert. Seine Leserinnen schätzen vor allem die
Idealisierung der Frau.

Dabei ist die Kombination, welche Chamisso verkörpert,
so selten in der deutschen Literatur: Naturwissenschaft
– vor allem Botanik – und Poesie. Ein Weltreisender, Teil-
nehmer an Pazifik- und Arktisexpeditionen, Völkerkundler.
Ein Wanderer zwischen den Welten, zwischen den Vater-
ländern Frankreich und Deutschland. Ein Reiseschriftsteller
ganz nach den Vorbildern der Aufklärung. Ein Vermittler,
nicht zuletzt als Herausgeber einer Zeitschrift (*Musen-Alma-
nach*). Einer mit einem frühen büchnerschen Blick auch für
die schwere tägliche Arbeit einfacher Menschen.

Formal gesehen, ist *Peter Schlemihl* ein romantisches Kunst-
märchen, doch das Unheimliche im Alltag wird so realistisch
geschildert, dass hier eigentlich schon die erste Novelle des
Realismus vorliegt. Dass ein Mann seinen Schatten einem
»Grauen« für das Glückssäcklein des Fortunat verkauft,
ist eine ebenso hintergründige wie phantastische Idee, die

noch heute zu faszinieren vermag. Auf Siebenmeilenstiefeln eilt Schlemihl durch die Welt, bis er schließlich Ruhe findet und sich dem Studium der Natur widmet.

Ohne Zweifel ist der Schatten auch ein Symbol für die Volkszugehörigkeit, die Chamisso eintauscht und deren Bedeutung erst bei ihrem Verlust erkannt wird. Dass Chamisso in der Zeit der Befreiungskriege als »Franzose« angesehen wird, schmälert seine Wirkung in Deutschland für lange Zeit. Wie sein Held empfindet auch dieser Dichter den Schmerz, heimatlos zu sein, und sucht ihn durch die Erforschung der Natur zu überwinden.

BETTINA VON ARNIM

* 4. April 1785 Frankfurt am Main
† 20. Januar 1859 Berlin

Autobiographische Schriften
Goethes Briefwechsel mit einem Kinde
Die Günderode
Clemens Brentanos Frühlingskranz
Programmschriften
Dies Buch gehört dem König
Gespräche mit Dämonen

Bettina Brentano, die Schwester von Clemens Brentano, dieses sprühend lebendige und phantasievolle Geschöpf, besitzt einen außerordentlichen Drang, Menschen für sich einzunehmen und ihre Herzen zu erobern. In Frankfurt am Main sitzt sie zu Füßen von Goethes Mutter und lässt sich von ihr aus der Jugend ihres Sohnes erzählen. Aus diesen Erinnerungen, aus dem Briefwechsel mit dem großen Mann, aus Dichtung und Wahrheit formt sie ein erstaunliches Buch, das sie *Goethes Briefwechsel mit einem Kinde* nennt. Ist sie eine Trittbrettfahrerin, die vom Ruhm anderer zu profitieren sucht? Vieles in ihrem Leben wirkt strategisch und wohl überlegt, vielleicht sogar die Ehe mit Achim von Arnim, dem Freund ihres Bruders, anderes ist unbekümmerte weibliche Selbstverwirklichung.

Bettina ist sehr selbständig und selbstbewusst, und obwohl sie nicht als Vorkämpferin der Frauenbefreiung im Vormärz in Anspruch genommen werden kann, zeigt ihr Werk doch eine Qualität weiblicher Emanzipation: eine neuartige assoziative Sprache, zum »Roman« redigierte Briefe und Dialoge, eine sprühende Lust an der Einmischung.

Auf ihre Zeit muss das springlebendige Mädchen irritierend gewirkt haben. Weder in ihrem Verhalten noch in ihrem Denken will sich Bettina den ohnehin schon aufgeklärt-liberalen Erwartungen der wohlbetuchten Frankfurter Kaufmannsfamilie anpassen. Im Freundeskreis ihres Bruders Clemens, unter all den romantisch bewegten Philosophen, Dichtern und Frauen, nervt die noch nicht Zwanzigjährige als Irrwisch und spontan-anarchisches Naturgeschöpf nicht wenig. Den berühmten Goethe in Weimar drängt sie in Briefen, Geschenken und schließlich auch in eigener Person ihre Verehrung auf, der er sich kaum zu erwehren weiß. Bettina ist und bleibt ein unruhiger Geist, den es – obwohl sie sieben Kinder zur Welt bringt und zu erziehen hat – immer in die Welt zieht, in die Berliner Salons, dort, wo das Leben ist.

Nach Arnims frühem Tod tritt sie endlich als ernstzunehmende Schriftstellerin hervor: Ihr Briefroman über Goethe löst sogar eine heftige literarische Fehde aus. In einer Zeit, da Clemens Brentano und Friedrich Schlegel längst die Fahne der politischen und katholischen Reaktion hochhalten, dreht Bettina, diese »Sibylle der romantischen Literaturperiode« erst auf: Sie wird immer politischer und radikaler, engagiert sich auch sozial, solidarisiert sich mit Verfolgten und Unterdrückten.

Bettina von Arnim riskiert etwas, sie lehnt sich weit hinaus aus dem Fenster der deutschen Literatur. Dem preußischen König übereignet sie ein ganzes Buch, in das sie ihre ganze Unzufriedenheit mit der Politik und Kultur hineinpackt – eine Kritik am preußischen Feudalstaat vom Standpunkt einer liberalen Frankfurter Stadtbürgerin: »Der Verbrecher ist des Staates eigenstes Verbrechen!« und »Warum ist der Verbrecher nicht Tugendheld geworden? Weil er in die enge verschrobene Kultur seine breiteren Anlagen nicht einpferchen konnte!« (*Dies Buch gehört dem König*). Ein zweiter, noch radikalerer Band (*Gespräche mit Dämonen*) trägt ihr vom Berliner Magistrat einen Prozess wegen Staatsbeleidigung ein.

Doch die gewitzten Umtriebe Bettinas können nicht darüber hinwegtäuschen, dass die Frauen in der kulturrevolutionären Bewegung der Romantik keineswegs die aktive und anerkannte Rolle spielen, die ihnen in den Literaturgeschichten gern angedichtet wird. Zwar gelten Caroline Schlegel-Schelling, Sophie Mereau, Karoline von Günderrode, Dorothea Veit, Sophie Tieck, Henriette Hertz und Rahel Levin als »belebende Elemente« der Jenaer Romantik und später der Berliner Salons, stehen sie im Mittelpunkt der Aufmerksamkeit, halten sie in Tagebüchern und Briefen vieles vom Geist der Diskussionen in den romantischen Freundeskreisen fest, verfügen sie über viel Witz, Ironie, Spott und auch über eine unabhängige Urteilskraft – die Romantik verschafft ihnen zweifellos einen produktiven Freiraum, am literarischen Leben teilzunehmen, doch zu größeren eigenständigen Werken gelangen sie nicht.

Ludwig Uhland

* 26. April 1787 Tübingen
† 13. November 1862 Tübingen

Gedichte

Gedichte (u.a. *Des Sängers Fluch, Der Wirtin Töchterlein, Die Kapelle, Der gute Kamerad, Einkehr, Die linden Düfte sind erwacht*)

Dramen
 Ernst, Herzog von Schwaben
 Ludwig der Baier
Anthologie
 Alte hoch- und niederdeutsche Volkslieder

Ist sein Erlebnisumfang nicht breit, so ist er echt und in der künstlerischen Form auf den knappsten Ausdruck gebracht, auch dort, wo er in den Balladen mit den Motiven gerne und sicher spielt: eine »objektive« Lyrik. Hölderlin vor ihm, Mörike nach ihm – in beiden jene Genialität, deren er ermangelt. Aber sein wunderbares Schicksal wurde es, ein Stück Volksbesitz zu werden wie kaum ein anderer deutscher Dichter, so sehr, daß man sich »den Deutschen« ohne ein Stück Uhland gar nicht vorstellen kann. *Theodor Heuss*

Angeregt von den Heidelberger Romantikern, widmet sich der schwäbische Dichterkreis um Justinus Kerner und Ludwig Uhland der Ballade, dem volkstümlichen Lied und den in der heimatlichen württembergischen Vergangenheit schlummernden Schätzen.

Mit Ludwig Uhland wird die romantische Poesie zur schmuckvollen Ausstattung behaglicher Bürgerlichkeit. Dem Juristen und Politiker ist alle Exaltiertheit und Überspanntheit fremd – in seinen Liebesgedichten herrscht ein inniger, gemütvoller, ja schüchterner Ton, in den obligatorischen Landschafts- und Naturgedichten die einfache Form. Die Balladen und Romanzen versenken sich in die deutsche Vergangenheit und in die heimatliche Tradition. Manches wird so populär, dass es als Volksgut gilt, zum Beispiel *Es zogen drei Burschen* oder das Lied *Ich hatt' einen Kameraden*, das an unzähligen Soldatengräbern und Kriegsdenkmalen gespielt wurde. Uhland bekennt, »für eine Poesie für sich, vom Volke abgewendet, eine Poesie, die nur die individuellen Empfindungen ausspricht«, habe er nie Sinn gehabt.

Erkennt Annette von Droste-Hülshoff an ihrem Dichterkollegen »große Bescheidenheit, Einfachheit und einen überragenden Zug von Güte« und meint Joseph von Eichendorff noch, in Uhland »kulminiere die romantische Lyrik«, so hat Heinrich Heine nur milden Spott übrig: »Als Ersatz für den Mangel an Originalität, an eigentümlicher Neuheit, bietet Herr Uhland eine Menge Vortrefflichkeiten, die ebenso herrlich wie selten sind. Er ist der Stolz des glücklichen Schwabenlandes und alle Genossen deutscher Zunge erfreuen sich dieses edlen Sängergemütes.«

Die 26 Dramen Uhlands können wir vergessen – viele sind unvollendet, verarbeiten Stoffe aus Geschichte und Sage und sind überdies wenig bühnenwirksam.

JOSEPH VON EICHENDORFF

* 10. März 1788 Schloß Lubowitz (bei Ratibor in Schlesien)
† 26. November 1857 Neiße

Gedichte
    Gedichte (Ausgabe von 1841)
Dramen
    Krieg den Philistern
    Die Freier
    Das Incognito
Romane
    Ahnung und Gegenwart
    Dichter und ihre Gesellen
Erzählungen
    Das Marmorbild
    Aus dem Leben eines Taugenichts
    Viel Lärmen um nichts
    Auch ich war in Arkadien
    Das Schloß Dürande
    Die Glücksritter
Essay
    Geschichte der poetischen Literatur Deutschlands

Autobiographische Prosa
Erlebtes

Es ist nichts als Traum, Musik, Gehenlassen, ziehender Post-
hornklang, Fernweh, Heimweh, Leuchtkugelfall auf nächtlichem
Park, törichte Seligkeit, so daß einem die Ohren klingen und der
Kopf summt vor poetischer Verzauberung und Verwirrung. Aber
auch Volkstanz im Sonntagsputz und wandernde Leierkasten …
Gesundheit, Frische, Einfalt, Frauendienst, Humor, Drolligkeit, innere Lebenslust und eine stete Bereitschaft zum Liede, zum reinsten, erquickendsten, wunderschönsten Gesang. *Thomas Mann über*
»Taugenichts«

> Mir war es wie ein ewiger Sonntag im Gemüte, und als ich
> endlich ins freie Feld hinauskam, da nahm ich meine liebe
> Geige vor und sang, auf der Landstraße fortgehend: Wem
> Gott will rechte Gunst erweisen, / Den schickt er in die
> weite Welt, / Dem will er seine Wunder weisen / In Berg
> und Wald und Strom und Feld.
> Joseph von Eichendorff, Aus dem Leben eines Tauge-
> nichts

> Schläft ein Lied in allen Dingen,
> Die da träumen fort und fort,
> Und die Welt hebt an zu singen,
> Triffst du nur das Zauberwort.
> Joseph von Eichendorff, Wünschelrute

Joseph von Eichendorff steht schon am Ende der romantischen Tradition, aus deren Schatztruhe er alles ans Tageslicht hebt. Ihre berauschende Fülle an Bildern und Motiven nimmt er auf, auch die Sehnsucht nach der Natur und
der traumhaften Ferne, und alles taucht er in das goldene
Licht des verlorenen Kinderparadieses, in eine liederselige
Harmonie, die mitten in einer Zeit revolutionärer Umbrü-
che und beginnender Industrialisierung stimmungsvolle
Gegenbilder zur beängstigenden Wirklichkeit schafft.

Was als »Romantik« gilt, das ist in Deutschland also ein

94

Jahrhundert lang durch nichts so stark bestimmt worden wie durch Eichendorff, einem der volkstümlichsten der deutschen Dichter. Geprägt von der romantischen Idee der Erlösung der Natur durch die Poesie, entfalten seine naturbeseelten Gedichte und Romanzen einen unwiderstehlichen Zauber. Die Zerrissenheit und innere Unruhe der meisten Romantiker ist ihm jedoch fremd. Er gibt sich dem Glanz der innigen Empfindung hin: dem Rauschen der Wälder, den Blicken von der Höhe auf das stromdurchzogene Tal, der abendlichen und nächtlichen Stille.

Bei Eichendorff ist alles beisammen, was an der Romantik so geschätzt wird, und zwar in Perfektion: die großen Themen Sehnsucht, Natur und Lebensfreude; die volksliedhafte Melodik der Sprache, die Einfachheit eingängiger Formen: Da rauscht der Wald, da murmeln verschlafen die Brunnen, da träumen verkleidete Gräfinnen von der Liebe, da zwitschern die Vöglein, dass es eine wahre Freude ist – die sich, ohne dass er sich zu wehren wüsste, geradezu zwangsläufig auf den Leser überträgt. Diese Welt voller Märchen und Wunder, voller Kindlichkeit und Grazie ist stilisiert, es hat sie nirgends und nie gegeben, aber es gibt sie überall und zu jeder Zeit.

Als Erzähler lässt Eichendorff die strengen klassischen Formen hinter sich und bevorzugt lockere Folgen von Szenen und Bildern, oft streut er Gedichte ein und schafft so ein Lesevergnügen, dessen »grüner Waldesfrische« und »kristallhaften Wahrheit« selbst der gegenüber der Romantik so skeptisch eingestellte Heinrich Heine erliegt.

Auch Eichendorff legt mit *Ahnung und Gegenwart* einen abenteuerreichen Bildungsroman in der Tradition des *Wilhelm Meister* vor. Von genialischer Unübersichtlichkeit und schönen Gedankenspielen entwickelt sich die Geschichte zur Weltflucht und zur Erlösung aus dem Zwiespalt zwischen Ideal und Wirklichkeit.

Die Erzählung *Aus dem Leben eines Taugenichts* fasziniert durch ihren träumenden, liebenden, wandernden jungen

Helden, der sich ganz dem Leben, dem Augenblick, dem
Schönen und der Phantasie überlässt: »Der Taugenichts
ist nichts mehr und nichts weniger als eine Verkörperung
des deutschen Gemüts, der liebenswürdige Typ nicht eines
Standes bloß, sondern einer ganzen Nation« (Theodor Fontane). Als Taugenichts wollen sich die Deutschen sehen und
sind doch nichts weniger – er ist und bleibt ihr Sehnsuchts-
bild. Man hat den *Taugenichts* gründlich missverstanden,
als eskapistische Flucht in die sentimentale Idylle, man hat
nicht erkannt oder erkennen wollen, dass dieser Held, der
sich dem bürgerlichen Erwerbsleben entzieht und durchs
Leben vagabundiert, auch eine einzigartige Kritik an ent-
fremdenden Lebensbedingungen verkörpert.

So singt sich Eichendorff in die deutsche Seele hinein,
aber es wäre völlig fatal, ihn als naiv und harmlos misszu-
verstehen und das Leidenschaftliche, Verwirrende, ja Ex-
zentrische in diesem großen poetischen Lebensentwurf zu
übersehen – das Unbegreifliche und das Fremde auch, den
Abgrund und die Tiefe.

Eichendorff – das ist der große romantische Traum der
deutschen Literatur, so populär wie kaum ein anderer, so
volksnah, dass man viele seiner Gedichte und Lieder, von
denen es wunderbare Vertonungen gibt, für Volksgut hält:
*Wem Gott will rechte Gunst erweisen, In einem kühlen Grunde, O
Täler weit, o Höhen, Mondnacht und Abend.*

FERDINAND RAIMUND

* 1. Juni 1790 Wien
† 5. September 1836 Pottenstein (Niederösterreich)

Dramen
Der Barometermacher auf der Zauberinsel
Das Mädchen aus der Feenwelt oder Der Bauer als Millionär
Der Alpenkönig und der Menschenfeind

Der Verschwender
Moisasurs Zauberfluch
Die gefesselte Phantasie
Die unheilbringende Zauberkrone

Die Grenzen zwischen ihm und allem andern, was zu dieser
Welt gehört, sind ganz fließend. Er gehört einer Gemeinschaft an:
Wien, und er teilt mit dieser Gemeinschaft alles, was er hat … So
entsteht ein Phänomen, einmalig, von kurzer Dauer und, wie al-
les lebendige Schöne, der Analyse spottend: die Blüte der Wiener
Volksbühne. *Hugo von Hofmannsthal*

Mit Ferdinand Raimund findet das Wiener Volkstheater
zu seinem Höhepunkt: in einer vollendeten Mischung
aus Ernst und Spaß, mit einer Urfreude an kindlichem Spiel
und symbolischem Ausdruck, an Wehmut und Übermut, in
ungehemmter Phantasie und mit Lust an szenischen Effekten. Dieses überaus publikumswirksame Theater – manchmal bietet es nicht mehr als den Hanswurst auf der Bühne
– hat vielfache plakative Bezüge auf Wiener Verhältnisse, ist
durch Allegorie, Wortwitz und moralische Grundaussage
aber auch unabhängig von Raum und Zeit.

Auf Raimunds Theaterbrettern finden nicht die großen
Dramen mit den noch größeren Ideen statt, sondern die aus
Lebensregeln wie Treue, Gerechtigkeit, Wahrheitsliebe sowie
aus dem einfachen Wunsch nach Unterhaltung gezimmerten
Stücke, die das kleinbürgerliche Publikum entzücken.

In seinen Zaubermärchen stellt Raimund eine realistische, alltägliche, aber auch phantastische Welt auf die Bühne: *Das Mädchen aus der Feenwelt oder Der Bauer als Millionär*
greift das beliebte Sujet vom träumenden Bauern auf: In das
Leben von Fortunatus Wurzel greifen allerlei allegorische
Figuren ein. Die Retterin aus allen Verwicklungen und Wirr-
nissen ist die zunächst verkannte Zufriedenheit.

Der Alpenkönig und der Menschenfeind ist ein sentimentales
Läuterungsdrama: Der Menschenfeind Rappelkopf wird da-

durch, dass ihm sein Doppelgänger, der Alpenkönig, einen Spiegel vorhält, geheilt. Im *Verschwender* tritt das Märchenhafte zurück – dies ist Raimunds »moralischstes Stück«, in dem Pflicht, Treue und Genügsamkeit siegen und das Publikum dankbar schwelgt, wenn der überaus gute und vorbildliche Tischler Valentin sein berühmtes Hobellied »Da streiten sich die Leut' herum« singt.

Hier ist Raimund in seinem Metier, hier vermag er zu überzeugen, was ihm später, als er endlich als ernstzunehmender Dichter anerkannt werden will und das elementare Volkstheater mit dem ambitionierten klassischen Drama zu kombinieren versucht, nicht mehr gelingt: Zu disparat stehen sich in seinen späten Werken die verschiedenen Ansätze von Schicksalsdrama und Staatsaktion auf der einen und Kasperltheater und Rührstück auf der anderen Seite gegenüber. Der Titel eines dieser Dramen spricht Bände: *Die gefesselte Phantasie.*

FRANZ GRILLPARZER

* 15. Januar 1791 Wien
† 21. Januar 1872 Wien

Dramen
Sappho
Das goldene Vließ (*Der Gastfreund, Die Argonauten, Medea*)
Ein treuer Diener seines Herrn
König Ottokars Glück und Ende
Des Meeres und der Liebe Wellen
Der Traum ein Leben
Weh dem, der lügt
Libussa
Ein Bruderzwist in Habsburg
Die Jüdin von Toledo
Erzählungen
Der arme Spielmann

Das Kloster bei Sendomir
Ästhetische Schriften
Über den gegenwärtigen Zustand der dramatischen Kunst in
  Deutschland
Friedrich der Große und Lessing
Zur Literaturgeschichte
Autobiographische Prosa
Selbstbiographie

Verdrossen, verschlossen, griesgrämig, verbarg er seine Scheu
vor der Welt hinter einer scheltbereiten Demut, einer Bescheidenheit, die in Wirklichkeit eine hochmütige Haltung war. Er war kein
»liebenswürdiger Österreicher«, sondern das Gegenteil: ein höchst
unbequemer, sogar ein düsterer. *Joseph Roth*

Franz Grillparzer, der österreichische Erbe der deutschen
Klassik und Romantik, stellt in seinen dramatischen Märchen eine Verbindung von großer Mythologie mit subtiler
Psychologie her. Er bringt in seinen Werken die Formen des
Barocktheaters, des phantasievollen Wiener Zauber- und
Volksschauspiels und des klassischen Weimarer Dramas in
eine bezwingende Symbiose – wobei er nicht nur Stiltradi-
tionen aufnimmt, sondern sie auf geradezu geniale Weise
erneuert. Somit schafft er die Modernität eines psychologischen Realismus, die weit über ihn hinausweist und seine
Stücke auch heute noch interpretier- und spielbar macht:
vom Lustspiel bis zur Tragödie, vom Geschichtsdrama bis
zum großen Theater der Mythen.
  Zwar mögen die historischen und mythologischen Stoffe
dieses produktiven Dramatikers – der nicht nur eine Reihe
bühnenwirksamer Werke schreibt, sondern darüber hinaus
über zweihundert dramatische Entwürfe hinterlässt – schon
zu seiner Zeit eher sperrig und unzugänglich wirken. Doch
die in ihnen dargestellte Spannung zwischen Handeln und
Gewissen, zwischen persönlicher Ehre und obrigkeitlichem
Gehorsam ist von zeitloser Relevanz. Es sind düstere Sujets,
tragische Stoffe mit schauerlichen Effekten und hohem Pa-

thos. Mit der im Stück *Des Meeres und der Liebe Wellen* verarbeiteten Sage von Hero und Leander gelingt Grillparzer eine der schönsten deutschsprachigen Liebestragödien voller Poesie und magischem Zauber: eine Beschwörung der elementaren Gewalt der Liebe, ihrer süßen und sehnsüchtigen Lieder.

Eine eigentümliche Ambivalenz finden wir in den skeptischen Reflexionen und in der weisen Resignation seiner Tagebücher, in deren überbordender Fülle von Beobachtungen, Exzerpten, Überlegungen, flüchtigen Notizen und spontanen Urteilen ein Reichtum an oft quälender Selbstrechenschaft und literarischer wie politischer Beobachtungsschärfe zum Ausdruck kommt, die nach 1848 seinen Wandel vom Liberalen zum konservativen habsburgischen Hofdichter eindrucksvoll dokumentiert.

Doch nirgendwo erscheint die persönliche Problematik Grillparzers deutlicher als in dem verschlüsselten Selbstporträt seiner biedermeierlichen Novelle *Der arme Spielmann*, das die Literaturgeschichte zu Recht zu den wichtigsten deutschen Künstlernovellen zählt. Ungeachtet dessen scheint Grillparzer ein Fall für die Ablage der Literaturgeschichte zu sein. Robert Musil ließ sich zu dem bitterbösen Bonmot hinreißen, dem Kaiser sei der Dichter Wurst gewesen, »und uns ist er Aufschnitt«.

ANNETTE VON DROSTE-HÜLSHOFF

* 10. Januar 1797 Schloß Hülshoff (bei Münster)
† 24. Mai 1848 Meersburg (Bodensee)

Gedichte
Gedichte (Ausgabe von 1844)
Das Geistliche Jahr

Prosa
Die Judenbuche
Westfälische Schilderungen (Bilder aus Westfalen)

Hier war eine Verzauberung im Wort gelungen, die auf alle
diejenigen Mittel verzichtete, welche Rilke anwandte und in ihrer
Übersteigerung förmlich zum Zweck erhob. Hier war kein ins Unendliche Hinausmusizieren … hier war die erschütterte menschliche Seele auf den sparsamsten Nenner des Wortes gebracht.
Josef Weinheber
Ihre Formen sind streng, herb, ihr Gang ist straff, ihre Miene
leicht verdüstert: wie ein halb heller Tag auf der westfälischen Heide, wenn Erde und Himmel die Plätze vertauscht haben. *Klabund*

Ich steh' auf hohem Balkone am Turm,
Umstrichen vom schreienden Stare,
Und laß' gleich einer Mänade den Sturm
Mir wühlen im flatternden Haare;
O wilder Geselle, o toller Fant,
Ich möchte dich kräftig umschlingen
Und, Sehne an Sehne, zwei Schritte vom Rand
Auf Tod und Leben dann ringen!
ANNETTE VON DROSTE-HÜLSHOFF, AM TURME

Zwischen Biedermeier und poetischem Realismus steht
Annette von Droste-Hülshoff im Abseits des literarischen Lebens und auch der Modeströmungen ihrer Zeit.
Von ihrem ersten Gedichtband, den sie im Alter von 41 Jahren – unter dem Druck der Familie anonym – zu veröffentlichen wagt, werden (nach unterschiedlichen Angaben) zwischen 17 und 47 Exemplare verkauft. Vieles wird später von
Levin Schücking herausgegeben oder erst aus dem Nachlass
publiziert.
Die Dichterin ist von leidenschaftlichem Gefühl, eine chao-
tische Seele, die sich ständig selbst zur Ordnung ruft. Ihr
Werk wirkt auf sympathische Weise altmodisch, vermutlich
schon auf ihre Zeitgenossen. Heute finden wir darin Mit-

telmäßiges und Geniales, Zeitverhaftetes neben Zeitlosem. In den Gedichten – die sie wohl als ein Tagebuch ihres inneren Lebens versteht –, in den düsteren Balladen und aus Geschichte, Schicksal und Landschaft gewebten Versepen, in den Heimatliedern und Erzählfragmenten erweist sich das scheue und einsame Fräulein als weiblich im Wesen und männlich im Ausdruck, wenn diese Klischees gestattet sind.

Die weiten Kornfelder und Wiesen der westfälischen Heimat, das Heideland, die Weiher und gefährlichen Moore – von kaum einem anderen Dichter sind uns solche tiefe Einsichten in das Wesen der Natur überliefert: lieblich, idyllisch, aber auch schaurig und unheimlich. Selbst das Unscheinbarste wird von dieser Dichterin empfindungsvoll belebt, jedes leiseste Geräusch des Waldes, jede verschwimmende Farbnuance erhält genauen Ausdruck. Hinter dem kleinsten Detail noch sucht und spürt sie das Ganze des geheimnisvollen Lebens.

Doch auch Annette muss vor Missverständnissen in Schutz genommen werden: So still und beherrscht sie lebt und dichtet – nicht nur ihr Gedicht *Am Turme* offenbart die elementaren Leidenschaften, die in ihr toben und denen sie sich hingibt und aussetzt.

Wohl am Saum des Vergessens wäre diese ahnungsvolle und eigenwillige Dichterin geblieben, gäbe es nicht *Die Judenbuche*, eine der bedeutendsten Novellen der deutschen Literatur, Meisterwerk und Meilenstein des poetischen Realismus, ein »Sittengemälde aus dem gebirgigten Westfalen«, eine Dorfgeschichte, die sich zur mythischen Schicksalstragödie entwickelt, spannend erzählt als Kriminalbericht nach einer wirklichen Begebenheit. Bildhaft und sachlich und mit psychologischem Gespür zugleich: Angst vor den Mächten der Natur, Aberglaube, Gespensterwesen und Leidenschaft gehen bei der Bevölkerung eines abgelegenen Walddorfes im Paderborner Land eine geradezu atemberaubende Verbindung ein.

Jeremias Gotthelf

* 4. Oktober 1797 Murten
† 22. Oktober 1854 Lützelflüh

Romane
Der Bauernspiegel oder Lebensgeschichte des Jeremias Gott-
helf
Wie Uli der Knecht glücklich wird
Uli der Pächter
Geld und Geist oder die Versöhnung
Anne Bäbi Jowäger
Die Käserei in der Vehfreude
Erzählungen und Novellen
Die schwarze Spinne
Die Wassernot im Emmental
Elsi, die seltsame Magd
Die Bürgerherren
Das Erdbeerimareili
Barthli der Korber
Anthologien
Bilder und Sagen aus der Schweiz (6 Bände)
Erzählungen und Bilder aus dem Volksleben der Schweiz

Gotthelfs Sätze schmecken wie nach Fleisch; hat man sie gelesen, so hat man sich förmlich dran ersättigt, von einem spielend-
reichen gesunden Geist sind sie schauspielhaft hingeworfen.
Robert Walser

Oft war es ihnen, wenn sie so wachten lange Nächte durch,
als sähen sie die Spinne glimmen und glitzern in dunkelm
Winkel, als glotze sie zum Fenster herein; dann ward ihre
Angst groß, denn sie wußten keinen Rat, wie vor der Spin-
ne die Kindlein schützen, und um so brünstiger baten sie
Gott um seinen Rat und Beistand.
Jeremias Gotthelf, Die schwarze Spinne

Sein Auftritt in der Welt der Literatur beginnt mit einem Verwirrspiel. Was bringt Albert Bitzius, den Sohn einer alten Berner Patrizierfamilie, dazu, sich als Pseudonym ausgerechnet den sprechenden Namen der Hauptfigur seines ersten Romans *Der Bauernspiegel oder Lebensgeschichte des Jeremias Gotthelf* zuzulegen, der jedoch alles andere als autobiographische Züge trägt?

Dieser Schweizer Poet ist nicht leicht einzuordnen. Er steht etwas außerhalb des Literaturbetriebs und auch außerhalb modischer literarischer Strömungen. Er kennt auch nur ein einziges Thema: das Leben der Bauern im Berner Oberland, das er mit genauester Sachkenntnis, ohne Schönfärberei in bisweilen drastischer Authentizität schildert. »Das häusliche Leben ist die Wurzel von allem«, heißt das Thema seines Familienromans *Geld und Geist*. Leicht zu lesen ist er nicht, die Sprache mischt Mundart und Schriftdeutsch, auf Spannung wird wenig geachtet, der Gang der Handlung durch lange Betrachtungen und Erläuterungen unterbrochen.

Gotthelf verklärt das ländliche Leben nicht idyllisch oder gar sentimental, sondern schildert es realistisch, als harten, oft rücksichtslosen Kampf ums Überleben und um materiellen Besitz. Konzessionen an den Zeitgeschmack bietet er nicht. So ist er keineswegs das, was man einen echten »Heimatdichter« oder »Volksschriftsteller« in der Art eines Ludwig Thoma, Hermann Löns oder Ludwig Ganghofer nennen könnte, der sein Publikum auf dem Land sucht und findet. Seine gewaltigen, mythenschaffenden Geschichten um Macht und Ohnmacht, Größe und Fall und den Kampf der guten mit den bösen Kräften bilden nicht nur Stoff und Welt nach, sie sind gleichsam von universaler Bedeutung.

Die insgesamt fünfzig Erzählungen sind gegenüber den dreizehn Romanen weniger zeitverhaftet, nah am »poetischen Realismus« und nicht selten von einer gewissen Idyllik. Bis auf *Die schwarze Spinne*, der Lesebuchgeschichte *par excellence*, von Thomas Mann bewundert »wie kaum ein zweites Stück Weltliteratur«, in welcher der Teufel in der Gestalt einer riesigen Spinne das Dorf überfällt. Da ihm die Dorfbewohner für seine in einem Pakt beschworenen Dienste den Lohn – eine Menschenseele – vorenthalten, muss jeder, der von der Spinne gebissen wird, sterben. Bis ein Mensch sein Leben darangibt, um sie erneut einzusperren: Glaube und Opferbereitschaft allein vermögen die Gewalt des Teufels zu bezwingen.

Jeremias Gotthelf als harmlosen Bauernerzähler zu etikettieren, der sich nach liberalen Anfängen zum konservativen Streiter gegen die Auswüchse der städtischen Zivilisation und für die Bewahrung bäuerlicher Traditionen mit festen Hierarchien entwickelt, hieße daher, ihn völlig zu verkennen. Zwar sind die religiösen und politischen Motivationen unverkennbar, liegt ihm vieles, ja eigentlich alles an allseits verbindlichen Wertordnungen, doch der Antrieb zu seiner immensen Produktivität – neben umfangreichen Romanen, Kalendergeschichten, Novellen und Erzählungen auch stattliche, mehrbändige Sammlungen von Volksüberlieferungen – kommt aus der Lust am bildkräftigen Erzählen, an der Dorfgeschichte, am bäuerlichen Leben überhaupt, so dass Gotthelf schon im 19. Jahrhundert als »Shakespeare des Dorfes« gilt.

»Am schönsten ist es aber«, befindet Carl Jakob Burckhardt, »wenn auf kurze Augenblicke bei ihm das Licht ganz still wird. Man tut ein Fenster auf in der Nacht, kein Luftzug zieht vorüber, aber man weiß: es ist etwas Ungeheures geschehen.«

Heinrich Heine

* 13. Dezember 1797 Düsseldorf
† 17. Februar 1856 Paris

Gedichte
Buch der Lieder
Neue Gedichte
Romanzero
Gedichte, 1853 und 1854
Versepen
Atta Troll
Deutschland. Ein Wintermärchen
Reisebilder und Reisebriefe
Briefe aus Berlin (1822)
Über Polen
Reisebilder (u.a. *Die Harzreise, Die Nordsee, Ideen. Das Buch Le Grand, Reise von München nach Genua, Die Bäder von Lucca, Englische Fragmente*)
Erzählende Prosa
Aus den Memoiren des Herrn Schnabelewopski
Florentinische Nächte
Der Rabbi von Bacharach
Essays und Streitschriften
Verschiedenartige Geschichtsauffassung
Die Romantische Schule
Zur Geschichte der Religion und Philosophie in Deutschland
Ludwig Börne. Eine Denkschrift
Die Götter im Exil
Autobiographische Prosa
Geständnisse
Memoiren

Den höchsten Begriff vom Lyriker hat mir Heinrich Heine gegeben. Ich suche umsonst in allen Reichen der Jahrtausende nach einer gleich süßen und leidenschaftlichen Musik. Er besaß jene göttliche Bosheit, ohne die ich mir das Vollkommene nicht zu denken vermag. *Friedrich Nietzsche*

Unter den großen Spöttern der Menschheit, den lachenden Kämpfern gegen die Anti-Humanen, von Aristophanes bis Mark Twain, ist Heine der Aktuellste. *Hermann Kesten*

> Der Brief, den du geschrieben,
> Er macht mich gar nicht bang;
> Du willst mich nicht mehr lieben,
> Aber dein Brief ist lang.
>
> Zwölf Seiten, eng und zierlich!
> Ein kleines Manuskript!
> Man schreibt nicht so ausführlich,
> Wenn man den Abschied gibt.
> HEINRICH HEINE: NEUER FRÜHLING

Ich habe die friedlichste Gesinnung. Meine Wünsche sind eine bescheidene Hütte, Milch und Butter, vor der Tür einige schöne Bäume – und wenn der liebe Gott mich ganz glücklich machen will, läßt er mich die Freude erleben, daß an diesen Bäumen etwa sechs bis sieben meiner Feinde aufgehängt werden.
HEINRICH HEINE

Heinrich Heine nennt sich selbst den »letzten, abgedankten Fabelkönig« im Reich der deutschen Romantik. Ein König auf der Flucht: Vor der deutschen Zensur und dem heimischen Antisemitismus flieht der jüdische Emigrant nach Paris; fast die Hälfte seines Lebens verbringt er jenseits des Rheins, macht er aus Liebesschmerz Weltliteratur, aus Enttäuschung Poesie, aus Empörung witzige Anklageschriften und aus Obsessionen funkelnde Epigramme.

So wird er, der scharfzüngige Schwärmer, der sich selbst »einen braven Soldaten im Befreiungskampf der Menschheit« nennt, zum ersten Kulturbotschafter zwischen Frankreich und Deutschland, ein Patriot, doch auch ein demokratischer Individualist, nicht vereinnehmbar, »der bedeutendste Journalist unter den deutschen Dichtern, und der berühmteste Dichter unter den Journalisten der ganzen Welt«, so Marcel Reich-Ranicki.

Noch heute wird Heine mit seinem größten Publikumserfolg, dem *Buch der Lieder* identifiziert; viele dieser Gedichte von scheinbar selbstverständlicher Leichtigkeit werden von Schubert, Schumann, Mendelssohn-Bartholdy und Brahms vertont und dadurch unglaublich populär. Trotz der Nähe zum Volkslied (*Ich weiß nicht, was soll es bedeuten, Es fiel ein Reif in der Frühlingsnacht*) hat Heine jedoch alles andere als naive Erlebnislyrik im Sinn; er verwendet die romantischen Stilmittel bewusst, die Idylle wird verfremdet, die Spontaneität des Gefühls durch Reflexion unterlaufen. Oft werden die Traumbilder und Romanzen von Witz und Pointe aufgestört. Heine traut der einfachen lyrischen Empfindung nicht, nur selten kann er der Versuchung widerstehen, seine erregte Stimmung in Zweifel zu ziehen und sie mit dem dünnen Frost der Skepsis und der Ironie zu überziehen. So drängt sich geradezu zwangsläufig der Eindruck des Zerrissenen auf.

In diesen kühnen, zauberhaften, melancholischen Gedichten zeigt sich seine Abhängigkeit von der Romantik, aber auch seine Distanz zu ihr. Im Gegensatz zu Mörike will er nicht der autonomen, von der Zeit unberührten und unbeeinflussten Kunst dienen. Heine macht sich lustig über die Sprache der Spätromantik, über die biedermeierliche Ästhetik am Teetisch und über die spießige Liebesleidenschaft. Er will keinen Unterschied machen zwischen Leben und Schreiben, in seiner Brust schlagen immer zwei Herzen: Romantik und Realismus, Melancholie und Ironie, Kunst und Politik. Lyrik und essayistische Prosa sind seine Ausdrucksformen, Unabhängigkeit und Wirkung seine Ziele.

In den *Reisebildern* (u.a. *Die Harzreise*) unternimmt Heine nicht einfach romantische Wanderungen und sentimentale Reisen; auch geht es ihm nicht – wie Goethe in Italien – um Selbstbildung, sondern um die höchst subjektive Verarbeitung des europäischen Emanzipationsprozesses. Hier ist der ganze Heine enthalten: eine Mischung aus narrativer Essayistik und satirischen Gedanken zu Zeitfragen, autobiographischen Beobachtungen und kritischer Analyse, ein ungemein aphoristisches und improvisatorisches Erzählen von Reiseeindrücken. Alles in einem brillanten Stil, plaudernd und mitreißend durch die Fülle der Assoziationen und Anspielungen. Und immer wieder lyrische Intermezzi, so zum Beispiel die freien Rhythmen in der *Nordsee*, eine aus persönlichem Erleben nuancenreich gestaltete Bilder des Meeres mit all seinen Stimmungen.

Mit diesem Reisebilder-Stil wird Heine zum Vorbild für das moderne Feuilleton: kritisch zupackend, subjektiv gefärbt, polemisch-direkt. Und nachdem er in diesen Büchern frankophil und vormärzlich-revolutionär für die Republik getrommelt hat, vollendet er die begonnene Enthüllung des literarischen Zeitgeists als »Poesie der Ohnmacht« (*Die Romantische Schule*).

Die große Versdichtung *Deutschland. Ein Wintermärchen* gehört zu den unvergänglichen, weil zeitlos gültigen Satiren der Literatur: »Ein besseres Lied«, eine Kritik, die in ihrer vernichtenden Schärfe eine Abrechnung mit der »deutschen Misere« zeitigt. Deutschland ist hier das anachronistische Land, das in winterlicher Starre verharrt, doch zugleich auch das Volk, dem als Zukunft ein großer revolutionärer Frühling bevorsteht. Und Heinrich Heine ist der unsterbliche Frühlingsdichter dieses Landes.

Johann Nestroy

* 7. Dezember 1801 Wien
† 25. Mai 1862 Graz

Dramen
Der böse Geist Lumpazivagabundus
Zu ebener Erde und erster Stock
Der Talisman
Das Mädl aus der Vorstadt
Einen Jux will er sich machen
Der Zerrissene
Der Unbedeutende
Freiheit in Krählwinkel
Judith und Holofernes

Nestroy ist der erste deutsche Satiriker, in dem sich die Sprache Gedanken macht über die Dinge. Er erlöst die Sprache vom Starrkrampf, und sie wirft ihm für jede Redensart einen Gedanken ab. *Karl Kraus*
Nestroys Stücke sind leichthin konstruierte, spielerisch bewegte Modelle der Welt, die ihm Heimat war … Seine Dichtung ist das schönste Monument, das je dem Mutterwitz eines Volkes errichtet wurde. *Alfred Polgar*

Johann Nestroy ist ein Genie der Bühne, als Schauspieler, als Theaterleiter, als Dramenautor, vor allem jedoch als vollendeter Skeptiker und Satiriker. Zu seiner Zeit gilt er als greller Bühnenfex, beliebter Possenspieler, vortrefflicher Zeichner der verschiedensten Charaktere, der sich – obwohl verheiratet – mit diversen Geliebten und Demoiselles von schändlichstem Renommee einlässt und sich in Kneipen herumtreibt.

Doch zusammen mit Ferdinand Raimund steht Nestroy an der Spitze der biedermeierlichen Wiener Theatertradition, die er allerdings um Parodie und Witz erweitert – in zahllosen Volksstücken, Possen und Singspielen, mit charakteristischen Musik- und Gesangseinlagen, die das Publikum zum Jubeln bringen. Für Raimunds moralisierenden Idealismus hat Nestroy jedoch nur Spott übrig, gegen dessen volksnahen Märchenzauber profiliert er sich mit insgesamt sechzig ränkevollen, realistischen und mitunter drastischen Gesellschaftsstücken.

Was ist Nestroys Geheimnis? Schwer zu sagen. Besonders einfallsreich ist er nicht, denn kaum eine Handlung hat er selbst erfunden, die meisten seiner Stücke den Stoffen aller möglichen Dramen und Operettchen und Novellen nachempfunden. Die Figuren auf seiner Bühne sind auch nicht sonderlich originell, sondern standardisiert: Es sind Typen verschiedener Schichten und Stände, die da ihre Witze reißen.

Nein, dass er sich von den Bedürfnissen der Bühne leiten lässt, wie ein Schauspieler denkt und schreibt, dass er Rollen theatergerecht ausfüllt, sie mit Wortspielen und Sprachwitz und nicht versiegenden Einfällen zum Leben bringt – das ist wohl »typisch Nestroy« und sichert ihm eine nicht nachlassende Beliebtheit. Und dies, obwohl er nicht zimperlich ist, sogar ziemlich pointiert, ja aggressiv in der Kritik am Zeitgeist, an politischer Macht, aber auch an den zeitlosen Schwächen und Unzulänglichkeiten der Menschen. In seiner »Kulturgeschichte der Neuzeit« bewundert Egon Friedell Nestroys »reifen, funkelnden, facettenreichen Geist«.

Einen Jux will er sich machen – dieser Titel eines seiner bühnenwirksamsten Stücke ist paradigmatisch: eine Liebeskomödie voller packender Bühneneffekte und Situationskomik, in der mit List und Geschicklichkeit sämtliche Widerstände gegen die amouröse Verbindung ihrer beiden Helden überwunden werden.

CHRISTIAN DIETRICH GRABBE

* 11. Dezember 1801 Detmold
† 12. September 1836 Detmold
Dramen
Scherz, Satire, Ironie und tiefere Bedeutung
Don Juan und Faust
Kaiser Friedrich Barbarossa
Kaiser Heinrich der Sechste.
Napoleon oder Die hundert Tage
Hannibal
Die Hermannsschlacht
Ästhetische Schriften
Über die Shakespearo-Manie
Etwas über den Briefwechsel zwischen Goethe und Schiller

Er war in Deutschland nicht der erste Fall und nicht der letzte, der litt – und wußte nicht warum. Er spürte das Erdbeben – und trommelte besessen mit den Fäusten an den Himmel.
Ludwig Marcuse

Christian Dietrich Grabbe entspricht voll und ganz dem Klischee vom versoffenen Dichter: Der gescheiterte Schauspieler, der lebenslang in bedrückenden finanziellen Verhältnissen lebt, bekommt sein Leben nicht in den Griff. Doch der dramatische Ertrag dieser allmählichen Selbstzerstörung ist immens. Nicht nur gilt Grabbe – neben Büchner – als *der* Exponent des realistischen Dramas in Deutschland, der die strenge Architektonik der Klassik auflöst und die Handlungen seiner bewegten Bühnenstücke in eine lockere, narrative Folge von Bildern faßt. Er ist außerdem ein inszenatorisches Genie, das mit seinen bühnenwirksamen Massen- und Kriegsszenen die Möglichkeiten des Theaters zu sprengen droht: *Die Hermannsschlacht* ist gar ein einziges

Landschaftsgemälde mit Schlachtszenen, ein wahrhaft gewaltiges Drama der Natur: »Alle Täler, all das Grün, alle Bäche des lippischen Landes, das Beste der Erinnerungen aus meiner … Kindheit und Jugend, soll darin grünen, rauschen und sich bewegen.«

Die Meinungen über Grabbe, diesen ungestümen Nachfahren des Sturm und Drang, gehen auseinander wie bei kaum einem anderen Poeten. Sein exzessiver Lebensstil tut ein übriges, dass er heftige Bewunderung, unversöhnliche Ablehnung oder schlicht Unverständnis provoziert. Die einen halten ihn für einen der größten deutschen Dichter, in vielem vergleichbar mit Shakespeare, die anderen wollen in ihm nur den »einfachen Schnapslumpen«, ein moralisch verkommenes Subjekt erkennen. Selbst Heinrich Heine sieht »alle seine Vorzüge verdunkelt durch eine Geschmacklosigkeit, einen Zynismus und eine Ausgelassenheit, die das Tollste und Abscheulichste überbieten, das je ein Gehirn zu Tage gefördert hat. Es ist aber nicht Krankheit, etwa Fieber oder Blödsinn, was dergleichen hervorbrachte, sondern eine geistige Intoxikation des Genies« – Grabbe als eine Art »betrunkener Shakespeare«.

Das übermütige Lustspiel *Scherz, Satire, Ironie und tiefere Bedeutung*, noch während der Studentenzeit geschrieben, ist ein einziger Spaß auf Kosten des zeitgenössischen Literaturbetriebs und ergießt Hohn und Spott über Gesellschaft und Dichtung der Zeit – am Ende lässt Grabbe sich selbst auftreten.

Die späteren historischen Dramen – von Shakespeare und vom Sturm und Drang, aber auch von Schiller beeinflusst – bieten eine beklemmende Schilderung von Ohnmacht und Demaskierung angesichts der anonym wirkenden Kräfte der Geschichte. Grabbe ist der große Pessimist der Bühne, von finsterer Wucht sind seine Stücke, überzeugt und getrieben von der Sinn- und Auswegslosigkeit der Existenz. Seine genial gesteigerten, jedoch verzweifelnden Helden scheitern trotz heftigen Aufbegehrens – und spiegeln Grabbes eigene

Situation, der sich als individualistischer Feuerkopf nicht gegen die Restauration, gegen die Lügen der Bourgeoisie, gegen die kleinbürgerliche Enge und Spießigkeit seiner Zeit durchzusetzen vermag und schließlich den Alkohol das Regiment über sein Leben führen lässt.

NIKOLAUS LENAU

* 13. August 1802 Csatás (Rumänien)
† 22. August 1850 Wien

Gedichte
Schilflieder
Waldlieder
Der Urwald
Niagara
Versepen
Faust
Savonarola
Die Albigenser
Don Juan

Was er geschaffen hat, ist zum guten Teile dem Roste der Zeit erlegen, aber ein kleiner Schatz seiner Lieder wird dauern, solange es eine deutsche Sprache gibt, und sein Name bleibt erhalten auf den goldnen Tafeln des menschlichen Emanzipationskampfs. *Franz Mehring*

Seine Herbstlieder sind weltberühmt. Ich selbst habe sie schon lange, lange nicht mehr gelesen. Aus ferner, umflorter Erinnerung nur tauchen die Worte dieser Gedichte vor mir auf, aber ich weiß, daß sie schön sind. Unverwelkliches Welken, blühender, unsterblicher Gram, rosengleiches Verzagen und Klagen, immergrüner Schmerz, ewig junger, ewig lebendiger Tod. *Robert Walser*

> Trübe wirds, die Wolken jagen,
> Und der Regen niederbricht,
> Und die lauten Winde klagen:
> »Teich, wo ist dein Sternenlicht?«

Suchen den erloschnen Schimmer
Tief im aufgewühlten See.
Deine Liebe lächelt nimmer
Nieder in mein tiefes Weh!
Nikolaus Lenau, Schilflied Nr. 2

Nikolaus Lenau, dessen Melancholie zu Vergleichen mit Lord Byron, der Personifizierung des romantischen »Weltschmerzes«, herausfordert (man hat ihn auch den »deutschen Byron« genannt), bringt als Spätromantiker einen ganz eigenen Ton in die Lyrik. Fast alles ist hier von schwermütiger Naturerfahrung bestimmt – die Natur ist die Folie, auf der sich die eigenen Leidenschaften, Stimmungen und Gefühle, vor allem Sehnsucht, Melancholie und Vergänglichkeit, abzeichnen. In Versen voll rhythmischer Musikalität werden Landschaften und Erscheinungen romantisch beseelt, oft mit dem Pathos der Wildheit, des Sturms, des Gewitters. Zugleich projiziert der Poet seine innere Befindlichkeit, seine haltlosen Träume und seinen ausweglosen Pessimismus ganz auf die Natur. Doch bei der Lektüre ergeht es uns wie schon Clemens Brentano: »Einige Lieder sind schön, in den meisten nur einige Zeilen ... Man könnte die Geschichte einer solchen Poesie heutzutage in einer Novelle erzählen, man könnte ein Rezept dazu schreiben. Ach, es kommen ungemein kostbare Ingredienzien hinein, Dinge, die jeder Seele einmal anvertraut sind.«

Auch Lenaus lyrische Reisebilder, selbst seine politischen Gedichte, in denen er für religiöse und soziale Freiheit eintritt, sind erfüllt von Naturwahrnehmung: »Die wahre Naturpoesie«, fordert er programmatisch, »muß die Natur und das Menschenleben in einen innigen Konflikt bringen.«

Die Versepen Lenaus verarbeiten historische Stoffe und konfrontieren sie mit philosophischen Fragen der Zeit. Auch hier überwiegen widerspruchsvolle Gedanken und Gefühle und hinterlassen den Eindruck der Zerrissenheit und eines abgründigen Leidens an der Disharmonie des Lebens.

WILHELM HAUFF

* 29. November 1802 Stuttgart
† 18. November 1827 Stuttgart

Romane
  Lichtenstein
  Mitteilungen aus den Memoiren des Satans
Parodien und Satiren
  Der Mann im Mond oder Der Zug des Herzens ist des Schicksals Stimme
  Mitteilungen aus den Memoiren des Satan
  Die Bücher und die Lesewelt
Märchen
  Märchen-Almanache (u.a. *Die Geschichte von Kalif Storch, Die Geschichte von dem kleinen Muck, Der Zwerg Nase, Das kalte Herz*)
Erzählung
  Phantasien im Bremer Ratskeller

Hauff scheint mir ein wahres Genie, ein Dichter zu sein. Er hat jenen einfachen, naiven und doch so tiefen und bezaubernden Stil, der an Goethe so hinreißt, wenigstens mich. Da ist nichts Gesuchtes, nichts Geschrobenes, die Ausdrücke und Bilder sind einem aus der Seele gegriffen, man weiß keine andern passenden zu finden. *Gottfried Keller*
Hauff ist nun ganz und gar nicht verstaubt. Er ist kein großer Dichter, aber ein Erzähler von prachtvoller novellistischer Begabung, wie seine Märchen und Novellen zeigen. *Klabund*

Das kurze Leben des Wilhelm Hauff verläuft zwischen Studium und Promotion, Tätigkeit als Hauslehrer und freier Schriftsteller. Und doch reichen diese fünfundzwanzig Jahre, um ihn als größte narrative Begabung im Kreis der schwäbischen Romantiker, aber auch als unnachsichtiger Zeit- und Gesellschaftskritiker zu etablieren.

116

In nur drei Jahren schafft dieser umtriebige Journalist, Redakteur und Herausgeber mit glänzendem literarischem Hintergrund ein Prosawerk, das sich sehen lassen kann: Drei Romane, sieben größere Novellen, drei Märchenalmanache und Geschichtensammlungen sowie die für einen Romantiker obligatorischen Gedichte, aber auch eine Fülle von Aufsätzen, Skizzen, Rezensionen, Korrespondenzberichten sind das Ergebnis seiner beeindruckenden, wenn auch etwas hektischen Produktivität.

Die Leichtigkeit und Mühelosigkeit seines Schreibens überträgt sich auf die Lektüre des Lesers. Hauff ist stets auf der Höhe der Zeit, kein versponnener Dichter, sondern fernnerviger Beobachter, dessen Satiren auf Halbbildung und Sentimentalität, auf das Universitätsleben und gesellschaftliche Umgangsformen von parodistischer Begabung künden.

Das Publikum reagiert begeistert, die Literaturkritik auch. Dieser Humor, diese Keckheit, dieser Charme, diese Laune des Genies, dieser jugendliche Übermut – all das bleibt unverwüstlich.

Der größte Wurf gelingt Hauff nicht mit den ungemein populären Märchen, sondern mit *Lichtenstein*, der romantischen Sage aus der württembergischen Geschichte. Ganz nebenbei wird er hier – in der Nachfolge des Schotten Walter Scott – zum Mitbegründer des historischen Romans in Deutschland, der sich seither ungebrochener Beliebtheit erfreut.

Es ist ausgesprochen betrüblich, dass Hauff stirbt, bevor er den Gipfel erreicht. Von ihm wäre noch vieles zu erwarten gewesen. Seine *Sämtlichen Schriften* werden drei Jahre nach seinem Tod in 36 Bänden (!) von Gustav Schwab herausgegeben.

EDUARD MÖRIKE

* 8. September 1804 Ludwigsburg
† 4. Juni 1875 Stuttgart

Gedichte
  Gedichte (Ausgabe 1867)
  Balladen (u.a. *Der Feuerreiter, Schön Rothraut, Die traurige Krö-*
    nung, Die Geister am Mummelsee, Das verlassene Mägdlein)
Roman
  Maler Nolten
Erzählungen und Märchen
  Lucie Gelmeroth
  Das Stuttgarter Hutzelmännlein
  Der Schatz
  Mozart auf der Reise nach Prag

  Da war Tiefe und Grazie, deutsche Innigkeit verschmolzen oft
mit antiker Plastik, der rhythmisch bewegte Zug des Liedes und
doch ein klar umrissenes Bild darin; die idyllischen, vom anmu-
tigsten Humor getragenen Stücke der Sammlung von farbigster
Gegenständlichkeit und doch vom Erdboden losgelöst und in die
reine Luft der Poesie hinaufgehoben. *Theodor Storm*

    Im Nebel ruhet noch die Welt,
    Noch träumen Wald und Wiesen:
    Bald siehst du, wenn der Schleier fällt,
    Den blauen Himmel unverstellt,
    Herbstkräftig die gedämpfte Welt
    In Warmem Golde fließen.
    EDUARD MÖRIKE, SEPTEMBERMORGEN

Eduard Mörikes Sehnsucht nach Harmonie, Maß und
Ordnung bannt die romantischen Gespenster und Dä-
monen. Ruhe kehrt ein in die Literatur, biedermeierlicher
Friede und schwäbische Innerlichkeit als Lebensideal, den

nur die unruhigen liberalen republikanischen Dichter des Vormärz aufstören.

Ein beschauliches Leben, eine unglückliche Ehe, ein vollkommen zurückgezogenes Dichten, Zeichnen und Musizieren zeitigt ein schmales Werk: Auch über Mörike kursieren diese Vorurteile, die in ihm nur den gemütvollen Pfarrer sehen, der dann und wann schöne Verse schreibt. Doch dieses Schwergewicht der Literatur vibriert unter den Spannungen: Es gelingt ihm kaum, die Gegensätze Kunst und Leben, Glück und Schwermut auszugleichen – in seiner Dichtung nicht, erst recht nicht in seinem Leben.

Dieser Dichter ist jedoch nicht der Mutigste, wenn es darum geht, etwas zu riskieren. Vor den dämonischen Mächten, vor Abenteuer und Enthusiasmus, vor der besitzergreifenden Angst schreckt und weicht er zurück, sinnlichen Empfindungen begegnet er mit Zurückhaltung. Hieraus aber schöpft er auch seine Kraft, aus dieser Hingabe an den Impressionismus der Farben, Stimmungen und Worte, der immer wieder großartige Poesie wird: »Frühling läßt sein blaues Band wieder flattern durch die Lüfte, O flaumenleichte Zeit der dunkeln Frühe!«

Auch Mörike hat mit *Maler Nolten* seinen autobiographischen Bildungs- und Künstlerroman im Repertoire, der zwar handlungsverworren und spannungsarm bleibt, jedoch ein realistisches Bild subtiler seelischer Vorgänge zeigt. In den eingestreuten *Peregrina-Liedern* spiegelt sich eigenes Erleben.

Unschlagbar auf seinem Terrain ist Mörike, wenn er die Heiterkeit und Verträumtheit seiner schwäbischen Heimat einfängt, zum Beispiel im *Stuttgarter Hutzelmännlein*, einem erfundenen Märchen in behaglich-heiterem Plauderton, eingefügt darin die köstliche *Historie von der schönen Lau*. Ein fiktives Reiseerlebnis Mozarts während der Fahrt zur Uraufführung seines »Don Giovanni« schildert Mörike in seiner Meisternovelle *Mozart auf der Reise nach Prag*: Der glänzend aufgelegte Mozart erscheint in bezaubernder Grazie auf der

Höhe seines Lebens, voll Heiterkeit und Verve, aber schon umgeben von den Schatten früher Todesahnung.

Wenn Mörikes Werk auch geprägt ist von der Neigung zur Romanze und von den Idyllen biedermeierlicher Beschaulichkeit, die ganz dem Lebensgefühl des Dichters entspricht, so trügt doch, wie gesagt, das vielfach kursierende Klischee des unkomplizierten, naiven, gemütvoll-heiteren Märchenerzählers. Ich halte Mörike auch weniger für einen verspäteten Romantiker, sondern für einen verspäteten Klassiker, dem die Grazie der griechischen Antike und das Naturgefühl Goethes sehr viel näher stehen als alle romantischen Ideen von der Universalpoesie. Gottfried Keller, der Mörikes Übersetzungen der antiken Klassiker Catull, Anakreon und Theokrit schätzt, hat ihn recht treffend »einen Sohn von Horaz und einer feinen Schwäbin« genannt.

Mörike steht wie in sich versunken vor uns, weise, trostlos einsam, geheimniskundig grübelnd und glücksfern. Wer bereit ist, sich auf die stille Wehmut seiner Gedichte, auf den sehr feinen Humor seiner Erzählungen einzulassen, mag ihn für sein tiefes und schönes Gemüt schätzen, mag sich bezaubern lassen: »Von dem geheimnisvollen Brunnenstübchen, von dem am Tage künstlich verdunkelten und kerzenerleuchteten Gartenhause, wo er mit seinen Erwählten im Shakespeare lese, oder von Orplid, der Stadt der Götter, sich unterrede, gingen nur dunkle, wunderliche Sagen im Volke …« (David Friedrich Strauss).

All diese Poesie ist einem einsamen, ständig kränkelnden Leben, einem rigorosen Weg nach innen, in die Selbstabschließung und in die Neurose, abgerungen. Das private Ich bringt sich vor der sich verändernden Welt in Sicherheit (»Laß, o Welt, o laß mich sein«). Friedrich Hebbel, der Mörike dreizehn Jahre vor dessen Tod besucht, berichtet, er quäle »sich in den elendsten, mitleidwürdigsten Verhältnissen« herum.

Seine ganze Kraft verbraucht Mörike im Überleben, denn ständig ringt er um Distanz zu seiner Zeit. Er fühlt sich nur

zu Hause in seiner kleinen, umzirkelten Welt. Nicht ver-
wunderlich, dass Mörike Zeit seines Lebens auf den Wir-
kungsraum Schwaben begrenzt ist und erst an der Schwelle
zum 20. Jahrhundert wiederentdeckt wird, als das Bedürf-
nis nach schöner Erschütterung des Herzens besonders groß
ist.

ADALBERT STIFTER

* 23. Oktober 1805 Oberplan (Böhmen)
† 28. Januar 1868 Linz

Romane
Der Nachsommer
Witiko
Erzählungen und Novellen
Studien (u.a. *Der Hochwald, Das Haidedorf, Die Narrenburg, Die
Mappe meines Urgroßvaters, Abdias, Brigitta, Der Waldsteig*)
Bunte Steine (u.a. *Bergkristall, Kalkstein*)
Nachkommenschaften
Waldbrunnen
Der Kuß von Sentz

Stifter ist einer der merkwürdigsten, hintergründigsten, heimlich kühnsten und wunderlich packendsten Erzähler der Weltliteratur, kritisch viel zu wenig ergründet. *Thomas Mann*
Es ist, als hätte sich die Natur in das unvergleichliche Phänomen Goethe so verliebt, daß sie's noch einmal wiederholen wollte,
nur freilich mit einer gelinden Abwandlung, stiller, in kleineren
Verhältnissen und mit einem Wechsel des Akzents, der dort auf
den Dichter kommt, hier auf dem Maler bleibt. *Hermann Bahr*

Weil wir aber schon einmal von dem Großen und Kleinen
reden, so will ich meine Ansichten darlegen, die wahr-
scheinlich von denen vieler anderer Menschen abweichen.
Das Wehen der Luft, das Rieseln des Wassers, das Wach-

121

sen der Getreide, das Wogen des Meeres, das Grünen der
Erde, das Glänzen des Himmels, das Schimmern der Ge-
stirne halte ich für groß ... So wie es in der äußeren Natur
ist, so ist es auch in der inneren, in der des menschlichen
Geschlechtes. Ein Leben voll Gerechtigkeit, Einfachheit,
Bezwingung seiner selbst, Verstandesgemäßheit, Wirk-
samkeit in seinem Kreise, Bewunderung des Schönen,
verbunden mit einem heiteren gelassenen Sterben, halte
ich für groß.

ADALBERT STIFTER, BUNTE STEINE

Wie Eduard Mörike sehnt sich auch Adalbert Stifter nach
dem ruhig dahinfließenden Leben. Jeglicher Anflug
von Leidenschaft wird auf dem »sittlich festen Altare« der
bürgerlichen Wohlanständigkeit geopfert. Das ästhetische
Programm des »sanften Gesetzes« im Vorwort zu *Bunte Steine*, das im Kleinen, Unscheinbaren und Stillen das wahrhaft
Große und Ende erkennt, wirkt wie ein Notenschlüssel, nach
dem die Stifterschen Melodien erklingen: Lieder voller Sehnsucht nach Ordnung, Bescheidung und Einfügung. In dieser
Sammlung von sechs Erzählungen überwiegt das Märchenhafte und Malerische. Und nicht ohne Grund handeln fast
alle Geschichten von Kindern, von einfacher Güte und Reinheit des Herzens, von der Hingabe an das »sanfte Gesetz«.

Bergkristall ist eine ergreifende Weihnachtsgeschichte, in
der zwei Kinder sich in der Christnacht auf dem Heimweg
von den Großeltern im Schneesturm des Gebirges verirren.
In rührender Weise schützt der Knabe das kleine Schwester-
chen, das ihm kindlich vertraut. In einer Eishöhle finden
sie schließlich Schutz; der schreckliche Ton des krachenden
Eises schreckt sie zum Glück aus dem drohenden tödlichen
Schlummer: Die Natur selbst erbarmt sich des unschuldigen
Lebens. Aber auch die Gemeinschaft des Tals ist unterwegs,
um das Gebirge zu durchsuchen und die Kinder ihren Eltern zurückzugeben.

In den *Studien* erscheinen dreizehn phantasievoll-märchenhafte, aber auch schlicht-anspruchslose Erzählungen über das Verhältnis von Mann und Frau (*Der Condor*) und von Mensch und Natur, über Jugenderinnerungen (*Das Heidedorf*), über Geschichte und Wesen von Landschaften. Nicht die Anmut, die Würde triumphiert in der Novelle *Brigitta*. Inmitten einer atemberaubenden Landschaft bringt das »sanfte Gesetz der inneren Schönheit« zwei wertvolle Menschen zusammen, jenseits von Tod und Vergänglichkeit.

Der Nachsommer ist ein Bildungsroman ganz nach klassischem Vorbild, eine restaurative Utopie, ein »Gesetzbuch des Lebens« (Emil Staiger): Ein Paar, dessen Liebe zueinander in der Jugend keine Erfüllung finden konnte, trifft im Alter wieder zusammen und erlebt ein neues Glück in der Liebe der jüngeren Generation. Eine Erfahrung voller Maß, Erkenntnis der Ordnung und Entsagung, ein stilles Heldentum voller Demut und Geduld, das sich in Harmonie und Humanismus zu vollenden sucht.

Und schließlich das Gegenstück, *Witiko*, das die Bildung der Gemeinschaft zum Thema hat und Stifters Wunschbild – die Bildung des edlen Menschen im Glauben an das Gute, Schöne und Wahre, an Recht und Ordnung – noch einmal radikalisiert: dass man das Rechte tun soll, ohne Rücksicht auf das Ende.

Weitschweifig und behäbig, bisweilen sogar spröde und verhalten wird das erzählt, im Ausmalen noch der kleinsten beobachteten Pflanze; es sind tatsächlich mehr *Studien* als glut- und kraftvoll erzählte Literatur. Höhnisch meint Friedrich Hebbel: »Das Komma zieht den Frack an und lächelt stolz und selbstgefällig auf den Satz herab, dem es doch allein seine Existenz verdankt.« Während Peter Rosegger, der österreichische Heimatdichter im besten Sinn des Wortes, für Stifter nur Lob hat: Er »söhnt seine Leser aus mit der Welt … er legt den milden Sonnenschein auf die Menschen und über die Natur. Er belehrt nicht, er drängt uns nie seine Ideen auf, er sucht uns nie durch schöngeistige Phrasen zu bestechen, er erzählt uns nur lächelnden Auges. Aber er erzählt uns gleichsam mit dem Pinsel, er stellt uns ein Bild dar, das wir mit Augen sehen, aber es ist doch keine Malerei, es ist lebendig, verklärt, wie kein Maler malen kann – und so wie Stifter erzählt keiner.«

Still, aber doch beharrlich setzt Stifter seine »kleinen Visionen« von Ordnung und Freundschaft, seine bunten Steine gegen das Geröll revolutionärer Unruhe und Disharmonie. Dieser Dichter ist in seiner physiognomischen Wucht selbst ein Programm des Rückzugs, aber auch der produktiven Abgrenzung, der erlesenen Schönheit und wohl auch der Ehrfurcht.

FRIEDRICH HEBBEL

* 18. März 1813 Wesselburen (Holstein)
† 13. Dezember 1863 Wien

Dramen
Judith
Genoveva
Maria Magdalene
Agnes Bernauer
Gyges und sein Ring
Die Nibelungen
Novellen und Erzählungen
Die einsamen Kinder
Anna
Matteo
Ästhetische Schriften
Mein Wort über das Drama
Wie verhalten sich im Dichter Kraft und Erkenntnis
    zueinander?
Das Komma im Frack
Das deutsche Theater
Autobiographische Schriften
Tagebücher

FRIEDRICH HEBBEL

Es wird sich nichts dagegen einwenden lassen, daß die zweite
Hälfte des Jahrhunderts kein dichterisches Ingenium gesehen hat,
das sich mit Hebbel vergleichen ließe. An Größe und Kühnheit
übertrifft er sie alle. *Franz Mehring*

> Packe den Menschen, Tragödie, in jener erhabenen Stunde,
> Wo ihn die Erde entläßt, weil er den Sternen verfällt,
> Wo das Gesetz, das ihn selbst erhält, nach gewaltigem
>   Kampfe,
> Endlich dem Höheren weicht, welches die Welten regiert.
> FRIEDRICH HEBBEL

Obwohl Friedrich Hebbel in keine Schublade passt und
auch in keine der literarischen Strömungen und Rich-
tungen einzuordnen ist, gilt er als der bedeutendste deutsche Dramatiker um die Mitte des 19. Jahrhunderts. Das
ihm oft angepappte Etikett des »letzten großen deutschen
Tragödiendichters« täuscht jedoch: Wie Schiller und Kleist
schwingt er sich zu idealistischen Höhenflügen auf, er ver-
mischt aber auch unbedenklich mystische, pantheistische
und naturspekulative Elemente der Strömungen, die zu Beginn des 19. Jahrhunderts *en vogue* sind, zu einem auf Effekt
bedachten Synkretismus. In der psychologischen Durchdringung seiner Bühnenfiguren lässt er den Realismus jedoch
schon hinter sich und verweist bereits auf die künftigen Stars
der Bühnenliteratur, auf Hauptmann, Ibsen und Strindberg.

Hebbel hat sich darüber beklagt, die Kritik werde seinen
Werken nicht gerecht, weil sie hinter den lebensecht und
glaubwürdig geschilderten Personen seiner Dramen den
Kampf der Ideen, den Kampf im Individuum »zwischen
seinem persönlichen und dem allgemeinen Weltwillen«
nicht auszumachen wisse. Und tatsächlich geht es in diesen
Stücken zumeist um die großen Figuren der Geschichte, um
historische Grundkonflikte, die allerdings nicht einfach nur
realistisch auf die Bühne gestellt werden, sondern dort immer auch die Probleme der Gegenwart zum Ausdruck brin-

gen. Zutiefst überzeugt ist Hebbel von seiner Idee, das Drama habe »der Zeit, in der es entspringt« zu dienen, »ihren höchsten und wahrsten Interessen«. So ist das, was er auf den Spielplan setzt, bürgerliches Bildungstheater im besten Sinn.

Agnes Bernauer zum Beispiel – »zu schön, um nicht die glühendsten Leidenschaften hervorzurufen und doch zu niedrig gestellt, um auf einen Thron zu passen« – zeigt die Tragik einer Frau, die schuldlos der Staatsraison geopfert wird.

Leicht zu inszenieren, leicht zu spielen ist Hebbel nicht. Die intellektuell durchdachten Rollen, das theoretische Grundgerüst der Dramaturgie, die scharfen Akzente in den tragischen Konfliktsituationen sind wahre Herausforderungen. Sie waren es schon zu seiner Zeit, und heute sind sie es erst recht. Auch von *Maria Magdalene* geht eine ähnlich starke Wirkung aus; es scheint sich die Möglichkeit, sie »modern« zu interpretieren und zu spielen, geradezu anzubieten.

Die Lyrik Hebbels ist bewusst herb und streng, lehnt schöne Manier und Rhetorik ab, macht keinerlei Zugeständnis an den leichten Geschmack: Das Düstere wird verklärt, die Kraft gebändigt, die Schwere der Gedanken verführt zum Grübeln. Kulinarisch zu genießen sind diese Gedichte nicht, sie rühren aber auch nicht an und bleiben ein leeres Spiel der Formen.

In Hebbels über 28 Jahre hinweg geführten Tagebüchern, dem »Notenbuch meines Herzens« finden wir unzählige Einfälle und Eindrücke festgehalten, Beobachtungen ebenso wie Erlebnisse, Lesefrüchte und Exzerpte, Erklärungen zu seinen Werken, aber auch polemisch scharfe Urteile über die Werke anderer. Ein theatralischer Kosmos, der nicht zuletzt den besessenen Drang des aus ärmlichsten Verhältnissen kommenden Hebbel zur gesellschaftlichen Reputation, seinen Aufstieg in die oberen Ränge der bürgerlichen Gesellschaft dokumentiert.

GEORG BÜCHNER

* 17. Oktober 1813 Goddelau (bei Darmstadt)
† 19. Februar 1837 Zürich

Dramen
    Dantons Tod
    Leonce und Lena
    Woyzeck
Erzählende Prosa
    Lenz
Flugschrift
    Der Hessische Landbote

Die Unruhe, die Büchner stiftete, ist von überraschender Ge-
genwärtigkeit. Über fünf Geschlechter hinweg springt sie einem
entgegen, einen an mit dieser wilden, von Todesahnung gezeichneten Schönheit, mit einer dunklen Glut, die es nur selten in der
Geschichte unserer Literatur gegeben hat. *Heinrich Böll*

> Ich studierte die Geschichte der Revolution. Ich fühlte
> mich wie zernichtet unter dem gräßlichen Fatalismus der
> Geschichte. Ich finde in der Menschennatur eine entsetz-
> liche Gleichheit, in den menschlichen Verhältnissen eine
> unabwendbare Gewalt, Allen und Keinem verliehen. Der
> Einzelne nur Schaum auf der Welt, die Größe ein bloßer
> Zufall, die Herrschaft des Genies ein Puppenspiel, ein lä-
> cherliches Ringen gegen ein ehernes Gesetz, es zu erken-
> nen das Höchste, es zu beherrschen unmöglich.
> GEORG BÜCHNER

> So kam er auf die Höhe des Gebirges, und das ungewisse
> Licht dehnte sich hinunter, wo die weißen Steinmassen la-
> gen, und der Himmel war ein dummes blaues Aug, und
> der Mond stand ganz lächerlich drin, einfältig. Lenz mußte
> laut lachen, und mit dem Lachen griff der Atheismus ihn

an und faßte ihn ganz sicher und ruhig und fest. Er wußte nicht mehr, was ihn vorhin so bewegt hatte, es fror ihn; er dachte, er wollte jetzt zu Bette gehen, und er ging kalt und unerschütterlich durch das unheimliche Dunkel – es war ihm alles leer und hohl, er mußte laufen und ging zu Bette.
GEORG BÜCHNER, LENZ

Es war einmal ein arm Kind und hatt kein Vater und keine Mutter, war alles tot, und war niemand mehr auf der Welt. Alles tot, und es is hingangen und hat gesucht Tag und Nacht. Und weil auf der Erde niemand mehr war, wollt's in Himmel gehen, und der Mond guckt es so freundlich an; und wie es endlich zum Mond kam, war's ein Stück faul Holz. Und da is es zur Sonn gangen, und wie es zur Sonn kam, war's ein verreckt Sonneblum. Und wie's zu den Sternen kam, waren's klei goldene Mück ... Und wie's wieder auf die Erd wollt, war die Erd ein umgestürzter Hafen, und es war ganz allein. Und da hat sich's hingesetzt und geweint, und da sitzt es noch und is ganz allein.
GEORG BÜCHNER, WOYZECK

Georg Büchner, unbestritten der bedeutendste Autor zwischen Romantik und Realismus, wäre als »Anarchist« oder »libertinärer Frühkommunist« völlig missverstanden. Zwar folgt er dem Fanal der Französischen Revolution, versteht er sich selbst als radikaler, idealistischer Vorkämpfer, auch bietet seine sozialrevolutionäre Flugschrift *Der Hessische Landbote* das wohl schärfste und flammendste deutsche revolutionäre Manifest: »Friede den Hütten! Krieg den Palästen!« Doch lässt sich sein Werk nicht auf die Empörung gegen soziale Ungleichheit reduzieren.

Georg Büchner ist nur aus seinen Widersprüchen heraus zu verstehen, aus seiner charakteristischen Verbindung von kritischer Intelligenz, hellsichtiger Poesie und analytischer Leidenschaft. Seine Dramen wirken wie ein fernes Echo des Sturm und Drang, nehmen allerdings schon die psychologische Zeichnung der Figuren vorweg, wie sie sich erst

Jahrzehnte später durchsetzt. Nichts erinnert hier mehr an klassische Formenstrenge – es klingen schon Naturalismus und Expressionismus an.

Umwälzend und mitreißend klingt überhaupt vieles bei Büchner, doch seine Personen handeln nicht, sondern reagieren, oft auf merkwürdige Weise getrieben. So glaubt Büchners *Danton* im gleichnamigen Revolutionsdrama – das die Männer der französischen Revolution zeigen will, »wie sie waren, blutig, liederlich, energisch und zynisch« –, die Menschen seien bloß Pappfiguren, »von unbekannten Gewalten am Draht gezogen; nichts, nichts wir selbst!« Danton, der lethargische Revolutionär, ist des Blutvergießens müde, versäumt es jedoch, dem Machthunger und Fanatismus des radikalen Doktrinärs Robespierre entgegenzutreten. Erst als er gefangengesetzt wird, rafft er sich zu einer großartigen Verteidigungsrede auf. Doch seine Feinde fällen das Todesurteil. »Die Welt ist das Chaos. Das Nichts ist der zu gebärende Weltgott« – ein düsteres Vermächtnis sind Dantons letzte Worte im Abschied von jeglichem Idealismus.

Die Königskinder *Leonce und Lena*, Helden eines übermütig witzigen Lustspiels und Märchenstücks, fliehen voreinander, finden sich aber im Spiel des Zufalls zum Schluss doch zu Glück und Genuss des Lebens. Wie leicht sind hier Poesie und Trauer, Ironie und Langeweile in süßer Melancholie beisammen, wie bitter aber ist auch die Satire auf das entwürdigende Leben der Bauern. Das Lachen ist befreiend und bleibt doch beim Lob der Faulheit, mit dem das Stück endet, im Halse stecken.

In nur drei Jahren schafft Büchner ein Werk, das sich schließlich das Scheitern seiner revolutionären Ideen eingestehen muss und zwischen Fatalismus und Pessimismus, bisweilen auch bitterem Witz oszilliert. Das geniale novellistische Fragment *Lenz* über den an fortschreitendem Wahnsinn erkrankten Dichter, der bei dem Pfarrer Oberlin Aufnahme findet, kann nicht anders als ein Dokument der Vereinsamung und religiösen Verzweiflung gelesen werden, in dem auch eine große Liebe zu den Menschen scheitert: »Man muß die Menschheit lieben, um in das eigentümliche Wesen jedes einzudringen; es darf einem keiner zu gering, keiner zu hässlich sein, erst dann kann man sie verstehen; das unbedeutendste Gesicht macht einen tiefern Eindruck als die bloße Empfindung des Schönen, und man kann die Gestalten aus sich heraustreten lassen, ohne etwas vom Äußern hineinzukopieren, wo einem kein Muskel, kein Puls entgegenschwillt und -pocht.«

Nie wirkt Büchner antiquiert, stets modern und aufregend. »Grabbe und Büchner«, so vergleicht Friedrich Hebbel, »der eine hat den Riß zur Schöpfung, der andere die Kraft.« Auf fast alle Dichter macht er einen ungeheuren Eindruck, auf Gerhart Hauptmann (»wie glühende Lava emporgeschleuderter Dichtergeist«), auf Rainer Maria Rilke (»Das ist Theater!«), auf Elias Canetti (»Ich war wie vom Donner gerührt«).

Wer nur ein paar Zeilen Büchner liest, dem dreht sich's Herz um. Gibt es in der deutschen Literatur etwas Verzweifelteres als das Märchen, das die Großmutter den Kindern im *Woyzeck* erzählt, diesem fatalistischen Drama um den wehrlosesten und gequältesten Menschen, der in seiner ausweglosen Einsamkeit und dumpfen Ausweglosigkeit zum Mörder an seiner Geliebten Marie wird? Wem da nicht Tränen in die Augen steigen, dem ist nicht zu helfen.

THEODOR STORM

* 14. September 1817 Husum (Schleswig)
† 4. Juli 1888 Hademarschen (bei Rendsburg)

Gedichte
Gedichte (Ausgabe 1885)
Novellen
Immensee

Ein grünes Blatt
Im Schloß
Auf der Universität
Draußen im Heidedorf
Pole Poppenspäler
Aquis submersus
Waldwinkel
Ein stiller Musikant
Renate
Eckenhof
Die Söhne des Senators
Schweigen
Ein Fest auf Haderslevhuus
Ein Doppelgänger
Der Schimmelreiter
Märchen und Spukgeschichten
Am Kamin
Bulemanns Haus
Der Spiegel des Cyprianus

Das Gebiet scheint allzu eng begrenzt, aber auf dem winzigen Raum einer Krähenwinkelgemeinde weiß er eine solche Mannigfaltigkeit von Schicksalen und Gestalten vor uns zu entwickeln und eine so überreiche Fülle von Beziehungen ineinander zu verschlingen, daß wir eine ganze große Welt in dem verkleinerten Bildchen einer *Camera obscura* glauben an uns vorübergleiten zu sehen. *Hermann Sudermann*

Über die Heide hallet mein Schritt;
Dumpf aus der Erde wandert es mit.
Herbst ist gekommen, Frühling ist weit –
Gab es denn einmal selige Zeit?

Brauende Nebel geistern umher;
Schwarz ist das Kraut und der Himmel so leer.
Wär' ich nur hier nicht gegangen im Mai!
Leben und Liebe – wie flog es vorbei!
Theodor Storm

Mit Theodor Storm gehen wir in die norddeutsche Provinz, ans Meer, in die Weite der Marsch, an blühenden
Hecken entlang in stille Dörfer und alte Häuser, in denen
noch der Geist früherer Generationen lebt. Das Gefühl des
Vergänglichen und Unwiederbringlichen durchweht seine Dichtung und bestimmt seine Sehnsucht nach einem
sichernden Gegengewicht zum Rätselhaften und Unheimlichen des Daseins.

Seltsam: Von Theodor Storm gibt es keinen einzigen Roman, überhaupt kein »großes Werk«, sondern nur erzählerische Miniaturen, als habe er im Rückzug auf die Provinz
zugleich auch dem Kleinen, Begrenzten, Übersichtlichen zu
seinem Recht verhelfen wollen. Doch stimmt das hartnäcki-
ge Vorurteil, Storm sei nichts anderes als ein Goldschnitt-
dichter, ein »Poet des Weihnachtsbaumes und der höheren
Puppenstube« (Hermann Sudermann)?

In seinen frühen Gedichten scheint Storm noch Vorbilder
wie Claudius, Eichendorff und Mörike nachahmen zu wollen, später findet er zu einem unverwechselbaren Sound.
Auch bei ihm sind die Sinne auf die Natur gerichtet, doch
schreibt er all seine elegischen Gedichte um Werden und
Vergehen, Heimat, Liebesseligkeit und Kinderglück »wie
mit Wasserfarbe« (Karl Krolow) in stimmungsvollen, oft
melancholischen Farben,

Auch in den 58 Novellen dieses überaus produktiven
Dichters herrscht oft ein herbsüßer Grundton, ein Schauer
der Vergänglichkeit, eine wehmütige Resignation, eine ab-
gründige Tragik. Nur selten blitzt etwas Heiteres auf, zumeist werden Probleme gewälzt: soziale, seelische, eheliche
Probleme. Auch Wahn und Aberglaube sind ein beliebtes Sujet bei Storm, der durchaus grausige Effekte zu setzen weiß
und bei manch Märchen- und Sagenhaftem einen romanti-
sierenden Einschlag nicht verbergen kann.

Lyrische, stimmungsvolle Erinnerungsbilder bieten *Immensee* und *Ein grünes Blatt*, eine größere Wirklichkeitsnähe
lässt zum Beispiel der charmante *Pole Poppenspäler* erkennen.

In den Chroniknovellen, die Historie und Sage in einem bewusst altertümlichen Stil verknüpfen, erreicht Storm seine Meisterschaft.

Und in seinem letzten und wohl bekanntesten Werk *Der Schimmelreiter* ist dann zu guter Letzt der ganze Storm drin: die heimatliche Landschaft, die Vorliebe für alles Geschichtliche, die Neigung zum Unheimlichen und Spukhaften – alles mit feinem psychologischem Gespür als Seelendrama gestaltet. Und so »alt man wird und sooft man etwas liest oder sich vorspricht«, ist es da, dieses »Sichzusammenziehen der Kehle, dies Angepacktwerden von unerbittlich süß und wehem Lebensgefühl«, um dessentwillen »man mit sechzehn, siebzehn diesem Tonfall so anhing«, wie Thomas Mann es empfindet. Seine Warnung davor, hier nur die »Simpelei und Winkeldumpfigkeit« irgendeiner »Heimatkunst« zu sehen, ist nur allzu berechtigt.

GOTTFRIED KELLER

* 19. Juli 1819 Zürich
† 15. Juli 1890 Zürich

Gedichte
    Gedichte (u.a. *Stille der Nacht, Winternacht, Die kleine Passion, Abendlied*)
Romane
    Der grüne Heinrich (zwei Fassungen)
Erzählungen und Novellen
    Sieben Legenden
    Die Leute von Seldwyla (u.a. *Romeo und Julia auf dem Dorfe, Frau Regel Amrain und ihr Jüngster, Die drei gerechten Kammacher, Spiegel das Kätzchen, Kleider machen Leute, Der Schmied seines Glückes, Die mißbrauchten Liebesbriefe, Das verlorene Lachen*)

GOTTFRIED KELLER

Züricher Novellen (*Hadlaub, Der Narr auf Manegg, Der Landvogt vom Greifensee, Das Fähnlein der sieben Aufrechten, Ursula*)
Das Sinngedicht (Novellenzyklus)

Kellers Werk ... ist durchdrungen von kindhaftem Lebensglück. Davon ist ein Vibrieren in seinen kleinsten Teilen. Es ist durchleuchtet von einer warmen Festlichkeit, jener wundervollen Festivitas aller wahren Kunstwerke ... Das Lachende eines Züricher Frühlings- und Sommertages ist ihm treu geblieben.
Gerhart Hauptmann

> Augen, meine lieben Fensterlein,
> Gebt mir schon so lange holden Schein,
> Lasset freundlich Bild um Bild herein:
> Einmal werdet ihr verdunkelt sein!
>
> Fallen einst die müden Lider zu,
> Löscht ihr aus, dann hat die Seele Ruh;
> Tastend streift sie ab die Wanderschuh,
> Legt sich auch in ihre finstre Truh.
>
> Noch zwei Fünklein sieht sie glimmend stehn,
> Wie zwei Sternlein innerlich zu sehn,
> Bis sie schwanken und dann auch vergehn,
> Wie von eines Falters Flügelwehn.
>
> Doch noch wandl' ich auf dem Abendfeld,
> Nur dem sinkenden Gestirn gesellt;
> Trinkt, o Augen, was die Wimper hält,
> Von dem goldnen Überfluß der Welt!
> GOTTFRIED KELLER, ABENDLIED

Gottfried Keller, ein stadtbekannter trink- und prügelfester Wirtshausgast, später einer der höchsten Beamten in Züricher Staatsdiensten, verliert seine Unschuld, als ihm der Philosoph Ludwig Feuerbach »gleich einem Zaubervogel den Gott aus der Brust hinweggesungen« hat und ihm die geheimnisvolle, schöne Welt »klarer, strenger, aber auch glühender und sinnlicher erscheint«.

134

Nach der Malerei beginnt Keller mit der Dichtung politischer Lyrik: Beeinflusst vom radikalen Bewusstsein des Vormärz, rechnet er mit den reaktionären Finsterlingen in Kirche und Staat ab. Sein wilder, unbeirrbarer Glaube an das Leben, seine Bejahung des Weltlichen lässt ihn dann zum poetischen Realisten werden, der die erlebte Wirklichkeit nicht nach einer Weltvorstellung wie im Idealismus formt, sie aber auch nicht bloß reproduziert wie im Naturalismus: Die Realität wird vielfältig symbolisch verdichtet zu einer Gegenwelt zur rauhen Wirklichkeit: »Es gibt ausnehmend schöne Menschen in dieser Literatur, zahlreiche Idyllen reinen Glücks und von versöhnlichem Humor, und was auf die Katastrophe zusteuert, endet in bürgerlicher Beschaulichkeit« (Günther Fetzer).

Diese große Gegenwelt zu seinem Junggesellen- und Weintrinkerleben erschafft Keller, der sich aus bedrängten Verhältnissen zu einem Werk voller Harmonie, Überlegenheit und Schönheit herausarbeitet, mit untrüglichem Gespür für Herztöne. Kellers Metier sind die teils tragischen, teils heiteren Geschichten aus dem eidgenössischen Dorf- und Stadtleben. Wer kennt ihn nicht, den Gegensatz zwischen Sein und Schein in *Kleider machen Leute*? Wer könnte *Romeo und Julia auf dem Dorfe* widerstehen, Sali und Vrenchen, die in der irdischen Welt keine Heimat finden und gemeinsam in den Tod gehen, der ihre Liebe besiegelt?

Mit seinem stark autobiographisch geprägten Bildungsroman *Der grüne Heinrich* folgt auch Keller den Spuren des *Wilhelm Meister*. Dass dieses Werk einer der bedeutendsten Romane des 19. Jahrhunderts ist, wird oft übersehen: Zu stark wirkt das Bild Kellers vom humorigen Geschichtenerzähler einer kleinen umzirkelten Welt, auf den man diesen »Märchenerzähler au fond« (Theodor Fontane) zu reduzieren versucht hat. Doch geht es bei ihm nicht um liebenswerte Kauzigkeit, um einen vordergründigen Effekt des Entzückens. Geleitet von politischem Freiheitsdenken ebenso wie von bürgerlichem Gemeinsinn, variiert er vielmehr immer

wieder die große Frage nach dem sozialen Zusammenle-
ben, nach dem Ideal einer vernunftgeleiteten, humanen Gesellschaft, nach dem Ausgleich der Spannungen zwischen
Traum und Wirklichkeit, Illusion und Enttäuschung, Sein
und Schein.

Umspannen die fünf historischen *Züricher Novellen* die
Zeit vom Hochmittelalter bis in die jüngste Vergangenheit,
führt uns Keller mit dem Sammelwerk *Die Leute von Seldwy-
la* in eine erfundene Kleinstadt und stellt uns in phantasievollen Bildern das schweizerische Leben vor, nicht frei von
autobiographischen Elementen, voller Weisheit und Humor.
Überhaupt ist der Humor Kellers Geheimwaffe, die Gegensätze auszusöhnen, von der versteckten Anspielung bis zur
Groteske, von leiser Ironie bis zu bissiger Satire ist alles von
unbeirrbarer Menschenliebe erfüllt.

In dem wenig bekannten, jedoch bezaubernden Novellenzyklus *Das Sinngedicht* umschließt Keller Geschichten
von glücklicher und unglücklicher Liebe mit einer zärtlich-
ironischen Rahmenhandlung: Auf einem Schloss fechten ein
junger Gelehrter – der die Wahrheit von Logaus Gedicht
»Wie willst du weiße Lilien zu roten Rosen machen? Küß
eine weiße Galathee: sie wird errötend machen« herausfin-
den will –, der Schlossherr und dessen reizende Nichte eine
Art geistiges Duell aus. Sie erzählen einander Geschichten
über das Wesen der Liebe, über die Beziehung zwischen
Keuschheit und Sinnlichkeit, wie sie im Erröten und im Lachen spürbar wird. Und beim Erzählen finden die beiden
jungen Leute zueinander – der Kreis schließt sich, auch für
Gottfried Keller, der zunehmend gelassener und ruhiger
wird und sich zuletzt einer erschöpften, resignierten Grund-
stimmung überlässt.

THEODOR FONTANE

* 30. Dezember 1819 Neuruppin
† 20. September 1898 Berlin

Romane
Vor dem Sturm
Schach von Wuthenow
Irrungen, Wirrungen
Frau Jenny Treibel
Effi Briest
Der Stechlin
Balladen
John Maynard
Herr von Ribbeck im Havelland
Wanderberichte
Wanderungen durch die Mark Brandenburg

Der moderne Roman wurde für Deutschland erfunden, verwirklicht, auch gleich vollendet von einem Preußen ... Theodor Fontane. Als erster hat er wahrgemacht, daß ein Roman das gültige, bleibende Dokument einer Gesellschaft, eines Zeitalters sein kann. *Heinrich Mann*

»Ja, Angst quält mich und dazu Scham über mein Lügenspiel. Aber Scham über meine Schuld, die hab ich *nicht* oder doch nicht so recht oder doch nicht genug, und das bringt mich um, daß ich sie nicht habe. Wenn alle Weiber so sind, dann ist es schrecklich, und wenn sie nicht so sind, wie ich hoffe, dann steht es schlecht um mich, dann ist etwas nicht in Ordnung in meiner Seele, dann fehlt mir das richtige Gefühl ...« Und sie legte den Kopf in ihre Arme und weinte bitterlich. Als sie sich wieder aufrichtete, war sie ruhiger geworden und sah wieder in den Garten hinaus. Alles war so still, und ein leiser, feiner Ton, wie wenn es regnete, traf von den Platanen her ihr Ohr.
THEODOR FONTANE, EFFI BRIEST

Henri Théodore Fontane, Spross einer Hugenottenfamilie, die Ende des 17. Jahrhunderts aus Südfrankreich nach Preußen gekommen war, beginnt erst im Alter von sechzig Jahren, nach einer journalistischen Karriere, mit dem Schreiben von Romanen. Mit diesen »preußischen Gesellschaftsromanen« – die ihn in eine Reihe mit Dickens, Balzac und Flaubert stellen – fängt er die Zustände seiner Zeit mit aufmerksam beobachtendem, analytischem Blick wie in einem Spiegel ein. Seine realistische Schilderung des märkischen Landadels und der Berliner Gesellschaft, die mal ironische, dann wieder melancholische Beschreibung der Details, der charakteristische bezaubernde Plauderton der Konversationen und die psychologische Beobachtungsgabe lassen eine von Standesehre und –bewusstsein geprägte gesellschaftliche Welt entstehen. Keine großen Stoffe, keine spannende Handlung, sondern präzise Beobachtung und psychologisch fundierte Milieustimmung: eine behäbig, aber auch treffsicher dargebotene Mischung aus sozialen Fragen, Problemen der Liebe und der Ehe, der Ehre und des Anstands.

Irrungen, Wirrungen gibt es in der jugendlichen Liebe zwischen einem adligen Offizier und der Tochter einer Waschfrau jede Menge, allerdings keine Zukunft, denn beide opfern schmerzlich das wahre Glück einer standesgleichen Vernunftehe. Aufregend liest sich das nicht, ohne lärmende Gefühle, ohne Pose vollzieht sich das Tragische in der Stille.

Da ist die Kritik an der Dekadenz der Jahrhundertwende schon etwas gezielter: *Frau Jenny Treibel* genießt ihren Aufstieg in die Kreise der neureichen Bourgeoisie, sie versteht zwar prächtig in Gefühlen und Gewändern zu posieren, rechnet aber in Wahrheit nur in harter Währung. Und so verpackt Fontane seine scharfe Satire gegen das Hohle, Phrasenhafte, Lügnerische und Hochmütige dieser Dame gewordenen Hartherzigkeit doch in Ironie, Humor und überlegende Heiterkeit.

Effi Briest jedoch wird zum Opfer einer Verstrickung aus

eigener und fremder Schuld. Auf einem Landgut aufge-
wachsen, muss sie mit siebzehn Jahren plötzlich Baron In-
stetten, den über zwanzig Jahre älteren Jugendfreund ihrer
Mutter, heiraten. Ohne eigentliche Schuld, aus Zufall und
Langeweile wird Effi in eine Liebschaft verstrickt, die Jahre
später ihre Ehe und ihr Leben zerbricht. Dieser Berliner Ge-
sellschaftsroman prangert nicht nur das unsinnige aristokra-
tische Duellgebot an, sondern entlarvt alle falschen Begriffe
von Ehre, die Unnatürlichkeit und die herzlose Äußerlich-
keit moralischer Konventionen. Zum Schluss brechen aus
Effi heftige Verwünschungen über diese Gesellschaft und
ihre Repräsentanten heraus.

Im Mittelpunkt von Fontanes letztem und reifstem Roman, *Der Stechlin*, steht Dubslav, die authentische Verkörperung des untergehenden preußischen Adels und des alten
Gutsherrn von einst. Bei aller Verehrung des Preußischen
ist Fontane jedoch kritisch gegenüber dem Staat eingestellt.
Und so wie Dubslav die Tradition verkörpert, die zwar hu-
morvoll angezweifelt, allerdings nicht untergraben wird,
steht man dem Neuen mit Skepsis, aber auch mit Hoffnung
auf eine glückliche Zukunft gegenüber. Dieser Roman ist
Bekenntnis und Abschied. Als Dubslav stirbt, geht die alte
Zeit zu Ende, das Jahrhundert mit ihm und diesem Buch
und auch sein Autor.

Conrad Ferdinand Meyer

* 11. Oktober 1825 Zürich
† 28. November 1898 Kilchberg

Gedichte
Zwanzig Balladen von einem Schweizer
Romanzen und Bilder
Gedichte (Ausgabe 1892)

Conrad Ferdinand Meyer

Verserzählungen
Huttens letzte Tage
Engelberg
Romane und Novellen
Das Amulett
Jürg Jenatsch
Der Schuß von der Kanzel
Der Heilige
Gustav Adolfs Page
Die Hochzeit des Mönchs
Die Richterin
Die Versuchung des Pescara
Angela Borgia

Der eigentliche Reiz, der von dem Werke des Schweizers ausgeht … beruht auf einer besonderen und persönlichen Mischung
von Bürgerlichkeit und Künstlertum, auf der Durchdringung einer
Welt schöner Rücksichtslosigkeit mit protestantischem Geist.
Thomas Mann

> Aufsteigt der Strahl und fallend gießt
> Er voll der Marmorschale Rund,
> Die, sich verschleiernd, überfließt
> In einer zweiten Schale Grund;
> Die zweite gibt, sie wird zu reich,
> Der dritten wallend ihre Flut,
> Und jede nimmt und gibt zugleich
> Und strömt und ruht.
> Conrad Ferdinand Meyer, Der römische Brunnen

Wenig gemeinsam mit dem elementaren Keller hat
der aristokratisch empfindende, feinnervige Conrad
Ferdinand Meyer, der Zeit seines Lebens nicht aus dem Widerspruch zwischen Tatendrang und Beruhigung herausfin-
det und sich mal nach dem einen, mal nach dem anderen
sehnt. Erst mit vierzig Jahren beginnt der stets großbür-
gerlich-standesgemäß auftretende und reisende Meyer zu
veröffentlichen. Und seine Literatur ist die eines nervlich

140

angespannten, sehr sensiblen, gebildeten und zurückgezogen lebenden älteren Herrn, dessen eigene Lebensschwäche merkwürdig mit den von ihm erfundenen Figuren und Fiktionen kontrastiert: Er hat eine ausgesprochene Vorliebe für selbstherrliche und tatkräftige Renaissance-Helden.

So versteht Meyer das Schreiben wohl als Gegenentwurf zu seinem nervösen, problematischen Leben, das in zunehmender Krankheit und Melancholie verlischt. Hier seine eigene Welt, von Feinheit, Leiden, Gewissen, Sittlichkeit und Notwendigkeit geprägt, dort die Sehnsuchtswelt von Vitalität und Kraft, Tat und Sinnlichkeit – und Freiheit. Immer wieder repräsentieren Meyers Helden die beiden Welten des Ethos und des Pathos und stehen sich als Gegenspieler gegenüber.

Dieses Sichversenken in die Geschichte, diese Distanz zu den Problemen, zur Zeit und zu sich selbst, diese vornehmen, filigranen Texte, leisen Töne, sorgfältig abgestimmten Farben, diese bewusst kostbare Gestaltung – all das kann als eine Art literarisches Paradigma des protestantischen Bildungsbürgertums verstanden werden.

Die *Gedichte* enthalten Erinnerungen an die Jugendzeit, Sehnsucht nach dem Leben, Naturbilder, Reiseeindrücke, Liebesgefühle, oft symbolisch gedeutet, so dass sie fast als Vorboten des Symbolismus gelesen werden können. Vieles wirkt wie in ein Gewand von schwerem Brokat gekleidet. Hugo von Hofmannsthal entdeckt in diesen Werken eines »unbedingten Meisters der Sprache« eine »fast mit Glück empfundene Todesnähe«, in der Schwermut etwa seiner Seegedichte eine »melodische Trauer« und »finstere Kühnheit«.

Während das Epos *Huttens letzte Tage* prägnante und lebensnahe Charakteristiken der Ereignisse und Gestalten aus der bewegten Reformationszeit enthält, vielfach imprägniert von eigenen Erfahrungen und Wünschen, erzählt der Heldenroman *Jürg Jenatsch* vom Freiheitskampf der Graubündner und ihrem aufrührerischen Anführer, vom Konflikt zwischen Macht und Recht, Glauben und Gewissen, enthält sich jedoch jeglicher moralischer Deutung. Der Held opfert seiner Liebe zur Heimat alles.

In den insgesamt zehn *Novellen* ist Meyers Freude an der sinnlichen Nähe zu spüren, die er zu seinen Sujets sucht. Die heitere Burleske *Der Schuß von der Kanzel* stellt uns einen humorvollen General und seinen Freund, einen schießwütigen Pfarrer, vor. Der »berühmteste Schuss der Literaturgeschichte« zwingt den Pfarrer zur Amtsniederlegung und verhilft ihm zu einem behaglichen Lebensstil.

In den anderen Novellen dominieren historische Themen, die eine gewisse Distanz herstellen. *Angela Borgia* ist ein Renaissance-Gemälde: In den gegensätzlichen Frauen Angela und Lucrezia treffen strenge Verantwortung und leichtlebige Sinnlichkeit, »zuviel und zuwenig Gewissen« aufeinander – der Konflikt wird, wie bei Meyer nicht anders zu erwarten, zugunsten des Gewissens, der Religion und des Leidens gelöst.

WILHELM RAABE

* 8. September 1831 Eschershausen (Weserbergland)
† 15. November 1910 Braunschweig

Romane
    Die Chronik der Sperlingsgasse
    Der Hungerpastor
    Der Schüdderump
    Alte Nester
    Im alten Eisen
    Stopfkuchen
    Die Akten des Vogelsangs
Erzählungen
    Die Leute aus dem Walde
    Ferne Stimmen (u.a. *Die schwarze Galeere*)

Die Gänse von Bützow
Frau Salome
Pfisters Mühle
Krähenfelder Geschichten

Das Werk des Mannes ist in jeder Hinsicht unzeitgemäß gewesen. Er bot einem Volk abseitige Idyllen und die Tragik von Gas-
senwinkeln an, das sich eben zu ganz andern Dingen hinkehren
wollte, das Tempo seines Lebens beschleunigte und gar nicht be-
schaulich, sondern erwerbsfleißig und erfolgreich war.
Theodor Heuss

Wilhelm Raabe ist ein höchst produktiver Geist: Sein
Werk aus nicht weniger als 68 Romanen, Erzählungen
und Novellen ist weit gespannt: von realistischen Romanen
und meisterhaften Novellen, in denen er sich als ein erklär-
ter Gegner des Naturalismus zu erkennen gibt, bis hin zur
Unterhaltungsliteratur. Sein ausgesprochener Sinn für Wun-
derlichkeit, für bürgerlichen Humor und verhaltenes Leid
macht ihn lesebuchtauglich und leihbüchereibeliebt.
   Alles beginnt mit dem für Raabe unerwarteten Erfolg
seiner Idylle aus dem deutschen Bürgerleben, die er in der
Form eines Tagebuchs unter dem Titel *Die Chronik der Sper-
lingsgasse* und noch unter Pseudonym veröffentlicht: kol-
portagehafte Skizzen über den Alltag der Menschen in einer
Alt-Berliner Gasse, mit vielen Figuren, ein wenig sentimental und mit leiser Ironie erzählt, ungemein sympathisch.
Wie so oft gleich zu Beginn ein genialer Wurf, der die nun
geweckten hohen Erwartungen jedoch enttäuscht: »Eine
vortreffliche Ouvertüre, aber wo bleibt die Oper?« (Friedrich Hebbel). Es folgt nämlich ein unaufhaltsamer Aufzug
von Geschichten über Käuze und Sonderlinge, ergebene
Helden und sich ins Schicksal fügende Heldinnen, in denen Raabe immer wieder sein Thema variiert: Einfühlen in
menschliches Leid, das durch Humor und edles Bestreben
überwunden oder in unergründlicher Resignation ertragen

wird. Die Welt ist traurig, voller Enttäuschungen und Lebenslügen. Thomas Mann nennt dies einen Rückzug in »die machtgeschützte Innerlichkeit«, Theodor Fontane den Dichter selbst – nicht ganz verkehrt – ein »großes erzählerisches Talent, aber nur ein mäßig ausgebildeter Künstler«.

So siegt in *Der Hungerpastor* der standhafte Wille zum Guten, so geht in *Der Schüdderump* die schöne Antonie Häusler aus Mangel an Liebe, durch Einsamkeit und menschliche Gemeinheit zu Grunde (»wie alles Liebliche und Schöne in der Welt verruiniert wird«), so erinnert vieles in der bewusst umständlichen, abschweifenden Darstellungsart an Jean Pauls Phantasmagorien. Immer wieder bringt sich das Kleinbürgertum mit seiner Sehnsucht nach der trügerischen Idylle in Sicherheit, auch mit tragischen Konsequenzen: Bevor sein Vaterhaus abgerissen wird, um Fabrikanlagen Platz zu machen, verbrennt Velten Andres, erfüllt von rebellischem Lebensstolz, in den *Akten des Vogelsangs* Stück um Stück seines ererbten Besitzes.

Den *Stopfkuchen* hält Raabe für sein bestes, sein subjektivstes Buch, hier hat er »die menschliche Kanaille am festesten gepackt«. Das klingt wie eine Empfehlung, doch Vorsicht, spannend ist dieser Roman trotz seines Untertitels »Eine See- und Mordgeschichte« nicht. Er entfaltet vielmehr auch hier die »Behaglichkeit des Daseins« wie einen Schutzmantel gegen die Irrungen und Wirrungen des Lebens. Heinrich Schaumann – mit dem Spitznamen Stopfkuchen – ist ein anderer Taugenichts, nämlich einer, der nicht auf Wanderschaft geht, sondern faul liegen bleibt, als habe er lange vor Sten Nadolnys Seefahrer John Franklin die »Entdeckung der Langsamkeit« gemacht.

ARTHUR SCHNITZLER

* 15. Mai 1862 Wien
† 21. Oktober 1931 Wien

Dramen
    Anatol
    Liebelei
    Der Reigen
    Die Gefährtin
    Der Schleier der Beatrice
    Komtesse Mizzi oder Der Familientag
    Das weite Land
    Professor Bernhardi
    Komödie der Verführung
Romane
    Der Weg ins Freie
    Therese
Erzählungen
    Leutnant Gustl
    Fräulein Else
    Sterben
    Traumnovelle
    Casanovas Heimkehr
    Spiel im Morgengrauen
Autobiographische Schriften
    Jugend in Wien
    Tagebuch 1879–1931 (10 Bände)

> Also spielen wir Theater,
> Spielen unsre eignen Stücke,
> Frühgereift und zart und traurig,
> Die Komödie unsrer Seele,
> Unsres Fühlens Heut' und Gestern,
> Böser Dinge hübsche Formel,
> Glatte Worte, bunte Bilder,

Halbes, heimliches Empfinden,
Agonien, Episoden ...
Arthur Schnitzler, Anatol (Prolog)

Arthur Schnitzler, der als Arzt in Wien praktiziert, kann seine medizinisch geschulte Beobachtungsgabe nicht verbergen. Auch die freundschaftlichen Beziehungen zu Sigmund Freud und Hugo von Hofmannsthal bleiben nicht ohne Wirkung auf sein Schreiben: Seine Dramen und Novellen, die das Wiener Bürgerleben um die Jahrhundertwende spiegeln, haben eine starke psychologisch-dokumentarische Komponente. Schnitzler schreibt graziös und geistvoll, mit skeptischer Ironie und nicht selten einer schwer fassbaren, jedoch ungemein anziehenden Melancholie. Schnitzler ist *der* Dichter des Kosmos Wien, des »Laboratoriums der Moderne« im *Fin de siècle,* »repräsentativ für ein Land, eine Epoche, eine Monarchie« (Joseph Roth). Er folgt der Neigung des Jugendstils, alle Bereiche des Alltagslebens künstlerisch zu durchformen, durchzustilisieren, alles zu einem Kunstwerk zu machen, auch sich selbst.

Mit seinen Dramen gehört Schnitzler zu den meistgespielten Theaterautoren des 20. Jahrhunderts. Ein Zyklus von sieben Einaktern wird spielerisch um *Anatol* gruppiert, einen verwöhnten, verträumten, ständig verliebten jungen Wiener der guten Gesellschaft. Eine kleine Affäre, die *Liebelei* eines Offiziers, wird zum Schicksal des jungen Mädchens Christine, das in wirklicher Liebe an ihm hängt. *Der Reigen* schließlich wirkt wie ein erotisches Perpetuum mobile, eine Szenenfolge ganz im Geist des *Cosí fan tutte.* Ein skandalträchtiges Stück, das Schnitzler einen Prozess wegen Erregung öffentlichen Ärgernisses einträgt. Wie in seinen Romanen besteht auch in den Dramen das Personal aus Offizieren und Ärzten, Künstlern und Journalisten, Schauspielern und leichtlebigen Dandys und nicht zuletzt aus dem »süßen Mädel« aus der Wiener Vorstadt, das zu so etwas wie Schnitzlers Erkennungszeichen wurde.

In *Leutnant Gustl* erzählt Schnitzler – erstmals in der deutschen Literatur vom Anfang bis zum Ende im sogenannten inneren Monolog – die Geschichte eines Offiziers, der sich sinnlos entehrt fühlt und glaubt, sich erschießen zu müssen. Damit – wie auch in der kurzen, jedoch verstörenden *Traumnovelle* – gelingt Schnitzler ein Meisterwerk des psychologischen Naturalismus. Seine eindrucksvollste Novelle ist *Sterben* – eine wehmutsvolle Geschichte vom Ende eines Lebens und einer Liebe, die sich vom Sterbenden löst.

Dass Schnitzler noch heute seine Ausstrahlung und Wirkung hat, belegt nicht nur die erst vor wenigen Jahren von Stanley Kubrick in dem Film *Eyes Wide Shut* mit Tom Cruise und Nicole Kidman verfilmte *Traumnovelle*, in der die sexuellen Tabus aufgegriffen werden, welche die ganz auf Rationalität und Fortschritt orientierte Gesellschaft des Fin de siècle verdrängte. Nicht ohne Grund werden Arthur Schnitzler und Sigmund Freud oft in einem Atemzug genannt. Und nicht ohne Grund schrieb Freud bewundernd an den Schriftsteller: »Im Grund Ihres Wesens sind Sie ein psychologischer Tiefenforscher, so ehrlich unparteiisch und unerschrocken wie nur je einer war.«

GERHART HAUPTMANN

* 15. November 1862 Obersalzbrunn (heute Bad Salzbrunn)
† 6. Juni 1946 Agnetendorf

Dramen
Vor Sonnenaufgang
Die Weber
Der Biberpelz
Florian Geyer
Fuhrmann Henschel
Und Pippa tanzt
Die Ratten

Vor Sonnenuntergang
Atriden-Tetralogie
Prosa
Der Narr in Christo Emanuel Quint
Bahnwärter Thiel
Der Ketzer von Soana
Die Insel der Großen Mutter
Der Schuß im Park
Versepen, Märchen und Legenden
Till Eulenspiegel
Hanneles Himmelfahrt
Die versunkene Glocke
Der große Traum
Autobiographische Schriften
Griechischer Frühling
Buch der Leidenschaft
Im Wirbel der Berufung
Das Abenteuer meiner Jugend

Gerhart Hauptmann wird mit seinen naturalistischen Dramen zum poetischen Repräsentanten und gefeierten Dichterfürsten der wilhelminischen und noch mehr der nachwilhelminischen Zeit. Der bürgerliche Realismus reicht den Naturalisten nun nicht mehr, sie nehmen die Unterprivilegierten in den Blick, arme Kreaturen wie Büchners Woyzeck oder ausgebeutete und verarmte schlesische Weber. Das Hauptmannsche Personal besteht fast durchweg aus »Menschen voll Blut und Sehnsucht, arme, elende Menschen, geprügelt wie Hunde von der Peitsche des Schicksals. Hungernd und frierend, hungernd nach Brot und Licht, frierend an den kalten, steinernen Herzen der Mitmenschen« (Klabund).

In Hauptmanns Drama *Die Weber* wagen die vom Tuchfabrikanten Dreißiger schlecht entlohnten und der Verelendung preisgegebenen Weber die Rebellion. Die hier ausgetauschten Argumente im sozialen Verteilungsstreit klingen heute wieder merkwürdig aktuell.

Das Gefühl für Leid und Not des Menschen und eine wirklichkeitstreue Schilderung des Milieus sind Kennzeichen des Naturalismus. Konsequent sind die Personen auch in Hauptmanns Dramen Opfer ihrer Veranlagung und sozialen Lebensbedingungen, nicht »Helden« als Träger und Mittelpunkt der Handlung. In der Tragödie *Vor Sonnenaufgang* gerät eine verkommene schlesische Bauernfamilie, die durch Landverkauf an den Kohlenbergbau reich geworden ist, in die Katastrophe. Die »Diebskomödie« *Der Biberpelz* reagiert satirisch und mit kräftiger Situationskomik auf die Arroganz eines preußischen Amtsvorstehers und Gegenspielers zur listigen, skrupellosen und tatkräftigen Mutter Wolffen. Der gutmütige *Fuhrmann Henschel* scheitert an der Bosheit seiner Magd, die er entgegen dem seiner sterbenden Frau gegebenen Versprechen heiratet. In der Berliner Tragikomödie *Die Ratten* wird der Muttertrieb als Ursache vielfacher Konflikte und Verbrechen ausgemacht. Der Vorhang geht nieder mit *Vor Sonnenuntergang* und der Liebe eines alternden Mannes zu einem jungen Mädchen.

Das übrige Werk Hauptmanns ist recht heterogen, weil es das Terrain naturalistischer Genauigkeit verlässt: In der Traumdichtung (zum Beispiel *Hanneles Himmelfahrt*, phantastische Fiebervisionen eines armen vierzehnjährigen Mädchens), auch in seinen Märchen und Legenden mischen sich religiöse und mythische Bezüge, wird die Sehnsucht nach Traum und Phantasie neuromantisch verdichtet, während im epischen Werk in noch stärkerem Maße als in den Dramen persönliche Erlebnisse eine Rolle spielen und die Grenze zwischen Dichtung und Autobiographie verwischt. Hier lebt Hauptmann auch seine Neigung zum Untergründigen, Magischen und Phantastischen aus.

Frank Wedekind

* 24. Juli 1864 Hannover
† 9. März 1918 München

Gedichte
  Die vier Jahreszeiten
Dramen
  Frühlings Erwachen
  Der Erdgeist (später unter dem Titel *Lulu*)
  König Nicolo oder so ist das Leben
  Die Büchse der Pandora
  Der Kammersänger
  Der Marquis von Keith
  Franziska
  Schloß Wetterstein

Frank Wedekind ist ein umtriebiges Multitalent: Journalist, Schauspieler, Zirkussekretär, Rezitator, Dramaturg, als Mitarbeiter des »Simplizissimus« wegen Majestätsbeleidigung verurteilt. Ein Bürgerschreck und Skandalautor, der durch die freizügige Art, Probleme der Sinnlichkeit, der Liebe, der bürgerlichen Moralität zu behandeln, immer wieder ins Visier der empörungsbereiten Öffentlichkeit gerät. Mit seinem grotesken Stil und seiner virtuosen Dialogtechnik verabschiedet sich Wedekind vom naturalistischen Drama, das er trotz aller revolutionären Tendenzen als bürgerlich empfindet. Also setzt er auf grelle antibürgerliche Affekte, auf bitteren Sarkasmus, auf ekstatisches Seelendrama. Doch neben grotesk-zynischen Szenen gibt es immer wieder auch lyrisch-zarte Töne.

Mit *Frühlings Erwachen* findet der Expressionismus definitiv zum Drama. Wedekind schildert in diesem »Kindertragödie« genannten Skandalstück Pubertät und sexuelle

Aufklärung im verklemmten, prüden und autoritären wilhelminischen Kaiserreich als Anklage gegen falsche Moralität. An den fragwürdigen Erziehungsgrundsätzen der Zeit scheitern die jungen Menschen des Stückes: ein trauriges Erwachen mit Versagen in der Schule, Angst, ungewollter Schwangerschaft, Abtreibung, Schulverweis und Freitod in Folge.

Und schließlich *Lulu*, das triebhafte, dämonische Weib, das im gleichnamigen Drama, aber auch in *Die Büchse der Pandora* die Hauptrolle spielt. Hier ist Wedekind in seinem Element, steigert sich erotische Besessenheit ungeachtet der in ihr wohnenden moralischen Komplexe bis zum exzessiven Pathos. Die Frau ist für ihn die große Hure und als solche anbetungswürdig, aber auch zu fürchten. Da ist eine große Angst vor der Elementarkraft weiblicher Sexualität, vor dem »animalischen Instinkt« und der dämonischen Triebhaftigkeit, die Wedekind im »Weib« erlebt.

Stefan George

* 12. Juli 1868 Büdesheim (bei Bingen)
† 4. Dezember 1933 Minusio (bei Locarno)

Gedichte
Hymnen
Pilgerfahrten
Das Jahr der Seele
Der Teppich des Lebens und die Lieder von Traum und Tod
Der siebente Ring
Der Stern des Bundes
Das neue Reich
Prosa
Tage und Taten
Übersetzungen und Umdichtungen
Charles Baudelaire, Die Blumen des Bösen

William Shakespeare, Sonette
Dante Alighieri, Die Göttliche Komödie

Komm in den totgesagten park und schau:
Der schimmer ferner lächelnder gestade ·
Der reinen wolken unverhofftes blau
Erhellt die weiher und die bunten pfade.

Dort nimm das tiefe gelb . das weiche grau
Von birken und von buchs . der wind ist lau ·
Die späten rosen welkten noch nicht ganz ·
Erlese küsse sie und flicht den kranz .

Vergiss auch diese lezten astern nicht ·
Den purpur um die ranken wilder reben
Und auch was übrig blieb von grünem leben
Verwinde leicht im herbstlichen gesicht.
Stefan George

An seiner frühen Neigung zu fremden Sprachen, poetischen Versuchen und Erfindung einer eigenen Grammatik und Schrift lässt sich bereits erkennen: Mit normalen literarischen Maßstäben will Stefan George nicht erfasst werden. Dieser Dichter ohne festen Wohnsitz glaubt an die Wiedergeburt des Wortes, an den edlen Geist und die Verehrung der Schönheit. In seinen Gedichten, zum Teil nur für den Kreis seiner Freunde bestimmt oder erst später veröffentlicht, herrscht das Preziose, das symbolisch Verdichtete, das kunstvoll Verrätselte, die Freude am Klanglichen und die Abneigung gegenüber jeglicher Konventionalität. Ein Dichter im permanenten Ausnahmezustand.

Zurückgezogen lebt George, fernab jeglicher Betriebsamkeit des Buchmarkts, ein höchst exklusives Verständnis von Dichtung kultivierend, das sich von jeglicher »Tagesschreiberei« (ein an Hofmannsthal gerichteter Vorwurf!) fernhält. Gegen die unvornehmen Geräusche des Tages soll der Schönheit und auch dem Geschmack wieder zum Sieg verholfen werden.

Die Sprache ist für George nicht nur ein Mittel zum Ausdruck und zur Mitteilung, sondern ein Raum von Erhabenheit und Würde, ein Instrument zur Überwindung chaotischer Mächte. Auf viele Zeitgenossen wirkt Georges Sendungsbewusstsein und unbedingter Führungsanspruch auf dem Weg zu absoluter Poesie anstößig (»Wer je die flamme umschritt / Bleibe der flamme trabant«).

Was ist geblieben von George? Seine Gedichte wirken heute verstiegen und blasiert, seine Ambition einer Erneuerung der Poesie ist kaum mehr als eine Fußnote der Literaturgeschichte, seine Überbetonung der Form und sein Vorstoß in neue Bereiche des sprachlichen Ausdrucks hinterlassen den Eindruck eines großen *Passé*. Lebendig bleibt er in der Wirkung auf andere Dichter – aus diesem hermetischen Kreis ist er nie hinausgekommen. Doch in der unangefochten behaupteten Meisterstellung in dieser »heilsamen Diktatur« stilisiert sich George selbst zum markanten, beziehungslosen, poetischen Über-Ich, tanzt er über die unüberbrückbare Kluft zwischen Kunst und bestehender Gesellschaft hinweg. Sie hat ihn nie interessiert.

Heinrich Mann

* 27. März 1871 Lübeck
† 12. März 1950 Santa Monica (Kalifornien)

Romane
    Im Schlaraffenland. Roman unter feinen Leuten
    Die Göttinnen oder Die drei Romane der Herzogin von Assy
    Die Jagd nach Liebe
    Professor Unrat oder Das Ende eines Tyrannen
    Die kleine Stadt
    Der Untertan
    Die Armen
    Die Jugend des Königs Henri Quatre

Die Vollendung des Königs Henri Quatre
Empfang bei der Welt
Das Herz
Dramen
Die große Liebe
Madame Lengros
Essays
Macht und Mensch
Sieben Jahre
Geist und Tat
Der Haß
Mut
Ein Zeitalter wird besichtigt

> Da erschrak er, als sei er einem Fremden begegnet, der
> Grauen mitbrachte: erschrak und rang nach Atem. Diede-
> rich, ihm gegenüber, machte sich noch strammer, wölbte
> die schwarz-weiß-rote Schärpe, streckte die Orden vor,
> und für alle Fälle blitzte er. Der Alte ließ auf einmal den
> Kopf fallen, tief vornüber fiel er, ganz wie gebrochen. Die
> Seinen schrien auf. Vom Entsetzen gedämpft, rief die Frau
> des Ältesten: »Er hat etwas gesehen! Er hat den Teufel ge-
> sehen!« Judith Lauer stand langsam auf und schloß die
> Tür. Diederich war schon entwichen.
> HEINRICH MANN, DER UNTERTAN

Heinrich Mann steht immer ein wenig im Schatten seines Bruders Thomas, und doch gelingt diesem »Dichter der Demokratie« ein ganz eigenständiges Werk, dem man die Ehre antun sollte, es als solches zu würdigen. Seine karikierende Kritik, decouvrierende Anklage und politische Agitation gegen das Bürgertum der Jahrhundertwende geben ihm ein unverwechselbares Profil.

Heinrich Manns Blick ist auf Frankreich gerichtet, auf die großen Vorbilder Stendhal, Balzac und Flaubert, denen dieser leidenschaftlich-unbürgerliche Autor in der ehrgeizigen Trilogie *Die Göttinnen oder Die drei Romane der Herzogin von*

Assy folgt: Wie Diana strebt die Titelheldin nach Macht und Wissenschaft, wie Minerva fördert sie die Künste, und wie Venus ergibt sie sich der Liebe. Doch schon hier steht neben der erträumten Renaissance in einer mediterranen Welt eine heftige Zeitkritik am Kaiserreich, die Mann später am Finanzkapital und am Journalismus (*Im Schlaraffenland*) sowie an der Münchner Bohème (*Die Jagd nach Liebe*) fortsetzt. *Im Schlaraffenland* spielt unter feinen Leuten im Berlin der Jahrhundertwende und bietet eine lupenreine Karikatur der neureichen Berliner Gesellschaft mit ihrem literarischen Snobismus.

Professor Unrat wird als Roman, aber auch als Film unter dem Titel *Der blaue Engel* (mit Marlene Dietrich) weltberühmt. Er schildert den Niedergang eines wilhelminischen Schulprofessors, der sich in den Verführungskünsten einer Varietésängerin, aber auch in den Netzen der von ihm verfolgten Unmoral verfängt und schließlich im Gefängnis endet.

Die kleine Stadt erzählt, wie eine Schauspielkompagnie Verwirrung und Aufruhr in eine italienische Kleinstadt bringt.

In seinem Roman *Der Untertan* zeichnet Heinrich Mann schließlich ein treffendes Bild der feudal-bürgerlichen Gesellschaft im wilhelminischen Zeitalter, eine sozialpathologische Seelenentwicklung: In der Hauptfigur des von Machtlüsternheit und Geltungsdrang getriebenen Diederich Heßling schildert er den fragwürdigen Erfolg der lächerlichen und unredlichen Machenschaften jenes nach oben unterwürfigen, nach unten despotischen, jedenfalls gesinnungslosen Untertanengeistes, der einer von Vernunft, Freiheit und Menschenwürde bestimmten Gesellschaft diametral entgegensteht.

Im Exil vollendet Mann seinen zweibändigen Roman über den *König Henri Quatre*, ein monumental angelegtes Zeitgemälde, das weder »verklärte Historie« noch »freundliche Fabel« sein will, sondern ein »wahres Gleichnis«, und das dem französischen Volkskönig als »Abgesandten der Vernunft und des Menschenglücks«, als Repräsentanten für die Sehnsucht, Macht und Güte zu vereinigen, eine große Bühne bereitet.

HUGO VON HOFMANNSTHAL

* 1. Februar 1874 Wien
† 15. Juli 1929 Rodaun (bei Wien)

Gedichte
Ausgewählte Gedichte
Gesammelte Gedichte
Nachlese der Gedichte
Dramen
Gestern
Der Tod des Tizian
Der Thor und der Tod
Elektra
Ödipus und die Sphinx
Der Schwierige
Jedermann
Das Salzburger Große Welttheater
Das kleine Welttheater oder die Glücklichen
Der Unbestechliche
Opernlibretti
Der Rosenkavalier
Ariadne auf Naxos
Arabella
Prosa
Das Märchen der 672. Nacht und andere Erzählungen
Die Frau ohne Schatten
Lucidor
Andreas oder Die Vereinigten
Aufsätze, Reden und Ausgaben
Brief des Lord Chandos

Die Briefe des Zurückgekehrten
Das Schrifttum als geistiger Raum der Nation

Manche freilich müssen drunten sterben,
Wo die schweren Ruder der Schiffe streifen,
Andre wohnen bei dem Steuer droben,
Kennen Vogelflug und die Länder der Sterne.

Manche liegen immer mit schweren Gliedern
Bei den Wurzeln des verworrenen Lebens,
Andern sind die Stühle gerichtet
Bei den Sybillen, den Königinnen,
Und da sitzen sie wie zu Hause,
Leichten Hauptes und leichter Hände.

Doch ein Schatten fällt von jenen Leben
In die anderen Leben hinüber,
Und die leichten sind an die schweren
Wie an Luft und Erde gebunden:
Ganz vergessener Völker Müdigkeiten
kann ich nicht abtun von meinen Lidern,
Noch weghalten von der erschrockenen Seele
Stummes Niederfallen ferner Sterne.
Hugo von Hofmannsthal

Auch bei Hugo von Hofmannsthal finden wir – wie bei Stefan George – die Liebe zu erlesenen Sprachformen, und zunächst ist er von ähnlichen künstlerischen Absichten erfüllt. Doch es kommt zur Trennung, da Hofmannsthals Sensibilität es nicht erträgt, sich Georges herrischem Führungsanspruch zu unterwerfen. Von da an gehen beide getrennte Wege.

Hofmannsthals Lyrik ist impressionistisch, magisch und symbolisch, in einer Sprache weich fließender Melodien, die das Bewusstsein der Vergänglichkeit beschwört, die Wurzellosigkeit des Menschen und die Allverbundenheit des Dichters mit den Dingen. Alles ist klangschön und ergreifend, spricht »frühgereift, zart und traurig« von der Fragwürdigkeit des Daseins, dem Leiden an einem Leben, in dem alles rätselhaft und dem Augenblick unterworfen ist. *Das Kleine Welttheater* spiegelt das Leben in den Seelen des Dichters, des Gärtners, des jungen Herrn, des Wahnsinnigen: traumhafte, betörende Abbilder der Wirklichkeit.

Lustspiele (vor allem *Der Unbestechliche* und *Der Schwierige*), Neudichtungen antiker Vorbilder (*Alkestis*, *Elektra* und *König Ödipus*) und Libretti (in der Zusammenarbeit mit dem Komponisten Richard Strauss) – das dramatische Werk Hofmannsthals ist weit gespannt. Vor allem die Opern begründen seinen Weltruhm: *Der Rosenkavalier* ist ein Spiel unbeschwerter Heiterkeit aus dem Wiener Rokoko, in welchem die unfreiwillige Verlobung der neuadligen Sophie von Faninal mit dem Baron von Lerchenau durch dessen Brautwerber – den Rosenkavalier – hintertrieben wird. *Arabella* erzählt die Verlobungsgeschichte der beiden Töchter eines verarmten Rittmeisters in Wien, Arabella und Zdenka.

Zu großer Form jedoch läuft Hofmannsthal mit seinen Mysterienspielen auf: *Das Salzburger große Welttheater* erinnert an Calderóns »Großes Welttheater« von dem Schaugerüst, das die Welt errichtet, um die Menschen ihre Rollen spielen zu lassen. Und dann – natürlich – der *Jedermann*, die Erneuerung eines alten, oft bearbeiteten Buß-Spiels vom Leben, Lieben und Sterben des reichen Mannes, der alle Mahnungen, darauf zu achten, dass der Tod ihn eines Tages nicht unvorbereitet treffe, in den Wind schlägt und sich lachend der Buhlschaft in die Arme wirft. Wein, Weib und Gesang, ein üppiges Gastmahl, an dessen Ende Jedermann von allen Freunden verlassen dasteht und voller Reue in den Abgrund seines Lebensendes blickt.

Gegenüber den Erfolgen im dramatischen Fach ist Hofmannsthals Prosa von vergleichsweise geringer Wirkung. Die Novelle *Lucidor* ist Entwurf und Motiv des späteren Librettos *Arabella*; auch *Die Frau ohne Schatten* gibt es in zwei Variationen: als tiefsinniges Märchen und als Libretto. *Die*

Briefe des Zurückgekehrten sind ebenso fingiert wie der bekannte *Brief des Lord Chandos* an Francis Bacon: »Mein Fall
ist, in Kürze, dieser: Es ist mir völlig die Fähigkeit abhan-
den gekommen, über irgend etwas zusammenhängend zu
denken oder zu sprechen« – was zum gänzlichen Verzicht
auf literarische Betätigung führt, es sei denn, man fange an,
»mit dem Herzen zu denken«. Eine raffinierte Diskussion
über die Relativität allen künstlerischen Ausdrucks.

THOMAS MANN

* 6. Juni 1875 Lübeck
† 12. August 1955 Kilchberg (bei Zürich)

Romane und Novellen
Gefallen
Der kleine Herr Friedemann
Buddenbrooks. Verfall einer Familie
Tonio Kröger
Tristan
Königliche Hoheit
Der Tod in Venedig
Wälsungenblut
Der Zauberberg
Unordnung und frühes Leid
Mario und der Zauberer
Joseph und seine Brüder (Romantetralogie)
Lotte in Weimar
Doktor Faustus. Das Leben des deutschen Tonsetzers Adrian
    Leverkühn, erzählt von einem Freunde
Der Erwählte
Die Betrogene
Bekenntnisse des Hochstaplers Felix Krull
Drama
Fiorenza

THOMAS MANN

Essays
Betrachtungen eines Unpolitischen
Versuch über Schiller
Sorge um Deutschland
Die Forderung des Tages
Leiden und Größe der Meister
Adel des Geistes

> Der Schauende dort saß, wie er einst gesessen, als zuerst, von jener Schwelle zurückgesandt, dieser dämmergraue Blick dem seinen begegnet war. Sein Haupt war an der Lehne des Stuhles langsam der Bewegung des draußen Schreitenden gefolgt; nun hob es sich, gleichsam dem Blicke entgegen, und sank auf die Brust, so daß seine Augen von unten sahen, indes sein Antlitz den schlaffen, innig versunkenen Ausdruck tiefen Schlummers zeigte. Ihm war aber, als ob der bleibe und liebliche Psychagog dort draußen ihm lächle, ihm winke; als ob er, die Hand aus der Hüfte lösend, hinausdeute, voranschwebte ins Verheißungsvoll-Ungeheure. Und, wie so oft, machte er sich auf, ihm zu folgen.
>
> Minuten vergingen, bis man dem seitlich im Stuhle Hinabgesunkenen zu Hilfe eilte. Man brachte ihn auf sein Zimmer. Und noch desselben Tages empfing eine respektvoll erschütterte Welt die Nachricht von seinem Tode.
> THOMAS MANN, DER TOD IN VENEDIG

Unglaublich. Thomas Mann ist erst sechsundzwanzig Jahre alt, als er seinen ersten Roman veröffentlicht, für den er 1929 den Nobelpreis erhält: *Buddenbrooks* erzählt die Chronik einer großbürgerlichen Lübecker Patrizierfamilie, nicht ohne auf das biographische Material der Familie Mann zurückzugreifen. Von Generation zu Generation zeichnet sich der geistige, physiologische und materielle Verfall der Buddenbrooks immer deutlicher ab. Ein großer Roman vom Schicksal des deutschen Bürgertums, Chronik und Bilanz einer Epoche und ein lebendiges Zeugnis klassischer deutscher Prosa. Schon hier ist alles enthalten, was den Großschriftsteller Thomas Mann auszeichnen und für das man ihn rühmen wird ohne Ende: ein ironisch-brillanter Stil und eine nuancenreiche Schreibweise, die in der psychologischen Beobachtung genau ist, im analytischen Scharfsinn unübertrefflich.

Bereits in diesem ersten Roman klingt auch schon sein großes Thema an, nämlich der Künstler, der auch Bürger ist und deshalb im Zwiespalt lebt: Er sehnt sich aus der Einsamkeit nach dem einfachen Leben, das er aber gleichzeitig geringschätzt. In den *Buddenbrooks* ist es Hanno, der übersensible Sohn, dessen ganze Empfänglichkeit der Kunst gehört; in der Novelle *Tonio Kröger* ist es der Titelheld, dessen Sehnsucht gepaart ist mit heimlicher Verachtung.

Verfall und Tod bleiben die thematischen Konstanten im Werk Manns. Eine Reise an die Adria wird dem früh erfolgreichen Schriftsteller Gustav Aschenbach, dessen Adel im »Heroismus der Schwäche« besteht, zum Verhängnis aus Schönheit und Leidenschaft, zum tödlichen Rausch. Der Künstler verguckt sich in den hübschen polnischen Knaben Tadzio und verliert sich in dionysischen Träumen, bis ihn *Der Tod in Venedig* ereilt.

Im Sanatorium auf dem *Zauberberg* werben der humanistische Literat Settembrini und der von seinen Ideologien besessene Jesuit Naphta um die Seele des jungen Helden Hans Castorp. Gespräche, Rededuelle, ja –schlachten auf über tausend Seiten, welche die Atmosphäre des fiebernden, müden Europa spiegeln, obwohl die Bewohner des Zauberbergs außerhalb der vom Untergang bedrohten bürgerlichen Welt stehen. Dazu die uns Lesern freundlicherweise zur Erholung zugestandene zartsinnige Liebesgeschichte Castorps mit der undurchsichtigen Clawdia Chauchat. Manns große Ambition mit diesem Roman ist das Zeitpanorama, die literarische Aufarbeitung und auch Abrechnung mit der jüngsten Zeitgeschichte. Wie auch sein Bruder Heinrich mit seinem *Untertan* tritt Thomas Mann mit dem Anspruch an, einen »Roman der Epoche« geschrieben zu haben. Mindestens.

Monumental gerät neben den *Joseph*-Romanen auch *Doktor Faustus*, das Werk, mit dem Thomas Mann den deutschen Faschismus literarisch verarbeitet: Der Komponist Adrian Leverkühn schließt einen Pakt mit dem Teufel, der ihm eine »wahrhaft beglückende, entrückende, zweifellose und gläubige Inspiration« verspricht, durch die es ihm möglich wird, »die lähmenden Schwierigkeiten der Zeit zu durchbrechen«. Doch der Preis ist hoch: vollständige Weltabgeschiedenheit in der Zeit der musikalischen Produktivität und am Ende dieser kreativen Phase körperlicher Verfall und geistige Umnachtung.

Und was hier alles zusammenkommt, ist enorm: eine kaum überblickbare Stofffülle, zusammengesetzt aus Philosophie, Geistesgeschichte und Mythologie, aus dem Faust-Motiv, der Biographie Nietzsches, der Kompositionslehre Schönbergs, der Musiktheorie Adornos, alles korreliert mit dem Siegeszug des Nationalsozialismus, dem Serenus Zeitblom, der fiktive Biograph, hilflos gegenübersteht – wie auch das Bürgertum, das den Faschismus vielleicht ablehnt, ihm jedoch keine qualitativ eigenständige politische Position entgegenzustellen vermag.

Dieser düstere, bedrückende Stoff, seine Fülle und Komplexität sollte jedoch nicht zur vorschnellen Kapitulation verleiten. Im Gegenteil: *Doktor Faustus* bietet auch ein exquisites Lesevergnügen von beträchtlichem Unterhaltungswert, gespeist nicht nur aus der Ironie, wie man sie bei Mann erwarten kann, sondern auch aus parodistischen und humoristischen Passagen.

Auch dieser Roman zeigt: Thomas Manns künstlerisches Werk ist von seinem politisch-publizistischen Wirken nicht zu trennen. Die während des Ersten Weltkriegs in den *Betrachtungen eines Unpolitischen* dargelegten Überzeugungen weichen rasch Warnungen vor den stärker werdenden faschistischen Tendenzen in der Gesellschaft, noch klarer und warnender als im *Zauberberg* in der Novelle *Mario und der Zauberer*.

Manns während des Zweiten Weltkrieges über die BBC ausgestrahlten Rundfunkansprachen sind ein Versuch, die Heuchelei und die Lügen der nationalsozialistischen Machthaber zu entlarven, und gehören mit ihrer emotionalen Sprache zum Dezidiertesten, was dieser in den Augen vieler Leser und Kritiker bedeutendste deutsche Autor des zwanzigsten Jahrhunderts zu Fragen der Zeit geschrieben hat.

RAINER MARIA RILKE

* 4. Dezember 1875 Prag
† 29. Dezember 1926 Val-Mont (bei Montreux)

Gedichte
Das Stunden-Buch
Das Buch der Bilder
Neue Gedichte
Der Neuen Gedichte anderer Teil
Requiem
Das Marien-Leben
Duineser Elegien
Die Sonette an Orpheus
Dichtung in Prosa
Die Weise von Liebe und Tod des Cornet Christoph Rilke
Erzählungen und Skizzen
Zwei Prager Geschichten
Generationen
Geschichten vom lieben Gott
Der Drachentöter
Der Totengräber
Roman
Die Aufzeichnungen des Malte Laurids Brigge
Ästhetische Schriften
Worpswede
Auguste Rodin

Korrespondenz
Mehrere Editionen eines umfangreichen Briefwechsels
(u.a. *Briefe an einen jungen Dichter*)

> Wenn keine Gemeinsamkeit ist zwischen den Menschen
> und Ihnen, versuchen Sie es, den Dingen nahe zu sein,
> die Sie nicht verlassen werden; noch sind die Nächte da
> und die Winde, die durch die Bäume gehen und über viele
> Länder; noch ist unter den Dingen und bei den Tieren al-
> les voll Geschehen, daran Sie teilnehmen dürfen; und die
> Kinder sind noch so wie Sie gewesen sind als Kind, so
> traurig und so glücklich.
> Rainer Maria Rilke, Briefe an einen jungen Dichter

Suchtgefahr! Es gibt nur zwei Möglichkeiten: Entweder
man ist immun gegen Rainer Maria Rilke, oder man wird
trunken und süchtig nach dieser juwelenbesetzten Poesie.

So haben ihn schon seine Zeitgenossen gesehen: als Typus des in poetisch-amouröse Beziehungen verstrickten Bel-
le-Epoque-Dichters, stets auf Reisen, dichtend in Hotels und
auf Schlössern, in der Gesellschaft schöner und anregender
Frauen. Ein unruhiger Geist, mit sehnsuchtsvollem Herzen,
dessen Talent einer flutenden Fülle musikalischer Sprache
unerschöpflich zu sein scheint.

Rilke ist von unabsehbarer Wirkung und Bedeutung in der
deutschen Literatur, er ist die herausragende Figur des poetischen Symbolismus. Die lyrisch-sentimentalen Szenen *Die
Weise von Liebe und Tod des Cornets Christoph Rilke* – die das
Ende eines jungen österreichischen Offiziers lyrisch überhö-
hen und eine große Wirkung auf die Jugend in beiden Welt-
kriegen ausüben – begründen seinen Ruhm, sind aber nur
eine erste Etappe zu den poetischen Höhenflügen, wie sie
bereits im *Stundenbuch* mit seiner Liebe zu den Dingen und
seiner mystisch-intuitiven Sprache das Publikum bezaubern.

Rilkes pantheistische Gottesbekenntnisse und religiösen
Erfahrungen sind jedoch konfessionell nicht festgelegt und

münden auch in keinerlei kirchliches Bekenntnis. Sie bleiben Ausdruck einer privaten Spiritualität und greifen allenfalls über vom religiösen Erlebnis zu sozialer Utopie und Prophetie. Unter dem Einfluss Rodins wird Rilkes Lyrik – vor allem in den *Neuen Gedichten* – schließlich plastischer, sie gewinnt an Konturen, aber auch an Musikalität; es entstehen Rilkes Dinggedichte.

Rilkes *Malte Laurids Brigge* ist ein junger dänischer Dichter, den es nach Paris verschlagen hat und der dort seine Geschichte erzählt, jedoch nicht zusammenhängend, sondern in tagebuchähnlichen Aufzeichnungen, in denen Gesehenes, Geschautes und Erinnertes in stimmungsvollen Impressionen wie auf einem pointillistischen Gemälde zusammengetupft wird. Malte leidet an der Welt, die ihm ein Rätsel bleibt, an der Fassadenhaftigkeit und Leere der Großstadt, aber auch der Menschen. »Ist es möglich, daß man trotz Erfindungen und Fortschritten, trotz Kultur, Religion und Weltweisheit an der Oberfläche geblieben ist?« fragt Malte, dessen Schicksal in diesem Roman, »eine eigentümlich dunkle Himmelfahrt in einer vernachlässigte abgelegene Stelle des Himmels«, ungewiss bleibt.

Und dann Gedicht um Gedicht, voller dunkler Ahnungen und starker Emotionen, voller ungenauer Widersprüche und geistvoller Manieriertheit. Eine Ästhetik des Jugendstils, die für die Nachtseite der Natur schwärmt, für Geahntes und zauberhaft Unwirkliches, für den Tanz von Nymphen und Najaden, für die Hochzeit zwischen erotischer Hysterie und ekstatischer Religiosität. Sakrale Stimmungen, weihevolle Ergriffenheit, Ornamente, die das Eigentliche, Wesentliche aussparen oder nur andeuten.

Der Dichter versenkt sich völlig in den zu beschreibenden Gegenstand, in das ihn ergreifende Gefühl, und sein Gedicht ist von präzisester Empfindung und ungehemmtester Assoziation – »wie ein Tanz von Kraft um eine Mitte, in der betäubt ein großer Wille steht«, so im *Panther*, einem der berühmtesten Gedichte Rilkes.

Mit den *Duineser Elegien*, benannt nach dem Schloss Duino, wo die ersten zehn Elegien entstehen bzw. begonnen werden, steht Rilke schließlich auf dem Höhepunkt seines Schaffens. Im Walliser Schloss Muzot werden sie zehn Jahre später in einer Art Schaffensrausch beendet. Und rauschhaft sind diese Elegien, aber auch die *Sonette an Orpheus*, an den Götterhelden, der die Welt in Harmonie versetzt; sie wirken wie ein Epilog, da sie unmittelbar vor und unmittelbar nach den Duineser Gedichten entstehen. Rilke schaut und beschreibt nicht mehr, er klagt, er rühmt, er feiert: die Überwindung der inneren Leere, das heldische Leben, die Liebe. Immer wieder die Liebe.

Hermann Hesse

* 2. Juli 1877 Calw
† 9. August 1962 Montagnola (bei Lugano)

Gedichte
 Die Gedichte (Gesamtausgaben)
Romane
 Peter Camenzind
 Unterm Rad
 Gertrud
 Roßhalde
 Knulp
 Demian. Die Geschichte einer Jugend
 Klingsors letzter Sommer (mit *Kinderseele* und *Klein und Wagner*)
 Siddharta. Eine indische Dichtung
 Der Steppenwolf
 Narziß und Goldmund
 Die Morgenlandfahrt
 Das Glasperlenspiel

Er war schon immer der Dichter gewesen, dem die Menschen vertrauen. Der wie kein anderer in seinen Büchern zu den Men-

schen spricht. Sie anspricht. Als schriebe er nur für sie und sie allein. Der Wege kennt und suchen hilft. *Volker Weidermann*

Hermann Hesse ist ein Bestsellerautor und mit einigen
Unterbrechungen bis heute geblieben. Sein romantischer Antikapitalismus, sein klassisch-bürgerlich moti-
vierter Widerstand gegen die Widrigkeiten der Moderne,
seine auf Bewusstseinsveränderung und –erweiterung angelegte Identitätssuche – das sind »Lösungsangebote« zur
Lebensbewältigung, die ihre Attraktivität wohl nie verlieren
werden.

Viel bewundert wird Hesse für seine *Gedichte* – es ist Erlebnisdichtung persönlichster Art, zunächst noch ganz romantisch, dann pessimistisch im Gefühl der »Krisis«, schließlich
versöhnt mit dem Schicksal. Doch eine durchschlagende
Wirkung erzielt Hesse mit seinem erzählerischen Werk. Auch
hier stehen die ersten Versuche noch unter dem Eindruck
der Romantiker und Gottfried Kellers: ein lyrisch-melancho-
lischer Entwicklungsroman mit autobiographischen Zügen
(*Peter Camenzind*), eine Schülertragödie (*Unterm Rad*), die
Problematik einer Künstlerehe (*Roßhalde*) und die Erlebnisse
eines freien, ruhelosen Wanderers, fern aller Bürgerlichkeit,
aber voll Liebe zu den Menschen und zur Natur (*Knulp*) –
Taugenichts ist im 20. Jahrhundert angekommen.

Dann kommen die großen Werke aus der Zeit des Zwie-
spalts zwischen Sinnlichkeit und Moral, Trieb und Geist.
Werke der psychischen Erschütterung, vielfach beeinflusst
von Freud, Nietzsche und Dostojewskij: Untergangsstimmung in den drei Erzählungen *Klingsors letzter Sommer*, Ver-
herrlichung der Maxime »Sei du selbst« im Indien-Roman
Siddharta. *Narziß und Goldmund* stellt zwei Möglichkeiten der
Lebensbewältigung vor, verkörpert in den beiden Freunden
Narziß (der ruhige, weise Asket) und Goldmund (der unru-
hige, abenteuerliche Künstler).

Wer fühlt sich nicht selbst als einsamer, unverstandener
Wolf bei der Lektüre des *Steppenwolf*, der Geschichte des

in seiner Identität bedrohten und gestörten Harry Haller, der trotz Entwurzelung und seelischer Zerrissenheit seine innere Freiheit erringen soll, indem er der »Heiligkeit des Lebens« dient. Seine Ausbruchsversuche aus allzu strenger Erziehung, der Freiheitsdurst, das Einsamkeitsbedürfnis, das Ausleben seiner »wölfischen Natur« bieten jedoch nur scheinbare Alternativen zur verachteten bürgerlichen Welt.

Romantischer und idealistischer lesen sich wieder die voll optimistischen Glaubens an eine vollkommenere Welt geschriebenen Romane *Die Morgenlandfahrt* – eine symbolische Legende vom geheimnisvollen Bund der Morgenlandfahrer, die Zwiespalt und Leid in Demut überwinden – und *Das Glasperlenspiel* mit seiner in die Zukunft verlagerten Utopie vom kastalischen Orden, der sich ganz dem Geist der Erneuerung, Verinnerlichung und Ordnung widmet. »Unser Morgenland war ja nicht nur ein Land und etwas Geographisches, sondern es war die Heimat und Jugend der Seele, es war das Überall und Nirgends, war das Einswerden aller Zeiten.«

Hermann Hesse ist nicht ohne Grund einer der Lieblingsdichter der Deutschen: Man hält ihn für einen guten Menschen und möchte in seinen Romanen die eigene Güte gespiegelt sehen. Oder doch wenigstens die Möglichkeit dieser Güte. Dieser Vorzug des großen Identitätssuchers und »Götterdichters der Blumenkinder und Befreiungsträumer« (Volker Weidermann) wird bleiben.

Alfred Döblin

* 10. August 1878 Stettin
† 26. Juni 1957 Emmendingen

Erzählungen und frühe Romane
Die Ermordung einer Butterblume

Die drei Sprünge des Wang-lun
Wallenstein
Berge, Meere und Giganten
Der schwarze Vorhang
Romane
Berlin Alexanderplatz
Hamlet oder Die lange Nacht nimmt kein Ende
November 1918

Rumm rumm wuchtet vor Aschinger auf dem Alex die Dampframme. Sie ist ein Stock hoch, und die Schienen haut sie wie
nichts in den Boden.
Eisige Luft. Die Menschen gehen in Mänteln. Wer einen Pelz
hat, trägt ihn, wer keinen hat, trägt keinen. Die Weiber haben
dünne Strümpfe und müssen frieren, aber es sieht hübsch aus.
Die Penner haben sich vor der Kälte verkrochen. Wenn es warm
ist, stecken sie wieder ihre Nasen raus. Inzwischen süffeln sie
doppelte Ration Schnaps, aber was für welchen, man möchte
nicht als Leiche drin schwimmen.
Rumm rumm haut die Dampframme auf dem Alexanderplatz
… Ruller ruller fahren die Elektrischen, Gelbe mit Anhängern,
über den holzbelegten Alexanderplatz, Abspringen ist gefährlich … Rumm rumm ratscht die Ramme nieder, ich schlage alles,
noch eine Schiene. Es surrt über den Platz vom Präsidium her,
da nieten sie, da schmeißt eine Zementmaschine ihre Ladung
um. Herr Adolf Kraun, Hausdiener, sieht zu, das Umkippen der
Wagen fesselt ihn enorm, du schlägst alles, er schlägt alles. Er
lauert immer gespannt, wie die Lore mit Sand auf der einen Seite
hochgeht, da kommt die Höhe, bums, und nun dreht sie sich.
Man möchte nicht so aus dem Bett geschmissen sein, Beine hoch,
runter mit dem Kopf, da liegst du, kann einem was passieren,
aber die machen das egalweg.
Alfred Döblin, Berlin Alexanderplatz

Alfred Döblin ist nicht nur jüdischer Schriftsteller, Theoretiker des Expressionismus, politischer Journalist,
sondern auch Arzt. Vielleicht schärft diese Konfrontation
mit den Krankheiten und dem Verfall des menschlichen

Körpers seinen Blick auf das vibrierende soziale Leben, das er in *Berlin Alexanderplatz, dem* Großstadtroman, am Schicksal des Arbeiters Franz Biberkopf in den zwanziger Jahren schildert.

Denn dieses Berlin erscheint wie ein lebendiger Organismus. Da tost der Verkehr, da lärmen die Bahnen, da hetzen die Menschen, da ist alles von pulsierender Vitalität. Wie sein Held, ein aus der Bahn geworfener ehemaliger Häftling, der sich nach seiner Entlassung vornimmt, »anständig« zu werden und »vom Leben mehr zu verlangen als das Butterbrot«, dabei aber immer wieder von seiner Umwelt daran gehindert wird, erneut straffällig wird und noch einmal »verändert, ramponiert, aber doch zurechtgebogen«, einen neuen Anfang versucht.

Doch es ist nicht nur ein Einzelschicksal, das wir hier geboten bekommen, sondern eine hochkomplexe Montage aus Erzählpartikeln, Liedern, Wahlreden, Reportagen, Gefängnisordnungen, Bevölkerungsstatistiken, Wettervorhersagen, Reklametexten und Auszügen aus Büchern, in einer dem Film nachempfundenen Schnittechnik, mit der Döblin nichts weniger als die Totalität der modernen Großstadt, der Masse einzufangen und »dicht an die Realität zu dringen« sucht. Das »stilloseste Buch, das wir haben« (Rolf Vollmann), mit einer vollkommen atomisierten Handlung und ständiger Änderung der erzählerischen Perspektive, die stets vom Tatsachenbericht zum inneren Monolog wechselt und technisch an den Bewusstseinsroman *Ulysses* von James Joyce erinnert. Etwas für Leser, die ein Höchstmaß an Konzentration aufzubringen vermögen.

Mit einem Schlag ist Döblin nun berühmt, was ihn aber nicht vor der nationalsozialistischen Verfolgung schützt. Im amerikanischen Exil konvertiert er zum Katholizismus, doch kaum jemand seiner Freunde versteht diesen Schritt.

Auch nach seiner Rückkehr erfährt Döblin eine Reihe von Enttäuschungen, und nicht nur sein großer historischer Roman *November* 1918, das Monument der Erinnerung an die

ROBERT MUSIL

gescheiterte deutsche Revolution, geht sang- und klanglos unter. Auch der letzte Roman Döblins, *Hamlet oder Die lange Nacht nimmt kein Ende,* findet keine nennenswerte Resonanz mehr. Die Wahrheitssuche eines verstörten englischen Kriegsheimkehrers wollen sich die Deutschen von Döblin nicht mehr zumuten lassen.

ROBERT MUSIL

* 6. November 1880 Klagenfurt
† 15. April 1942 Genf

Romane und Erzählungen
   Die Verwirrungen des Zöglings Törleß
   Vereinigungen (darin *Die Vollendung der Liebe* und *Die Versuchung der stillen Veronika*)
   Drei Frauen (darin *Grigia, Die Portugiesin* und *Tonka*)
   Der Mann ohne Eigenschaften
   Nachlaß zu Lebzeiten
Dramen
   Die Schwärmer
   Vinzenz und die Freundin bedeutender Männer
Essays und Tagebücher
   Über die Dummheit
   Tagebücher, Aphorismen, Essays und Reden

Und vollends, wenn man ihm eine Geliebte fortnimmt, wird er (der Mann) heute noch nicht ganz von der Wirklichkeit dieses Vorganges absehen und sich mit einem überraschenden, neuen Gefühl entschädigen können. Diese Entwicklung ist zurzeit noch im Fluß und bedeutet für den einzelnen Menschen sowohl eine Schwäche wie eine Kraft.
Und da der Besitz von Eigenschaften eine gewisse Freude an ihrer Wirklichkeit voraussetzt, erlaubt das den Ausblick darauf, wie es jemand, der auch sich selbst gegen-

171

> über keinen Wirklichkeitssinn aufbringt, unversehens wi-
> derfahren kann, daß er sich eines Tages als ein Mann ohne
> Eigenschaften vorkommt.
>
> ROBERT MUSIL, DER MANN OHNE EIGENSCHAFTEN

Der Mann ohne Eigenschaften – ein geflügeltes Wort, ein anderthalbtausend Seiten umfassender Roman, der zu den berühmtesten und ungelesensten (wenn man diesen Superlativ überhaupt wählen darf) unserer Zeit zählen muss. Wer hat es je ganz gelesen, dieses Monumentalwerk Robert Musils mit seiner von Erörterungen und Reflexionen überwucherten Handlungslosigkeit, diese alles und jeden kommentierende einzige Abschweifung? Auch Musil verstand sein *Opus magnum* als einen »aus der Vergangenheit entwickelten Gegenwartsroman«, in dem sich das bürgerliche Individuum selbst als entfremdet erlebt und auf sämtliche Rollenzumutungen mit psychischer Deformation und mit Identitätszerfall reagiert.

Musil schildert – wie Thomas Mann im *Zauberberg* – die Situation der Donaumonarchie und ihrer Gesellschaft im letzten Jahr vor dem Ausbruch des Ersten Weltkriegs. Ulrich, der Held, steht dieser Welt eben dadurch, dass er keine beruflichen oder gesellschaftlichen Interessen zu vertreten braucht, unabhängig, aber auch indifferent gegenüber. Er entdeckt die Relativität der verschiedenen in ihr vertretenen Standpunkte und kann sich seiner Zeit gegenüber in keiner Weise verhalten. So wird er zum Mann ohne Eigenschaften, weil er stets dem »Möglichkeitssinn« huldigt und sich niemals und unter keinen Umständen festlegen möchte. So zersplittert die bürgerliche Welt, so leben eigentlich die meisten Menschen »ohne Eigenschaften«; der Relativismus hat sie alle ergriffen, nichts steht fest: »Es gibt kein Ja, an dem nicht ein Nein hinge.« Nur die Unmöglichkeit, »das Gesetz des rechten Lebens zu finden«.

Die Verwirrungen des Zöglings Törleß, das Frühwerk, das seinen Ruhm begründet, ist eine Schulgeschichte voller pubertärer Erlebnisse und makabrer Vorgänge in einem Internat, in der Musil seinen Stil psychologischer Präzision findet.

Stefan Zweig

* 28. November 1881 Wien
† 22. Februar 1942 Petrópolis (bei Rio de Janeiro)

Romane und Erzählungen
Die unsichtbare Sammlung
Amok. Novellen einer Leidenschaft
Die Augen des ewigen Bruders
Verwirrung der Gefühle
Ungeduld des Herzens
Schachnovelle
Historische Romane
Fouché
Marie Antoinette
Historische Miniaturen
Sternstunden der Menschheit
Biographische Prosa
Drei Meister *(Dickens, Balzac, Dostojewskij)*
Der Kampf mit dem Dämon *(Hölderlin, Kleist, Nietzsche)*
Drei Dichter ihres Lebens *(Casanova, Stendhal, Tolstoi)*
Die Heilung durch den Geist *(Mesmer, Baker Eddy, Freud)*
Dramen
Tersites
Das Haus am Meer
Volpone
Das Lamm des Armen
Autobiographische Schriften
Die Welt von Gestern

Stefan Zweig schildert in seinen Erzählungen vorwiegend solche Menschen, deren seelische Konstitution der harten Wirklichkeit nicht gewachsen ist oder die sich der Leidenschaft hilf- und machtlos ausgesetzt fühlen. *Verwirrung der Gefühle, Ungeduld des Herzens* – die Titel deuten es schon an: Sein psychologisch wacher, an Freud geschulter Blick ist vor allem auf rätselhafte, aus dem Unbewussten bestimmte Schicksale und Gefühle gerichtet. *Die unsichtbare Sammlung* erzählt die Geschichte eines erblindeten Sammlers, dessen Frau in Zeiten der Not die Originalblätter verkaufen muss, während er sich beim Betasten der leeren Kartons immer noch im Besitz der Sammlung glaubt, die er aus dem Gedächtnis genau zu beschreiben vermag.

Zweig ist ein Autor mit einer heute unglaublichen, kaum vorstellbaren Wirkung, ein Publikumsliebling, dessen *Sternstunden der Menschheit* – mit ergreifender Einführung gestaltete historische Miniaturen – nur die Spitze der Galaxie einer Fülle von geschichtlichen und biographischen Stoffen darstellen. Seine letzten Werke sind zugleich auch die Höhepunkte: die psychologisch meisterhafte *Schachnovelle* und sein ergreifendes Erinnerungsbuch *Die Welt von Gestern*, ein Abschied von dem Europa, das er kannte und liebte und ohne das er nicht leben wollte. Zweig beendet sein Leben mit dem freiwilligen Tod, in Brasilien, in weitester Entfernung von der Welt, die längst in Barbarei untergegangen war.

Franz Kafka

* 3. Juli 1883 Prag
† 3. Juni 1924 Kierling (heute Klosterneuburg)

Romane
Der Prozeß
Das Schloß
Amerika

174

FRANZ KAFKA

Erzählungen und andere Prosa
Betrachtung
Das Urteil
Die Verwandlung
Ein Landarzt (u.a. *Vor dem Gesetz, Eine kaiserliche Botschaft, Ein Traum, Ein Bericht für die Akademie*)
In der Strafkolonie
Ein Hungerkünstler
Prosa aus dem Nachlaß (u.a. *Hochzeitsvorbereitungen auf dem Lande*)

Vor seinem Tode sammeln sich in seinem Kopfe alle Erfahrungen der ganzen Zeit zu einer Frage, die er bisher an den Türhüter noch nicht gestellt hat. Er winkt ihm zu, da er seinen erstarrenden Körper nicht mehr aufrichten kann. Der Türhüter muß sich tief zu ihm hinterneigen, denn die Größenunterschiede haben sich sehr zu ungunsten des Mannes verändert. »Was willst du denn jetzt noch wissen?« fragt der Türhüter, »du bist unersättlich.« »Alle streben doch nach dem Gesetz«, sagt der Mann, »wie kommt es, daß in den vielen Jahren niemand außer mir Einlaß verlangt hat?« Der Türhüter erkennt, daß der Mann schon am Ende ist, und um sein vergehendes Gehör noch zu erreichen, brüllt er ihn an: »Hier konnte niemand sonst Einlaß erhalten, denn dieser Eingang war nur für dich bestimmt. Ich gehe jetzt und schließe ihn.«
FRANZ KAFKA, VOR DEM GESETZ

Franz Kafka lesen heißt träumen. Alfred Döblin hält seine Texte für »Berichte von völliger Wahrheit, ganz und gar nicht erfunden«. Doch auf die meisten Leserinnen und Leser wirken sie wie aus Alpträumen heraufgeholt, weil sie sich der Hoffnungs- und Aussichtslosigkeit in keiner Weise erwehren, sondern ergeben. Wer Kafka liest, bekommt es mit der Angst zu tun, da wird eine Tür hinter ihm abgeschlossen, und ausgestoßen und allein sitzt er mit dieser diffusen Furcht in einem Gefängnis, aus dem keine Flucht möglich ist, weil es kein Fenster hat.

175

Wie Schemen wirken Kafkas Menschen, wie Schatten, die sich nach einem unbekannten und unbegreiflichen Willen bewegen müssen, wie in Angstträumen irren sie verloren durch abstrakte Szenerien, ohne einen Ausweg zu finden. Kafka stößt uns in traumatische Leseerlebnisse, die weniger die Frage nach einer moralischen, sondern die nach der existentiellen Schuld des Menschen aufwerfen. Ein Vorläufer des »magischen Realismus«, ja des Surrealismus, der merkwürdig zeitlos, ja zeitenthoben wirkt und wohl nie seine Aktualität verliert.

Zu seinen Lebzeiten erlebt der schreibende Versicherungsangestellte Kafka kaum eine Wirkung: Er selbst veröffentlicht nur seine kleinen Erzählungen; die großen Romane werden erst nach seinem Tod von Max Brod herausgegeben.

Alle seine Werke zeigen den in einer verfremdeten Welt einsam stehenden Menschen. Für seine kürzeren Erzählungen und Betrachtungen wählt Kafka gern die Form der Parabel, die er auch in seine Romane einstreut. Beklemmend *Die Verwandlung*, in der ein junger Mann in ein »ungeheures Ungeziefer« verwandelt wird, wodurch er aus der menschlichen Gemeinschaft ausgeschlossen wird (die autobiographische Verarbeitung der Bestrafung des Sohnes durch den Vater). *Vor dem Gesetz* ist aus dem Roman *Der Prozeß*, der mit dem folgenschweren, alptraumartigen Satz beginnt: »Jemand mußte Josef K. verleumdet haben, denn ohne daß er etwas Böses getan hätte, wurde er eines Morgens verhaftet.« Verhaftet heißt jedoch nicht inhaftiert, sondern konfrontiert mit einem seltsamen, undurchschaubaren Gericht, das ihn zur Rechenschaft zieht. Josef K. erfährt weder, wessen er angeklagt, noch wer sein Richter ist, sondern »das Verfahren geht allmählich ins Urteil über«: Nach einem sein gesamtes dreißigstes Lebensjahr dauernden Prozess permanent beklemmender Verunsicherung willigt K., ohne dass ihm ein Urteil eröffnet und begründet wird, in seine Hinrichtung ein.

Der Prozess, der gegen Josef K. geführt wird, ist einer, der im Innern des Individuums stattfindet und in den nur eingreifen kann, wer dies erkannt hat und sich aus der autoritären Fixierung auf äußere Mächte lösen lernt. Auch der Landvermesser K. sieht sich mysteriösen Mächten gegenüber, als er einen Auftrag für *Das Schloß* erhält. Doch nach seiner Ankunft zeigt sich, dass dort ein Landvermesser überhaupt nicht gebraucht wird. Dadurch steht auch dieser Bemitleidenswerte von vornherein außerhalb der Gemeinschaft. Er unterliegt sowohl im Bemühen, bei der Schlossbürokratie vorgelassen zu werden, um den Ursprung seines Auftrags aufzuklären, als auch im Kampf um seine Anerkennung in der Dorfgemeinschaft. Denn er vermag die Fremdheit jener Welt nicht zu durchdringen und auch nicht die in ihr trotzdem für ihn bestehenden Möglichkeiten zu nutzen.

So reibt sich der Landvermesser im langen und zähen Kampf gegen die unsichtbaren, anonymen Mächte auf und scheitert schließlich bei dem Versuch, ein selbstbestimmtes Leben zu führen und sich ein bescheidenes privates Glück zu schaffen.

Mit einem Gefühl der Vereinsamung und Verlorenheit steht der junge Karl Roßmann der ihm fremden Welt *Amerika* gegenüber. Auch *Ein Landarzt*, *In der Strafkolonie* und *Ein Hungerkünstler* sind tief bestürzende, allegorische Märchenstücke, in denen mysteriöse, grausame und unbegreifliche Mächte Gehorsam verlangen und erzwingen.

GOTTFRIED BENN

* 2. Mai 1886 Mansfeld (bei Prignitz)
† 7. Juli 1956 Berlin

Gedichte
Frühe Gedichte *(Morgue, Söhne, Fleisch)*
Schutt
Spaltung
Betäubung

Statische Gedichte
Trunkene Flut
Fragmente
Destillationen
Après-lude
Drama
Der Vermessungsdirigent
Hörspiel
Die Stimme hinter dem Vorhang
Prosa
Gehirne
Der Ptolemäer
Frühe Prosa und Reden
Essays
Doppelleben
Das moderne Ich
Ausdruckswelt
Probleme der Lyrik

Er bietet eine unwiderstehliche Haltung: Hochmut, Artistentum ... Er ist der Lyriker der Entgrenzungen und gleichzeitig der kälteste aller Beobachter. Er ist der Stratege des »Doppellebens«. Tagsüber Arzt, nachts Artist. Das Doppelleben oszilliert zwischen »Geschäft« und »Halluzinationen« ... Cool, überlegen, illusionslos. *Matthias Matussek*

Durch so viel Formen geschritten,
durch Ich und Wir und Du,
doch alles blieb erlitten
durch die ewige Frage: wozu?

Das ist eine Kinderfrage.
Dir wurde erst spät bewußt,
es gibt nur eines: ertrage
– ob Sinn, ob Sucht, ob Sage –
dein fernbestimmtes: Du mußt.

Ob Rosen, ob Schnee, ob Meere,
was alles erblühte, verblich,

es gibt nur zwei Dinge: die Leere
und das gezeichnete Ich.
Gottfried Benn

Für Gottfried Benn braucht man starke Nerven. Nicht nur
für die Lektüre seiner Lyrik, die keinerlei Genuss bietet,
sondern die Schaurigkeit der Vivisektion, ja kaltlächelnden
Hohn – ein unverwechselbarer Sound. Alles nach dem Mot-
to: »Die Krone der Schöpfung, das Schwein, der Mensch«.
Hier ist nichts mehr romantisch verklärt und lyrisch idea-
lisiert, hier herrscht ein nüchtern-prosaischer, bisweilen
schnoddrig-zynischer Ton, eine Morbidität voller Ekel an
der Welt. Ein Rattennest in der Bauchhöhle eines ertrun-
kenen Mädchens. Eine kleine Aster zwischen den Zähnen
eines ersoffenen Bierkutschers. Ein Besuch in einer Krebsba-
racke, wo der sezierende Blick des Arztes regiert.
    Der Pathologe und Dermatologe Doktor Benn ist sich
1933 nicht zu schade, den Nationalsozialismus zu vertei-
digen. Doch das Regime traut ihm nicht, attackiert ihn als
»entarteten Künstler« und belegt den Großdeutschen Lyriker mit Publikationsverbot. Benn hat sich auf diese »aristo-
kratische Form der Emigration« viel zugute gehalten.
    Seinen unaufhaltsamen Aufstieg zum Klassiker der Mo-
derne verhindert das nicht. Mit einem vehementen Expressionismus hat Benn die junge intellektuelle Elite der Weimarer Republik für sich eingenommen, und auch später gibt es
immer wieder Wellen der Benn-Renaissance, obwohl es ihm
nach dem Krieg schwer fällt, wieder Boden zu gewinnen:
»Wenn man wie ich die letzten fünfzehn Jahre von den Nazis als Schwein, von den Kommunisten als Trottel, von den
Demokraten als geistig Prostituierter, von den Emigranten
als Renegat, von den Religiösen als pathologischer Nihilist
öffentlich bezeichnet wird, ist man nicht so scharf darauf,
wieder in diese Öffentlichkeit einzudringen.«
    In der Lyrik behält der »todessüchtige Benn« (Bertolt
Brecht) Oberhand. Wer kennt es nicht, das *Einsamer nie*, das

bereits in den dreißiger Jahren entsteht, diesen Gesang vom »Gegenglück«, mit dessen Interpretation sich wohl jeder Oberstufenschüler herumgeschlagen hat.

Von starker Ausdruckskraft ist auch die Prosa Benns, die allerdings eher eine philosophische Auseinandersetzung sucht als von dichterischem Gestaltungswillen erfüllt ist. Thema ist – wie auch in der Lyrik – das geradezu allgegenwärtige Nichts und die untauglichen Versuche, es zu bewältigen, es zu ertragen.

GEORG TRAKL

* 3. Februar 1887 Salzburg
† 4. November 1914 Krakau

Gedichte
Gedichte (Ausgabe 1913)
Sebastian im Traum
Gedichte aus dem »Brenner« (1914/15)
Prosa
Traumland. Eine Episode
Aus goldenem Kelch. Barrabas
Aus goldenem Kelch. Maria Magdalena
Verlassenheit

Sonne, herbstlich dünn und zag,
Und das Obst fällt von den Bäumen.
Stille wohnt in blauen Räumen
Einen langen Nachmittag.

Sterbeklänge von Metall;
Und ein weißes Tier bricht nieder.
Brauner Mädchen rauhe Lieder
Sind verweht im Blätterfall.

Stirne Gottes Farben träumt,
Spürt des Wahnsinns sanfte Flügel.
Schatten drehen sich am Hügel
Von Verwesung schwarz umsäumt.

Dämmerung voll Ruh und Wein;
Traurige Guitarren rinnen.
Und zur milden Lampe drinnen
Kehrst du wie im Traume ein.
Georg Trakl, In den Nachmittag geflüstert

Auf erschütternde Weise bringt Georg Trakl die heillose Zerrüttung der Welt und das grenzenlose Leid des Menschen zum Ausdruck, in Visionen voll unstillbarer Trauer und apokalyptischer Untergangsstimmung. Vielfach angeregt und beeinflusst durch die französischen Symbolisten Verlaine, Rimbaud und Baudelaire, beeindruckt aber auch von Hofmannsthal, entwickelt Trakl einen ganz eigenen poetischen Ton.

In seinen Gedichten ist immer Herbst, Abend, Heimkehr. Und was dieser Dichter der sanften Schwermut zu Papier bringt, ist stets süßer Verzicht und violetter Untergang. So kommt ein finsteres Weltgefühl von Ohnmacht, Fatalismus und Verlust zur Sprache, ein verglühender Oktober, ein den ersten Frost mitbringender November, der alles absterben lässt, konkretisiert in Bildern von Bedrohung und Zerstörung. Immer stärker löst sich Trakls »einsames Saitenspiel« von der Wirklichkeit, steigert er sich zu hölderlinscher Sprachgewalt, findet er zu apokalyptischen Visionen und beklemmenden Prophetien, die an die Grenze des Sagbaren stoßen. Bis zu *Grodek*, seinem letzten Poem, das gewaltigste abendländische Gedicht des Ersten Weltkriegs, der die Zivilisation in Brand setzt.

Für einen solchen Dichter kann dieser Krieg nichts anderes als der finale Schrecken bedeuten. Vollkommen ohne Trost endet auch das Leben des Georg Trakl: In hilfloser Ver-

zweiflung über das Grauen auf den Schlachtfeldern macht
er als Sanitäter an der galizischen Front einen Selbstmordversuch und stirbt bald danach an einer Kokainvergiftung.

Georg Heym

* 30. Oktober 1887 Hirschberg im Riesengebirge
† 16. Januar 1912 Berlin

Gedichte
Der ewige Tag
Umbra Vitae
Prosa
Der Dieb (Novellensammlung, darin *Der Irre, Der fünfte Okto-
ber, Die Sektion, Jonathan, Das Schiff, Ein Nachmittag*)
Nachgelassene Prosastücke und Skizzen
Kleine Schriften
Dramen
Der Feldzug nach Sizilien
Die Hochzeit des Bartolomeo Ruggieri
Atalanta oder die Angst
Autobiographische Schriften
Tagebücher

Georg Heym machte mit der neuen Dichtung ernst. Er krem-
pelte dazu die Hemdsärmel auf: wie ein Riese schritt er über die
Dächer und zwischen den Straßen Berlins, und alles dies: Mensch,
Trambahn, Mond, Spelunkenspuk war ihm wie ein Riesenspiel-
zeug, die Stadt wurde ihm zur Landschaft, Berg wurde Haus.
Klabund

> Mein Gott – ich ersticke noch mit meinem brachliegenden
> Enthusiasmus in dieser banalen Zeit. Denn ich bedarf ge-
> waltiger äußerer Emotionen, um glücklich zu sein.
> Georg Heym, Tagebücher

Georg Heym, als Dichter von wilder Vitalität einer der Hauptvertreter des Expressionismus, ein dämonischer Naturbursche und Visionär des Grauenerregenden und Grotesken, verflucht den »elenden preußischen Drecksstaat« und bezieht in düsteren Untergangsvisionen Position gegen die Kriegsbereitschaft, welche die Zivilisation mit Flammen zu überziehen droht. Die wilhelminische Gesellschaft wird ebenso aggressiv angegriffen wie das bürgerliche Publikum, das sich an Klassik, Romantik und Biedermeier delektiert und das Wetterleuchten am politischen Horizont ignoriert.

Die statische Regelmäßigkeit der Rhythmik in seinen Gedichten steht in merkwürdigem, verstörendem Kontrast zu dem brodelnden Chaos von Visionen, die alle Drohungen und Schrecknisse des Lebens zu vereinen scheinen: das Elend in der Großstadt, Hunger und Schmutz, Feuer, Krieg und Tod – alles mit ungeheuerlicher Kraft beschworen und direkt in das Herz des Lesers geworfen, das selbst entflammt werden soll.

Mit dieser poetischen Wucht steht Heyms Werk, das deutlich von zwei Exponenten der französischen Lyrik – Charles Baudelaire und Arthur Rimbaud – beeinflusst ist, exemplarisch für den Expressionismus, diese Kultur des Schreis, der ungebändigten, regellosen Sprache, der emotional packenden, rauschhaften Kunst. Aufwühlendes Pathos, das sich bis zur Ekstase steigert, zum expressiven »Schrei«, zu einem Orgiasmus freier Rhythmen, in dem Welten untergehen und neu geboren werden. Apokalyptische Szenen von intensiver Bildhaftigkeit, voller Todesahnungen und entfesselter Dämonen.

»Was ist das Leben?« fragt Heym in einem Gedicht. »Eine kurze Fackel umgrinst von Fratzen aus dem schwarzen Dunkel.« Obwohl sich unter seinen Gedichten auch solche finden, die traditionellen Genres wie der Liebeslyrik zuzurechnen sind, ist seine Dichtung doch zumeist Beschwörung erbarmungslosen Daseins, Wetterleuchten der Weltkatastrophe, qualvoller Totentanz. Ähnlich wie das erzählende Werk

FRANZ WERFEL

Georg Büchners beschäftigt sich Heyms Prosa vor allem mit
Kranken, Irren, Ausgestoßenen der Gesellschaft, Menschen,
die einander fremd bleiben und die Kontrolle über ihr eige-
nes Ich verlieren (so zum Beispiel in der Erzählung *Der Irre*).
   Drei Jahre vor Ausbruch des Ersten Weltkriegs entfesselt
Heym den großen Gesang vom Krieg:
   Aufgestanden ist er, welcher lange schlief,
   Aufgestanden unten aus Gewölben tief.
   In der Dämmrung steht er, groß und unerkannt,
   Und den Mond zerdrückt er in der schwarzen Hand.

FRANZ WERFEL

* 10. September 1890 Prag
† 26. August 1945 Beverly Hills (Kalifornien)

Gedichte
   Der Weltfreund
   Wir sind
   Einander
Romane und Erzählungen
   Nicht der Mörder, der Ermordete ist schuldig
   Verdi. Roman der Oper
   Der Tod des Kleinbürgers
   Der Abituriententag
   Barbara oder die Frömmigkeit
   Die vierzig Tage des Musa Dagh
   Der veruntreute Himmel
   Das Lied von Bernadette
   Stern der Ungeborenen
Dramen
   Die Troerinnen
   Der Spiegelmensch
   Die Mittagsgöttin
   Das Reich Gottes in Böhmen
   Jakobowsky und der Oberst

V on der schweren Kost, die uns Benn, Heym und Trakl servieren, können wir uns bei Franz Werfel erholen, dem optimistischsten Vertreter des Expressionismus, über den er jedoch bald hinauswächst. Doch die Menschenliebe und das religiöse Weltgefühl, die aus allen seinen Werken sprechen, machen es auch erheblich weniger dramatisch und beeindruckend. Man muss zu einiger Seelengröße aufgelegt sein, um der Maxime Werfels folgen zu können: »Unser höchstes Glücks- und Daseinsziel ist die Entfaltung, die Steigerung des inneren Lebens.«

Von pochender Wucht sind *Die vierzig Tage des Musa Dagh* über den Untergang der armenischen Christen in der Türkei während des Ersten Weltkrieges. Doch seinen Durchbruch, den alles überragenden Erfolg erlebt Werfel mit dem *Lied von Bernadette*, seiner Geschichte des frommen Mädchens Bernadette Soubirous und des Wallfahrtsortes Lourdes als Phänomen der Gnade und des Göttlichen in einer materiellen Zeit, die dem Wunder nichts mehr zutraut: »Ein armes, von Hause aus recht alltägliches Mädchen wird als Vierzehnjährige von der Erscheinung einer schönen Dame überrascht, die ihr einen Auftrag gibt, und von dieser Stunde an erleidet das Dasein des Kindes eine unbegreifliche Verwandlung. Noch siebzehnmal wiederholt sich die Vision, um dann für immer auszubleiben; aber das Wunder dringt in die Wirklichkeit herein, und an der Stelle, wo die holdselige Frau gestanden, bricht als Bürgschaft himmlischer Gnade aus dem Boden eine Quelle hervor, die wunderbare Heilungen wirkt. Bernadette bezahlt dieses Erlebnis, das bald die ganze Welt beschäftigt, mit dem Verzicht auf irdisches Glück« (Hans Carossa).

Dass dieser Roman ein Welterfolg wird, verwundert angesichts der Tatsache, mit welch religiöser Inbrunst sich ein jüdischer Schriftsteller eines solch katholischen Themas annimmt. Auch der amerikanische Film geht um die Welt.

Über die Dramen Werfels ist die Geschichte hinweggegangen, zu zeitbedingt sind ihre Themen und Effekte, in denen vor allem Moral zum Ausdruck kommen soll. Zu konstruiert wirken die Erlösungsszenarien, als dass sie heute noch eine Aussage hätten, die interpretier- und spielbar wäre.

KURT TUCHOLSKY

* 9. Januar 1890 Berlin
† 21. Dezember 1935 Hindas (bei Göteborg)

Gedichte
Herz auf Taille
Lärm im Spiegel
Ein Mann gibt Auskunft
Gesang zwischen den Stühlen
Romane und Erzählungen
Rheinsberg, ein Bilderbuch für Verliebte
Schloß Gripsholm
Satirische und polemische Schriten
Fromme Gesänge
Träumereien an preußischen Kaminen
Deutschland, Deutschland über alles
Lerne lachen, ohne zu weinen

Er hat keine durchaus neue Dimension des Sagbaren geschaffen. Wohl aber hat er wie Heine der Sprache Goethes, dem Deutsch des 20. Jahrhunderts einen Dienst geleistet: er hat den lesenden Teil des Volkes auf neuesten Stand gebracht ... Es ist also, meine ich, Tucholskys Sprachleistung mehr sozialpädagogischer als literarischer Art. Aber auch das ist ja wunderbar und seltsam, weil selten. *Erich Kuby*

> Wenn du zur Arbeit gehst
> am frühen Morgen,
> Wenn du am Bahnhof stehst
> mit deinen Sorgen

da zeigt die Stadt
dir asphaltglatt
im Menschentrichter
Millionen Gesichter:
Zwei fremde Augen, ein kurzer Blick,
die Braue. Pupillen, die Lider –
Was war das? vielleicht dein Lebensglück …
vorbei, verweht, nie wieder.
Kurt Tucholsky, Augen in der Gross-Stadt

Kurt Tucholsky – einer der wichtigsten Literatur- und Theaterkritiker sowie Essayisten der Weimarer Republik und der wohl brillanteste deutsche Satiriker überhaupt – liebt es, unter verschiedenen Pseudonymen zu schreiben, zum Beispiel Kaspar Hauser, Peter Panter, Theobald Tiger, Ignaz Wrobel. Die Spannweite seiner Werke reicht vom empfindsamen Liebesroman über witzige Zeitkritik bis zu schärfster politischer Polemik.

Aus bürgerlichem Haus stammend, beginnt Tucholsky leidenschaftlich und politisch engagiert seine journalistische Tätigkeit mit Reportagen, Besprechungen, Glossen sowie kultur- und zeitkritischen Gedichten. Präzise versteht er zu formulieren und geistreiche Pointen zu setzen; mit seinen sprachlich virtuosen Feuilletons wird er rasch zu einem der Hauptvertreter der linken Intelligenz und des demokratischen Pazifismus seiner Zeit.

Doch er beherrscht auch das Heitere, Verspielte, Sensible und Lyrische. Er hat einfach ein Gespür für den Tonfall der Zeit, für das Lebensgefühl zumeist junger Leute. In *Rheinsberg* blättert er *Ein Bilderbuch für Verliebte* auf und erzählt von der Flucht eines jungen Paares aus der Großstadt Berlin in das ländlich-idyllische Rheinsberg. Der Übermut von Claire und Wolfgang entspringt der Freude, der Prüderie ihrer Zeit ein Schnippchen geschlagen zu haben. Diese feine Zeitkritik ist heute kaum mehr von Bedeutung, umso mehr können wir uns an der verspielten Handlung erfreuen.

In der Sommergeschichte *Schloß Gripsholm* begegnen wir dem Schriftsteller Peter und der »Prinzessin« Lydia während eines Ferienaufenthaltes am Mälarsee in Schweden. Ihre Liebesgeschichte wird durch den vorübergehenden Besuch der Freundin Billie zu einem kecken Dreiecksverhältnis erweitert. Doch auch die Moral kommt nicht zu kurz, denn seelische Reife beweist das Paar in seinem Bemühen um das Schicksal eines in einem lieblosen Kinderheim untergebrachten kleinen Mädchens.

Wie Erich Kuby es sagt, ist Tucholskys durchschlagende Wirkung nicht allein im Inhalt seiner »Gesinnungspredigten«, seiner lebensmelancholischen Gedichte, nicht nur in seinen kleinen »unseriösen« Novellen zu suchen, sondern in der Einfachheit, Verständlichkeit, Nachvollziehbarkeit. Keineswegs Schlichtheit. Die Fähigkeit zur Zuspitzung, die wirklich jeder verstand, machte ihn für die Herrschenden der Weimarer Republik so gefährlich. Er riss in einem unliterarischen Volk wie dem deutschen die Trennwand nieder: hier das Leben, dort der Zauberberg. Heute finden Tucholsky alle nur noch liebenswert. Eine erstaunliche Metamorphose. Tucholsky, der sich so in jeder Hinsicht *treffend* auszudrücken vermochte, trifft nicht mehr. Vielleicht wäre es an der Zeit, ihn nicht einfach nur weiter als bekannt vorauszusetzen, sondern ihn mal wieder – zu lesen.

NELLY SACHS

* 10. Dezember 1891 Berlin
† 12. Mai 1970 Stockholm

Gedichte
In den Wohnungen des Todes
Sternverdunkelung
Und niemand weiß weiter
Flucht und Verwandlung

Glühendes Rätsel
Fahrt ins Staublose
Gesammelte Gedichte
Späte Gedichte
Szenische Dichtungen
Eli. Ein Mysterienspiel vom Leiden Israels
Zeichen im Sand

Indem sie spricht, gibt sie uns selber zurück, Satz um Satz, was wir zu verlieren drohten: Sprache. Ihr Werk enthält kein einziges Wort des Hasses. Den Henkern und allem, was uns zu ihren Mitwissern und Helfershelfern macht, wird nicht verziehen und nicht gedroht. Ihnen gilt kein Fluch und keine Rache. Es gibt keine Sprache für sie. Die Gedichte sprechen von dem, was Menschengesicht hat: den Opfern. Das macht ihre rätselhafte Reinheit aus. Das macht sie unangreifbar. Wer aber hätte das Recht und die Kraft zu einem solchen Schweigen, der nicht selbst ein Opfer wäre?
Hans Magnus Enzensberger

Das Alphabet ist das Land, wo der Geist siedelt und der heilige Name blüht. Es ist die verlorene Welt nach jeder Sintflut.
NELLY SACHS

Wir Geretteten,
Aus deren hohlem Gebein der Tod schon seine Flöten
    schnitt,
An deren Sehnen der Tod schon seinen Bogen strich –
Unsere Leiber klagen noch nach
Mit ihrer verstümmelten Musik.
Wir Geretteten,
Immer noch hängen die Schlingen für unsere Hälse
    gedreht
Vor uns in der blauen Luft –
Immer noch füllen sich die Stundenuhren mit unserem
    tropfenden Blut.
NELLY SACHS, CHOR DER GERETTETEN

Als Jüdin verfemt und verfolgt, kann Nelly Sachs 1940 mit Hilfe von Selma Lagerlöf nach Schweden fliehen. Hier schreibt sie in stiller Abgeschiedenheit Gedichte: »Meine Metaphern sind meine Wunden.«

Niemand kann sagen, die Emigrantin habe in der Welt der Literatur keine Anerkennung erfahren: 1960 wird Nelly Sachs mit dem Droste-Preis, 1965 mit dem Friedenspreis des Deutschen Buchhandels und 1966 sogar mit dem Nobelpreis für Literatur ausgezeichnet (»für ihre bedeutende lyrische und dramatische Dichtung, die mit ergreifender Kraft das Schicksal Israels darstellt«). Im Mittelpunkt ihrer Gedichte stehen die Schicksale und die Leiden der in den Krematorien ermordeten Juden. Zeit ihres Lebens wird sie das Gefühl, ja den Wahn der Verfolgung nicht los, fühlt sie sich der Angst hilflos ausgeliefert.

Scheu und zurückgezogen in Stockholm lebend, schreibt sie auch nach dem Krieg ihre weichsingenden Gedichte, nach deren Lektüre man Asche im Mund zu schmecken meint, und hält die Erinnerungen wach, die sie bedrängen. Einziger Lichtblick in ihrem Leben ist die Brieffreundschaft mit Paul Celan, dem sie aber nur zwei Mal begegnet, einmal in Paris, ein weiteres Mal, als er sie nach einem Zusammenbruch in einer Klinik besucht. Nelly Sachs, von der Hans Magnus Enzensberger sagt, ihrer Sprache wohne etwas Rettendes inne, fühlt sich nie als Gerettete. Die einzige Fülle, die sie kennt, ist die Fülle an Furcht.

JOSEPH ROTH

* 2. September 1894 Brody (bei Lemberg, Galizien)
† 27. Mai 1939 Paris

Romane und Erzählungen
Das Spinnennetz
Hotel Savoy

Die Rebellion
Flucht ohne Ende
Hiob. Roman eines einfachen Mannes
Radetzkymarsch
Die hundert Tage
Beichte eines Mörders
Das falsche Gewicht
Die Kapuzinergruft
Die Geschichte der 1002. Nacht
Die Legende vom heiligen Trinker
Der Leviathan
Der stumme Prophet
Essays, Feuilletons und Reportagen
Juden auf Wanderschaft
Panoptikum, Gestalten und Kulissen
Der Antichrist
Der neue Tag. Unbekannte politische Arbeiten

> Alles, was wuchs, brauchte viel Zeit zum Wachsen; und
> alles, was unterging, brauchte lange Zeit, um vergessen zu
> werden. Alles aber, was einmal vorhanden gewesen war,
> hatte seine Spuren hinterlassen und man lebte dazumal
> von den Erinnerungen, wie man heutzutage lebt von der
> Fähigkeit, schnell und nachdrücklich zu vergessen.
> Joseph Roth, Die Kapuzinergruft

Der in Ostgalizien geborene, dann in Österreich und
Deutschland und schließlich im Exil lebende Joseph
Roth ist als Autor des Romans *Radetzkymarsch* nicht nur ein
Chronist auf der Suche nach der verlorenen Zeit und Hei-
mat; er tritt auch als zeitkritischer und polemischer Publizist
hervor.

Zunächst zeigt sich Roth von den österreichischen,
französischen (Flaubert) und russischen Realisten des 19.
Jahrhunderts fasziniert und beginnt unter ihrem Bann zu
schreiben: anklägerische, die Wirklichkeit genau erfassende
und überlegen decouvrierende Romane. Dann ruft er 1930
in der *Literarischen Welt*: Schluss mit der »Neuen Sachlich-

keit«! und geht zu einem überwiegend traurig-ironischen und melancholischen Stil über. Mit dem Untergang der österreichisch-ungarischen Monarchie findet er schließlich sein Thema, das er mit unverwechselbar intellektuell geprägter, witziger, aber auch kühler Perfektion verarbeitet, einer luziden Transparenz, auf deren Grund man die Trauer errät, die Roth Zeit seines Lebens nicht loswird: »Mein stärkstes Erlebnis war der Krieg und der Untergang meines Vaterlandes, des einzigen, das ich je besessen.«

Seiner galizischen Heimat seelisch stets verbunden, gestaltet Roth Leiden und Größe des Ostjudentums in einem ergreifenden Buch. Sein *Hiob* heißt Mendel Singer, wie sein biblisches Vorbild ein frommer, gottesfürchtiger und gewöhnlicher Mann, ein »ganz alltäglicher Jude«, der durch eine Folge von Ereignissen, die ihn in Leid und Unglück stürzen, jedoch aus aller Gewöhnlichkeit herausfällt. Unter der Wucht der Schicksalsschläge, die seine gesamte Familie treffen, sagt Mendel sich von seinem Glauben los: »Mendel hat den Tod, Mendel hat den Wahnsinn, Mendel hat den Hunger, alle Gaben Gottes hat Mendel. Aus, aus ist es mit Mendel Singer.« Doch seine Glaubensgenossen sehen in ihm einen Auserwählten, und schließlich, in einer Zeit absoluter Verzweiflung, findet auch dieser verflucht scheinende Jude Gnade, erfüllt »von der Schwere des Glücks und der Größe der Wunder«.

Im letzten Jahr der Weimarer Republik, als sich der Sieg der Nationalsozialisten bereits abzeichnet, erscheint Roths bekanntester Roman *Radetzkymarsch*: Der allmähliche Untergang der Habsburger Monarchie wird am Schicksal von drei Generationen der Familie Trotta (zwischen 1860 und 1916) dargestellt. Ein abblätternder Goldglanz liegt über diesem verklärenden Abgesang einer ganzen Welt, auf diesem »Requiem auf Österreich« (Friedrich Heer). Doch der makellose Stil sollte nicht darüber hinwegtäuschen, wieviel scharfe, wenn auch unausgesprochene Kritik in diesem Buch verpackt ist. Roth erweist sich auch hier als desillusionierter, genauer Beobachter, dessen Wehmut nicht nur Ausdruck von Trauer, sondern auch von Auflehnung ist.

Kurz vor Kriegsausbruch, im Exil, dann die »Fortsetzung« mit dem Roman *Die Kapuzinergruft* und die melancholische *Geschichte der* 1002. *Nacht*, in der Roth mit der Schilderung des Niedergangs eines adligen Offiziers noch einmal seine Liebe zur österreichischen Vergangenheit beschwört und sich zugleich einen unbestechlichen Blick bewahrt. Die von autobiographischen Einflüssen nicht freie *Legende vom heiligen Trinker* wirkt wie ein Abschiedstrunk auf das alle Welt angreifende Deutschland: »Kein Land hat dermaßen Liebe nötig.« Und kein Autor wie Joseph Roth, der dem Trinken schließlich verfällt.

ERNST JÜNGER

* 29. März 1895 Heidelberg
† 17. Februar 1998 Wilflingen

Romane
In Stahlgewittern
Der Kampf als inneres Erlebnis
Sturm
Das Wäldchen 125
Feuer und Blut
Auf den Marmorklippen
Heliopolis
Essays
Blätter und Steine
Über den Schmerz
Tagebücher
Strahlungen
Theoretische Schriften
Der Arbeiter. Herrschaft und Gestalt
Das abenteuerliche Herz. Aufzeichnungen bei Tag und Nacht

Das ist der überstolze, einsame Jünger-Ton. In seinen Essays, und mehr noch in den Romanen und Erzählungen, oft zu prahlhänsig und stolz und schwer und einsam und gewaltig und ganz einfach kitschig. Aber das ist nicht der ganze Jünger. Der Jünger, der sich nicht nur als einsamer Waldgänger preist, sondern, in seinem Kampf gegen die Zeit, ein entschlossener Kämpfer und präziser Beobachter wird wie einst, der ist fantastisch.
Volker Weidermann

Sperrig steht der als berühmt und berüchtigt geltende Ernst Jünger zu den Zeitströmungen und zu dem, was die literarische Welt gerade für *en vogue* hält. Kaum ein anderer Schriftsteller ist derartigen Anfeindungen ausgesetzt, hat Zeit seines Lebens mit solch nahezu unwiderstehlichen Verdächtigungen und solch heftig-polemischem Gegenwind zu kämpfen.

Das Buch *In Stahlgewittern*, in dem Jünger seine Fronterfahrungen im Ersten Weltkrieg verarbeitet (übrigens ganz anders als Erich Maria Remarque), ist ein früher, großer Erfolg. Wird in diesem Buch eines Kriegers der Krieg verherrlicht, gefeiert? Schützt es ihn nicht zuletzt vor der nationalsozialistischen Verfolgung? Kann der Roman *Auf den Marmorklippen* als ein literarisch verschlüsselter Angriff und als versteckte Anklage gegen das NS-Regime gelesen werden? Warum weigert sich der Offizier und Dichter, den »Fragebogen der Alliierten« auszufüllen und zieht er sich prompt ein Publikationsverbot zu?

Halten wir fest: Ernst Jünger gehört zu jenen Autoren, die zwar persönlich Distanz zu den Nationalsozialisten wahren, deren Werke aber dennoch von den Ideologen des Dritten Reiches begrüßt und missbraucht werden konnten. In scharfer Zeitdiagnose, teils in der Nachfolge Nietzsches, feiert er aus seiner im Krieg gewonnenen Gesinnung eines »heroischen Nihilismus« das gefährliche Leben, den Kampf und das Grauen als Erlebnis. Mit einer ebenso beeindruckenden wie erschreckenden Unerbittlichkeit schildert Jün-

194

ger in seinen fünf Kriegsbüchern zwischen 1920 und 1925 jenen »soldatischen Typus, den die hart, blutig und pausenlos abrollenden Materialschlachten« heranbildeten.

Während dieser Kämpfe fertigt er Notizen an, die seine Erfahrungen unmittelbar dokumentieren sollen. Was wohl besonders verstört: Jünger zeichnet sich selbst in der Schilderung des Schlachtfeldes durch kühle Präzision und Enthaltsamkeit von jeglicher moralischen Empörung oder gar nur Bewertung aus. Er denunziert die wirklichen sozialen Probleme der Zeit und macht sich mit seinem aus Barbarei und Ästhetizismus gemischten Bewusstsein angreifbar.

In seinem Buch *Der Arbeiter. Herrschaft und Gestalt* entwirft er das Bild einer Zukunft, in welcher der Arbeiter das Gesetz der Technik in sich aufgenommen und damit deren Tyrannei innerlich überwunden hat – eine groteske Fehldeutung, diese Feier »eines Höchstmaßes von aktiven Tugenden, von Mut, Bereitschaft und Opferwillen« im funktionierenden Werktätigen.

Merkwürdig unbeteiligt und eigensinniger denn je zieht Jünger sich nach dem Zweiten Weltkrieg zurück, er beobachtet Pflanzen, sammelt Insekten und führt sein intellektuelles Tagebuch noch bis ins hohe Alter von über einhundert Jahren. Und bleibt sich selbst treu, mit seiner beobachtungsscharfen, virtuosen Sprache, die präzise zu benennen, aber nie das Gefühl des Lesers zu erreichen vermag.

CARL ZUCKMAYER

* 27. Dezember 1896 Nackenheim (Rheinhessen)
† 18. Januar 1977 Saas-Fee (Wallis)

Gedichte
Der Baum
Gedichte 1916–1948

CARL ZUCKMAYER

Dramen
Der fröhliche Weinberg
Schinderhannes
Katharina Knie
Der Hauptmann von Köpenick
Der Schelm von Bergen
Des Teufels General
Barbara Blomberg
Der Gesang im Feuerofen
Das kalte Licht
Die Uhr schlägt eins
Prosa
Ein Bauer aus dem Taunus
Salwàre oder Die Magdalena von Bozen
Ein Sommer in Österreich
Die Fastnachtsbeichte
Geschichten aus vierzig Jahren
Autobiographie
Als wär's ein Stück von mir

> Wer auf Erden des Teufels General wurde und ihm die
> Bahn gebombt hat – der muß ihm auch Quartier in der
> Hölle machen.
> CARL ZUCKMAYER, DES TEUFELS GENERAL

Carl Zuckmayer ist der Spezialist für theatergerechte
Volksstücke, die mit Temperament auf die Bühne gebracht werden. Rheinhessische Freude am Trinken ent-
strömt dem kraftvoll-derben Schwank *Der fröhliche Weinberg*
mit seiner unkomplizierten Handlung, den fröhlichen Rau-
fereien und Gesängen, der leichtsinnig-lockeren Atmosphäre, die keine Rätsel aufgibt.

Der Hauptmann von Köpenick, dieses »deutsche Märchen«
mit seinem komödiantischen Spott über die deutsche Uni-
formgläubigkeit und Bürokratie, hat als Tragikomödie und
Satire auch seine stillen, nachdenklichen, ja ungemein an-
rührenden Momente: Wilhelm Schuster, der kleine Mann
ohne Papiere, der unschuldig im Gefängnis sitzt, schlägt

196

nach seiner Entlassung die paragraphen- und uniformgläubigen preußischen Untertanen mit ihren eigenen Waffen.

Des Teufels General ist der begeisterte Fliegergeneral Harras, der im Zweiten Weltkrieg schuldig wird, obwohl er die Nazis verachtet und hasst. Der schneidige Draufgänger mit jugendlichem Charme – im Film unnachahmlich von Curd Jürgens verkörpert – hat sich nach seinen militärischen Erfolgen einen sympathisch anmutenden, saloppen Umgangston gegenüber jeglicher Autorität angewöhnt. Im gesellschaftlichen Verkehr mit den herrschenden NS-Größen verhält er sich ambivalent, jedenfalls nicht angreifbar. Doch er durchschaut das hohle Getue und Geschrei und rettet einer Freundin zuliebe einen jüdischen Arzt. Als er auf eine ultimative Forderung der Gestapo hin feststellen muss, dass sein Freund, der idealistische Widerstandskämpfer Oderbruch, Sabotageakte an Flugzeugen begeht, sieht Harras seine einzige Rettungsmöglichkeit im selbstmörderischen Flug mit einer der defekten Maschinen. Die NS-Führung reagiert kalt: »Staatsbegräbnis!«

Auch Zuckmayers Nachkriegswerke präsentieren melodramatische und symbolisch aufgeladene Stoffe: *Der Gesang im Feuerofen* bringt die Résistance auf die Bühne – 36 französische Widerstandskämpfer sitzen zu Gericht über Louis Creveaux, weil sie durch seine Schuld in einem angezündeten Schloss den Tod fanden; *Das kalte Licht* scheint über einem deutschen Atomwissenschaftler, der aus Humanität zum Verräter wird.

Durchschlagenden Erfolg hat Zuckmayer mit diesen letzten Dramen nicht mehr, wohl aber geradezu überwältigend mit seinen Erinnerungen *Als wär's ein Stück von mir*, nicht zuletzt ein Nachhall seiner Erkenntnis: »Deutschland ist schuldig geworden vor der Welt. Wir aber, die wir es nicht verhindern konnten, gehören in diesem großen Weltgericht nicht unter seine Richter.«

BERTOLT BRECHT

* 10. Februar 1898 Augsburg
† 14. August 1956 Berlin (Ost)

Gedichte
Bert Brechts Hauspostille
Svendborger Gedichte
Hundert Gedichte
Prosa
Der verwundete Sokrates
Kalendergeschichten
Die Geschäfte des Herrn Julius Cäsar
Geschichten vom Herrn Keuner
Dramen
Baal
Trommeln in der Nacht
Im Dickicht der Städte
Mann ist Mann
Die heilige Johanna der Schlachthöfe
Mutter Courage und ihre Kinder
Leben des Galilei
Der gute Mensch von Sezuan
Herr Puntila und sein Knecht Matti
Der kaukasische Kreidekreis
Die Tage der Commune
Opern
Die Dreigroschenoper (Musik von Kurt Weill)
Aufstieg und Fall der Stadt Mahagonny (Musik von Kurt
    Weill)
Die Verurteilung des Lukullus (Musik von Paul Dessau)

Brecht ist ein himmlischer Dichter. Bei keinem anderen hängt
der Himmel so »ungeheuer oben«, ob nachts mit oder tagsüber
ohne Sterne, ob die Raketen in ihn steigen oder eine Schiffschau-
kel, ob er vom Bombengewitter zittert oder sich in den Augen seine

Unwetter und Sonnensegel spiegeln. Wir alle kennen den Himmel, ich habe ihn mit Brecht neu sehen gelernt.

Die Lyrik Brechts ist erlebbar als etwas, das zeitgenössisch ist, nahe an unserem Puls, als etwas, das mit unseren Sehnsüchten, unseren Ängsten, unserer Wut zu tun hat. Seine Gedichte sind tanzbar, denn man kann mit ihnen die Zustände und den Stillstand zum Tanzen bringen. *Albert Ostermaier*

Sein Markenzeichen war der proletarische Habitus, die Inszenierung des scheinbar Nichtinszenierten – und je genauer man sich den Aufwand anschaut, den Brecht bei der Inszenierung seiner selbst betrieb (und den Erfolg, den er damit hatte), desto mehr drängt sich die Arbeitshypothese auf, daß unter all den Werken Bertolt Brechts diese Selbstinszenierung eine der besten und der schlüssigsten sei. Erst kam seine Fresse. Dann die Moral. *Claudius Seidl*

B. B., Bertolt Brecht, ist kein Komet, der seine Leuchtspur am Himmel zieht – er ist ein ganzes Universum, das zum Griff nach dem bedenkenlosen Superlativ geradezu herausfordert: Einige der besten deutschen Gedichte sind von ihm, ganz bestimmt die wichtigsten und wirkmächtigsten Dramen hat er geschrieben und dazu gleich eine gültige Theorie des modernen Theaters entworfen, die rasch jedoch wieder unmodern wurde.

Soweit der literaturgeschichtliche Konsens. Über die wahre Bedeutung Brechts aber ist noch immer trefflich zu streiten, und ob er denn nun wirklich der größte deutsche Lyriker und Aufklärer auf der Bühne, ein Klassiker der Moderne ist. Zu schillernd ist das Bild, nein: sind die Bilder des Regiestars, des Frauenhelden, des Nationalpreisträgers der DDR, des Avantgardisten, des Stückeschreibers, der Hit auf Hit hinlegte, des professionellen *Agent provocateur*, der die Pose mehr zu lieben scheint als die Poesie.

Unbestreitbar hat seine Theorie des »Epischen Theaters« mit dem charakteristischen Verfremdungseffekt Inszenierungen in aller Welt maßgeblich beeinflusst: »Einen Vorgang oder einen Charakter verfremden, heißt zunächst einfach, dem Vorgang oder dem Charakter das Selbstverständliche,

Bekannte, Einleuchtende zu nehmen und über ihn Staunen und Neugierde zu erzeugen.«

In der Lyrik bricht B.B. mit der Erlebnisdichtung vollständig: Auch wenn seine Gedichte einen »mehr privaten Charakter« haben, ihre Didaktik ist geradezu zwingend und in hohem Grad überzeugungsfähig. Konsequent wird Vision durch Beschreibung ersetzt, die Welt ausschließlich immanent begriffen: »Laßt eure Träume fahren, daß man mit euch eine Ausnahme machen wird« (*Gegen Verführung*). In seinen Liebesgedichten zeigt Brecht jedoch Gefühl und überrascht mit stupender Zärtlichkeit. Und in seinem in Ost wie West erfolgreichsten Buch, den *Kalendergeschichten*, steckt er mit den Geschichten um Herrn Keuner der verdichteten Parabel Glanzlichter auf.

Brecht überspringt die Kluft zwischen Bildungssprache und Alltagssprache, zwischen Literatur und Publikum. Unbekümmert und kalkuliert zugleich. Der Versuch, »volkstümlich« zu schreiben, ist Teil seiner »List, die Wahrheit unter vielen zu verbreiten«. So bringt Brecht Leben in die Theaterbude, entstaubt er im »Berliner Ensemble« die Klassiker und fordert, Nutzen und Vergnügen müssten auf den Brettern, welche die Welt nicht nur bedeuten, sondern verändern, eine Einheit bilden: »Das Theater bleibt Theater, auch wenn es Lehrtheater ist, und soweit es gutes Theater ist, ist es auch amüsant.« Der Zuschauer soll »lachen über den Weinenden, weinen über den Lachenden«.

Brecht beginnt mit der großen Attitüde sozialrevolutionärer Anklage gegen die bürgerliche Gesellschaft, wie ein Nachfahr von Büchner, Villon, Rimbaud: Expressionistisches Pathos verbindet sich mit marxistischer Agitation. *Baal* singt für Alkohol in der Kneipe, ihn umweht kein Geniekult, er trommelt für Anarchie und Provokation.

Die *Dreigroschenoper* – eine Modernisierung der englischen Bettleroper und Parodie auf das Leben der bürgerlichen Gesellschaft – mit ihren Songs und Balladen, Moritaten und Satiren macht Brecht weltberühmt. Unübertroffen hat Kurt Weill diesem Kampf zwischen dem Bandenchef Mackie Messer und dem Bettlerkönig Peachum Melodie und Rhythmus gegeben. *Aufstieg und Fall der Stadt Mahagonny*, wieder mit der Musik von Weill, zeigt die »Stadt der Freude« mit ihren Ausschweifungen, in der für Geld alles zu haben ist: Anklage und Fest der Anarchie.

Galileo Galilei, dieser Aufklärer *avant la lettre*, beginnt in *Leben des Galilei* als Wahrheitssucher: »Wer die Wahrheit nicht weiß, der ist bloß ein Dummkopf. Aber wer sie weiß und sie eine Lüge nennt, der ist ein Verbrecher!« Und dieses Verbrechens macht Galilei sich schuldig, indem er vor der Inquisition seine Beweise für das kopernikanische Weltbild widerruft. Zwar entlarvt sich der Forscher aus persönlicher Leidenschaft, der sein Wissen an die Machthaber verrät, selbst, doch unter der strengen Aufsicht der Kirche forscht er heimlich weiter und macht die Ergebnisse durch seinen Schüler Andrea Sarti öffentlich.

Der gute Mensch von Sezuan problematisiert das Gute in dieser Welt – das Freudenmädchen Shen Te erweist sich als der einzige gute Mensch in einer Welt, aus der sich die Götter zurückziehen: »Vorschwebte uns: die goldene Legende. Unter der Hand nahm sie ein bitters Ende. Wir stehen selbst enttäuscht und sehn betroffen den Vorhang zu und alle Fragen offen.«

Herr Puntila und sein Knecht Matti ist eine typisch Brechtsche Geschichte: Puntila ist nämlich nur in der Trunkenheit human, sonst aber brutal. Die Stücke werden nun immer lehrhafter. *Mutter Courage und ihre Kinder* bezieht viele Anregungen von Grimmelshausen: Brecht schildert das Schicksal einer Marketenderin, die auszieht, vom Krieg zu profitieren, statt dessen aber ihre Freunde, ihren Besitz und ihre Kinder verliert. Auch *Der kaukasische Kreidekreis* ist eine Mutter-Geschichte: die Geschichte des Mädchens Grusche, das sich des Kindes der bei einem Aufstand geflohenen Gouverneursfrau annimmt. Wem gehört das Kind? Der weise Richter lässt den Kreidekreis zugunsten Grusches entscheiden.

In der DDR ist Brecht nicht nur eine literarische Galions-figur, ein Regisseur von Weltruf, ein leidenschaftlicher Thea-termann, bisweilen ein Opportunist, sondern auch ein un-bequemer Widerpart der herrschenden Klasse, die von ihm nach dem 17. Juni 1953 zu hören bekommt: Wenn der Partei das Volk nicht passe, müsse sie es auflösen und ein anderes wählen.

ERICH MARIA REMARQUE

* 22. Juni 1898 Osnabrück
† 25. September 1970 Locarno

Romane
Im Westen nichts Neues
Der Weg zurück
Drei Kameraden
Liebe Deinen Nächsten
Arc de Triomphe
Der Funke Leben
Zeit zu leben und Zeit zu sterben
Der schwarze Obelisk
Der Himmel kennt keine Günstlinge
Die Nacht von Lissabon
Schatten im Paradies
Drama
Die letzte Station

Remarque erzählt meisterlich, in einer gedrängten, kleinplasti-schen, den Dingen ganz nah an den Leib rückenden, unmittelbaren Sprache. Der Atem des Augenblicks ist in sie eingefangen.
Alfred Polgar

Es ist eine Ewigkeit, wenn man wirklich unglücklich ist. Ich war so, mit allem, was ich bin, unglücklich, daß nach einer Woche alles erschöpft war. Mein Haar war unglück-

lich, meine Haut, mein Bett, meine Kleider sogar. Ich war
so voll Unglück, daß nichts sonst existierte. Und wenn
nichts anderes mehr existiert, fängt Unglück an, kein Unglück mehr zu sein; – weil nichts mehr da ist, womit man
es vergleichen kann. Dann ist es nur noch völlige Erschöp-
fung. Und dann ist es vorbei. Man fängt langsam wieder
an zu leben.

Erich Maria Remarque: Arc de Triomphe

So düster die Themen seiner Romane sind – ist Erich Maria Remarque nicht *der* schillernde, mondäne Glamour-
autor mit dem glanzvollen Leben, »eines der Glückskinder
der Emigration« (Volker Weidermann), der nicht nur mit
den Millionenauflagen seiner Bücher reichlich Anlass und
Stoff für Neid und Klatsch bietet, sondern auch durch seine
Affären mit Marlene Dietrich, Greta Garbo und die Ehe mit
der Schauspielerin Paulette Goddard, der früheren Ehefrau
von Charlie Chaplin? Nicht nur ein Trivialautor mit Hang zu
Kitsch und Kolportage, nicht nur ein Unterhaltungsschrift-
steller von minderen literarischen Graden?

Weit gefehlt. Wer so denkt, unterschätzt einen der
wichtigsten und engagiertesten Chronisten der deutschen
Geschichte und ihrer Katastrophen. Ähnlich wie Emile Zola
schafft Remarque ein gewaltiges Sittengemälde seiner Zeit,
einer Epoche, die durch Krieg, Vertreibung, Gewalt und
Lüge gezeichnet ist und in der menschliche Werte und Qualitäten, Liebe und Freundschaft, auf so existentielle Weise
bedroht sind.

Im Januar 1929 veröffentlicht Remarque seinen berühmten Antikriegsroman *Im Westen nichts Neues*, der in
desillusionierender Weise die Erfahrung der Frontsoldaten
verarbeitet, die mit achtzehn Jahren schon zuviel Grauen
erlebt haben und dem Tod zu oft ins Auge sehen mussten,
um vergessen zu können. Der Titel spielt auf den Todestag
des Ich-Erzählers an, der als letzter einer Gruppe von Schul-
freunden an einem Tag im Oktober 1918 fällt, ein Tag, von

dem der offizielle Heeresbericht schlicht vermeldet: »Im
Westen nichts Neues«. Dieser Roman wird ein Millionen-,
ein Welterfolg, »dieses schlichte und wahre Buch hat mehr
ausgerichtet als alle pazifistische Propaganda in zehn Jahren« (Stefan Zweig). Eine große Absage an Glanz und Gloria
und Hurrapatriotismus, unter deren Zeichen man eine Generation in den Schützengräben verbluten ließ.

Die zwanziger Jahre, sie sind präsent in dem satirisch-
turbulenten Roman *Der schwarze Obelisk*, aber auch in *Drei
Kameraden*, wo drei junge Leute in all ihren fadenscheinigen
Existenzen erleben, dass Freundschaft und Liebe noch das
schäbigste Dasein überstrahlen. Die dreißiger Jahre in *Liebe
deinen Nächsten* mit dem von Angst und Furcht, Existenz-
not und Gehetztsein gezeichneten Leben der Emigranten
und Flüchtlinge, mit den schicksalweisenden Grenzpfählen.
Und in *Arc de Triomphe* mit dem Schauplatz Paris als Heimat der Heimatlosen: Wer kein Vaterland mehr hat, findet
hier wenigstens eine Bleibe. Wie Ravic, der deutsche Arzt,
und mit ihm all die anderen Emigranten, die nach 1933 aus
Deutschland geflohen sind oder ausgewiesen wurden, die
ohne Pass, Aufenthaltsgenehmigung und Arbeitserlaubnis,
gejagt von Polizei und Behörden, von Land zu Land gescho-
ben werden, die zwischen allen Fronten stehen und ver-
zweifelt eine neue Heimat suchen.

Und dann folgt Remarque weiter den Spuren dieser Ver-
triebenen und Verlorenen und unglücklich Liebenden (*Zeit
zu leben und Zeit zu sterben, Die Nacht von Lissabon, Schatten
im Paradies*). Sein »Lebens-Credo« stellt er aus drei Worten
zusammen: »Unabhängigkeit, Toleranz und Humor«.

Jeder seiner Romane kreist um Liebe und Tod, diese
zentralen und existentiellen Punkte menschlichen Lebens:
»Daß seine Bücher darüber hinaus eminent politisch sind,
der Mikrokosmos individueller Schicksale eingebettet und
bestimmt bleibt vom Makrokosmos der Zeitgeschichte, das
übersahen viele seiner Rezensenten. Mit scheelem Blick ver-
folgte die deutsche Literaturkritik die außergewöhnlichen

Erfolge eines Schriftstellers, der sich nicht im metaphysischen Dunkel deutscher Erlösungs- und Innenweltmystik verlor, sondern von den Opfern einer mörderischen Zeit erzählte ... Über seinen Geschichten, deren Ende von der Melancholie der Trennung, des Todes und des ‚Alleinseins‘ bestimmt wird, aber liegt ‚der notwendige Optimismus des Pessimisten‘. Vielleicht ist auch dies das Geheimnis des bis heute anhaltenden Erfolges seiner Bücher. Der Leser begegnet sich selbst in ihnen, empfindet die fiktiven Figuren als eine Spiegelung eigener Träume, Zweifel und Ängste« (Wilhelm von Sternburg).

ERICH KÄSTNER

* 23. Februar 1899 Dresden
† 29. Juni 1974 München

Gedichte
  Herz auf Taille
  Lärm im Spiegel
  Ein Mann gibt Auskunft
  Gesang zwischen den Stühlen
  Doktor Erich Kästners Lyrische Hausapotheke
Kinder- und Jugendbücher
  Emil und die Detektive
  Das doppelte Lottchen
  Pünktchen und Anton
  Der 35. Mai
  Das fliegende Klassenzimmer
  Die Konferenz der Tiere
  Der kleine Mann
Drama
  Die Schule der Diktatoren
Romane und satirische Prosa
  Der tägliche Kram
  Die kleine Freiheit

Fabian. Die Geschichte eines Moralisten
Drei Männer im Schnee
Die verschwundene Miniatur
Der kleine Grenzverkehr
Autobiographische Schriften
Als ich ein kleiner Junge war
Notabene 45

Erich Kästner ist ein Sohn des Volks mit Witz, ein Literat mit Geist, ein Volksfreund, ein Freund der Vernünftigen, Weltfreund, ein konsequenter deutscher Poet. *Hermann Kesten*

> Der Moralist pflegt seiner Epoche keinen Spiegel, sondern einen Zerrspiegel vorzuhalten. Die Karikatur, ein legitimes Kunstmittel, ist das Äußerste, was er vermag.
> Erich Kästner

Den Namen Erich Kästner findet man in den Literaturgeschichten nicht häufig, denn mit ihm werden in erster Linie Kinder- und Jugendbücher verbunden, die weder Germanistik noch Feuilleton für literaturwürdig ansehen. Dabei ist Kästner in der Weimarer Republik eine der wichtigsten intellektuellen Figuren Berlins mit viel Einfluss in der Zeitschrift »Die Weltbühne« sowie durch seine Kritiken im »Berliner Tageblatt« und in der »Vossischen Zeitung«. Mit seiner von ihm selbst so genannten »Gebrauchslyrik« im typisch lakonischen, stets ein bisschen trostlosen Kästner-Ton wird er rasch zur wichtigsten Stimme der Neuen Sachlichkeit. Er will vor dem Abgrund warnen, dem sich Deutschland nähert, er will Besinnung erzwingen. Dabei lässt Kästner in den Gedichtbänden *Herz auf Taille* und *Gesang zwischen den Stühlen* eine gesellschaftskritische Tendenz erkennen, die den rasch schlagenden Takt des kulturellen Lebens in der Weimarer Republik aufnimmt. Walter Benjamin klebt ihm das Etikett »linker Melancholiker« an.

Der in filmischer Montagetechnik mit »schnellen Schnitten« geschriebene Roman *Fabian. Die Geschichte eines Mora-*

listen spielt im Berlin der frühen dreißiger Jahre. Am Beispiel des arbeitslosen Germanisten Jakob Fabian, erst Adressenschreiber, dann Werbetexter, beschreibt Kästner darin das Tempo und den Trubel der Zeit wie auch den Niedergang der Weimarer Republik. Und das »Irrenhaus« Berlin: »Im Osten residiert das Verbrechen, im Zentrum die Gaunerei, im Norden das Elend, im Westen die Unzucht und in allen Himmelsrichtungen wohnt der Untergang.«

Realismus und Empathie sind auch die Kennzeichen seiner warmherzigen und entzückenden Kinderromane *Pünktchen und Anton, Das fliegende Klassenzimmer, Emil und die Detektive* und *Das doppelte Lottchen*, alle mehrfach verfilmt und preisgekrönt.

Unter dem Hakenkreuz wird Kästner mehrmals von der Gestapo vernommen, dann aus dem Schriftstellerverband ausgeschlossen. Seine Bücher werden öffentlich verbrannt, was er selbst aus nächster Nähe beobachtet. Nach dem Publikationsverbot schreibt Kästner in der Schweiz Unterhaltungsromane wie *Drei Männer im Schnee* und *Die verschwundene Miniatur;* nach dem Krieg widmet er sich dem literarischen Kabarett sowie Reden und Aufsätzen, in denen er sich kritisch mit dem Nationalsozialismus, dem Krieg, der Realität im zerstörten Deutschland und der Wiederaufrüstung auseinandersetzt. *Die Konferenz der Tiere* tagt mitten im Ost-West-Konflikt, im Kalten Krieg, und sucht den Frieden, den die Menschen nicht zustande bringen.

Anschluss an die Nachkriegsliteratur findet Kästner jedoch kaum mehr, obwohl er über zehn Jahre lang als Präsident des westdeutschen P.E.N.-Zentrums fungiert. Er veröffentlicht nur noch wenig. 1957 wird dem »scharfblickenden Moralisten und Dichter« der Georg-Büchner-Preis verliehen.

Anna Seghers

* 19. November 1900 Mainz
† 1. Juni 1983 Berlin (Ost)

Romane und Novellen
Aufstand der Fischer von St. Barbara
Das siebte Kreuz
Die Gefährten
Der Ausflug der toten Mädchen
Transit
Die Toten bleiben jung

> Vor meinen Augen strömte sie an, mit ihren zerrissenen
> Fahnen aller Nationen und Glauben, die Vorhut der Flücht-
> linge. Sie hatten ganz Europa durchflüchtet, doch jetzt vor
> dem schmalen, blauen Wasser, das unschuldig zwischen
> den Häusern glitzerte, war ihre Weisheit zu Ende. Denn
> keine Schiffe, nur eine schwache Hoffnung auf Schiffe be-
> deuteten die mit Kreide notierten Namen, die auch immer
> sofort ausgelöscht wurden, weil irgendeine Meerenge
> vermint oder eine neue Küste beschossen wurde. Schon
> rückte der Tod immer dichter nach mit seiner noch immer
> unversehrten, knarrenden Hakenkreuzfahne. Mir aber,
> vielleicht weil ich ihm schon einmal begegnet war und ihn
> überholt hatte, mir schien es, auch er, der Tod, sei seiner-
> seits auf der Flucht. Wer aber war ihm auf den Fersen?
> Mir schien es, ich brauchte nur Zeit zum Warten, und ich
> könne auch ihn überleben.
> Anna Seghers, Transit

Anna Seghers will ihre Leser packen und über das Buch
hinaus in den Prozess der Veränderung ziehen. Ihr
Grundmotiv ist ein unerschütterliches Engagement für die
sozial Deklassierten und Unterdrückten. Im *Aufstand der*

Fischer von St. Barbara berichtet sie von der Not bretonischer Fischer, die in einem Aufstand gegen die sie unterdrückenden Reeder der Gewalt der Bajonette unterliegen.

Dann der Durchbruch: *Das siebte Kreuz*. Der Kommandant eines Konzentrationslagers, aus dem sieben Häftlinge ausgebrochen sind, lässt an sieben Bäume Querhölzer nageln und schwört, dass bis zum Wochenende alle Entkommenen daran gefesselt sein würden. Doch »ein entkommender Flüchtling, das ist immer etwas, das wühlt immer auf. Das ist immer ein Zweifel an ihrer Allmacht. Eine Bresche.« In sieben Kapiteln werden nun Flucht und Fahndung, die Figuren jedoch nicht in ideologischem Schwarz-Weiß, sondern so schillernd und unsicher in ihrer Gesinnung geschildert, wie sie in Wirklichkeit sind. Am Ende hat sich an allen bis auf einen der Schwur des Lagerkommandanten erfüllt. Georg Heisler, der I Ield, muss erkennen: »Die Schlechten verraten mich, die Guten verstecken sich. Sie verstecken sich viel zu gut.«

Im Exil engagiert sich die Jüdin und aktive Kommunistin für die antifaschistische Bewegung und die verfolgten und geflüchteten Schriftsteller. Seghers' Roman *Transit* greift deren existentielle Erfahrung im Zwischenreich, in dem die Mühlen der Bürokratie unaufhörlich mahlen und die Menschen nie das Gefühl der Bedrohung verlieren, auf und gilt bald als weltberühmtes Beispiel für die deutschsprachige Exilliteratur.

In der DDR wird Anna Seghers zusammen mit Bert Brecht rasch zur zentralen Gründerfigur der ostdeutschen Literatur, nimmt als umtriebige Vertreterin des sozialistischen Realismus eine exponierte Stellung im Kulturleben ein und wird zur Vorsitzenden des Schriftstellerverbandes gewählt.

Max Frisch

* 15. Mai 1911 Zürich
* 4. April 1991 Zürich

Prosa
Jürg Reinhart
J'adore ce qui me brule oder Die Schwierigen
Tagebuch mit Marion
Stiller
Homo Faber
Mein Name sei Gantenbein
Wilhelm Tell für die Schule
Der Mensch erscheint im Holozän
Blaubart
Montauk
Dramen
Die chinesische Mauer
Santa Cruz
Als der Krieg zu Ende war
Don Juan oder Die Liebe zur Geometrie
Biedermann und die Brandstifter
Andorra
Biografie: Ein Spiel
Triptychon
Autobiographische Schriften
Blätter aus dem Brotsack
Tagebuch 1946–1949

> Du sollst dir kein Bildnis machen, heißt es, von Gott. Es
> dürfte auch in diesem Sinne gelten: Gott als das Lebendige
> in jedem Menschen, das, was nicht erfaßbar ist. Es ist eine
> Versündigung, die wir, so wie sie an uns begangen wird,
> fast ohne Unterlaß wieder begehen –
> Ausgenommen wenn wir lieben.
> Max Frisch, Der andorranische Jude

Wie soll einer denn beweisen, wer er in Wirklichkeit ist?
Ich kann's nicht. Weiß ich denn selbst, wer ich bin?
Max Frisch, Stiller

Max Frisch – verunsichert von der Selbstentfremdung des Menschen, dessen eigentliches Ich durch die Bilder verstellt wird, die andere von ihm haben – zeigt die Problematik der zwischen Zwang und Willkür schillernden bürgerlichen Identität. In seinem Roman *Stiller* versucht der Protagonist zunächst, seiner Umwelt und sich selbst zu entfliehen, indem er beharrlich behauptet: »Ich bin nicht Stiller.« Als Julika, seine »bildschöne« Frau, lungenkrank in einem Sanatorium lag, sei er plötzlich nach Amerika verschwunden und habe dort einen Selbstmordversuch unternommen, um seine Identität mit Anatol Stiller endgültig zu löschen. Doch am Ende muss er einsehen, dass er noch ein weiteres Mal am Widerspruch von Ich-Identität und persönlicher Verantwortung, dem Auslöser seiner inneren Verzweiflung, scheitert. Und aus mangelnder Liebe schuldig geworden ist: »Stiller blieb in Glion und lebte allein.«

Auch *Homo Faber* kämpft mit Identitätsproblemen: Der Ingenieur Walter Faber will sich allein auf die Berechenbarkeit der Welt verlassen und glaubt, keinerlei Mystik zu bedürfen, bis er seiner Lebenslüge und dem Irrtum seines Rationalismus zum Opfer fällt. Er verliebt sich in seine Tochter Sabeth, von deren Existenz er nichts wusste, da Hanna, die Mutter, als eine »Halbjüdin« sich 1936 noch während der Schwangerschaft von ihm getrennt hatte. In dieser Liebe erfährt er, wie sein wissenschaftlich geprägtes Weltbild zerbricht. Seine Rettung und sein Vermächtnis: »Standhalten dem Licht, der Freude (wie unser Kind, als es sang) im Wissen, daß ich erlösche im Licht über Ginster, Asphalt und Meer, standhalten der Zeit, beziehungsweise der Ewigkeit im Augenblick. Ewig sein: gewesen sein.«

Mein Name sei Gantenbein sagt ein Mann, der vorgibt, er sei ein Erblindeter. Obgleich sehend, spielt er diese Rolle konsequent und erfährt dabei vieles über die Einstellungen der Menschen ihm gegenüber. Gantenbein probiert Rollen wie Kleider, erfindet und wechselt die Gegenspieler, skizziert verschiedene Möglichkeiten des Lebens. Und er entdeckt, dass auch andere Menschen Rollen spielen, was ihn zu dem berühmten Schluss bringt: »Jeder erfindet sich früher oder später eine Geschichte, die er für sein Leben hält.«

Satirische Qualitäten haben die Bühnenwerke des Schweizers; in ihnen grenzt sich Frisch ausdrücklich gegen Brechts pädagogisch-didaktischen Imperativ ab. »Lehrstück ohne Lehre« wird denn auch das hintergründige Drama *Biedermann und die Brandstifter* genannt: Der Fabrikant Biedermann verbündet sich in einer Mischung aus Naivität und Antriebslosigkeit mit den Brandstiftern, bis sie ihm sein Haus anzünden. Wie im antiken Theater gibt es einen Chor in der Rolle der Feuerwehrmänner, die das Geschehen kommentieren.

Komödiantisch geht es zu in *Don Juan*, wo der Titelheld statt der Frauen die Geometrie liebt und aus Liebe zu dieser sich allen weiblichen Verführungskünsten zu entziehen sucht. Er verlässt die Frauen, um sich nicht zu verlieren, doch obwohl er so weit geht, seine Höllenfahrt vorzutäuschen, endet er als Gefangener in der Ehe. Und verwirklicht damit die höhere Ordnung, die er in der Geometrie verehrt.

Ein ernstes Thema schlägt *Andorra* an: Hier nimmt ein junger Mann, fälschlich für einen Juden gehalten, schließlich die Rolle an, die das allgemeine Vorurteil ihm diktiert. Doch an seiner Umwelt, die sich bedenkenlos und ohne Gewissen an ihm versündigt, geht er zugrunde. Frisch sitzt über Selbstgerechtigkeit und Heuchelei zu Gericht, zeigt am Beispiel der Feigheit und der Charakterlosigkeit der Einwohner Andorras das ethische Problem der vorgefassten Bilder und Meinungen.

In *Montauk* steht der Schriftsteller an der Schwelle zum Alter. Was ist hier eigenes Erleben, was Dichtung? Frisch lässt es offen. Identität ist für ihn nichts mehr, das irgendwie geklärt sein könnte.

PETER WEISS

* 8. November 1916 Nowawes (bei Potsdam)
† 10. Mai 1982 Stockholm

Dramen
  Die Verfolgung und Ermordung Jean Paul Marats dargestellt
    durch die Schauspieltruppe des Hospizes zu Charenton
    unter Anleitung des Herrn de Sade
  Die Ermittlung
  Der Gesang vom lusitanischen Popanz
  Trotzki im Exil
  Hölderlin
  Die Ermittlung (Oratorium)
Prosa
  Der Schatten des Körpers des Kutschers
  Das Gespräch der drei Gehenden
  Fluchtpunkt
  Die Ästhetik des Widerstands (drei Bände)
Autobiographische Schriften
  Abschied von den Eltern
  Notizbücher

SADE *unter der Peitsche*: Jetzt sehe ich, wohin sie führt, diese
Revolution, zu einem Versiechen des einzelnen, zu einem
langsamen Aufgehen in Gleichförmigkeit, zu einem Absterben des Urteilsvermögens, zu einer Selbstverleug-
nung, zu einer tödlichen Schwäche unter einem Staat, dessen Gebilde unendlich weit von jedem einzelnen entfernt
ist und nicht mehr anzugreifen ist. Ich kehre mich deshalb
ab, ich gehöre niemandem mehr an. Wenn ich zum Untergang verurteilt bin, so will ich dem Untergang abgewinnen, was ich ihm aus eigener Kraft abgewinnen kann. Ich
trete aus aus meiner Sektion. Ich sehe nur noch zu ohne
einzugreifen, beobachtend, das Beobachtete festhaltend,

> und es umgibt mich die Stille. Und wenn ich verschwinde,
> möchte ich alle Spuren hinter mir auslöschen.
> Peter Weiss, Die Verfolgung und Ermordung
> Jean Paul Marats

Peter Weiss, deutscher Schriftsteller, schwedischer Staatsbürger, auch Maler und Experimentalfilmer, findet erst spät und auch nur begrenzt Zugang zum deutschen Publikum. *Fluchtpunkt* lässt sich als autobiographischer Künstlerroman lesen, der die Entwicklung des Autors als Kunstmaler in der Auseinandersetzung mit Zeitgeschehen, Kunstrichtungen und Mitmenschen schildert.

Weiss malt, Weiss dreht Dokumentarfilme, Weiss schreibt Stücke. Mit seiner Vorliebe für die experimentelle Ästhetik der Moderne gilt er als schwer zugänglich. Und er ist achtundvierzig, als 1964 das Drama, das alle Welt bald nur noch *Marat/Sade* nennt, uraufgeführt wird. Der Kunstgriff dieses Stücks – der Marquis de Sade als Verfechter eines totalen Terrors der Lust, führt die Ermordung Marats, des Verfechters des totalen Terrors der Revolution, mit Insassen einer Nervenheilanstalt als Theaterstück auf – erlaubt eine sensationelle Darstellung der Dialektik von Freiheit und Gleichheit auf der Bühne. Entfesseltes Totaltheater mit Massenszenen, Gesang und Pantomime, Reden und Widerreden – ein Spektakel, diese Darstellung der Ermordung des Jakobiners Marat durch Charlotte Corday, mit weitgehend dokumentarischer Wiedergabe der Reden des Revolutionärs.

Marat/Sade wird ein Welterfolg, doch Peter Weiss ist schon weitergegangen. Das Oratorium *Die Ermittlung* führt in Form eines Prozesses durch das Vernichtungslager Auschwitz und sucht durch Fragen und Antworten im Verhör zu klären, was sich jeder Deutung entzieht, weil es alle Deutungen übersteigt. Es setzt ganz auf die erschütternde Wirkung, die von den nackten Dokumenten ausgeht, die keinerlei theatralischen Ausdruck oder szenische Rhetorik brauchen, um den Zuschauer sprachlos vor Entsetzen zu machen.

Schließlich bringt er *Hölderlin* auf die Bühne, den jungen Dichter im Tübinger Stift, wo die Ideen der Französischen Revolution begierig aufgenommen werden. Skurril, eigenwillig und verstörend.

Trotz seines begrenzten Erfolgs gilt die dreibändige *Ästhetik des Widerstands* nicht nur als Hauptwerk von Weiss, sondern – neben Johnsons *Jahrestage* – als gewichtigstes deutschsprachiges Werk der siebziger Jahre. Weit ausholend und groß angelegt erzählt Weiss die Geschichte der europäischen Arbeiterbewegung aus der Perspektive eines Erzählers, der politisch allmählich erwacht und in seiner sozialistischen Existenz alle Stadien zwischen Erkenntnis und Kampf durchläuft. Aufbrüche und Zielsetzungen, Widersprüche und Hoffnungen, Auseinandersetzungen und Zweifel, Versagen und Scheitern – dies ist die Geschichte einer Bewegung über vier Jahrzehnte hinweg, eine dokumentarisch rekonstruierte, fiktive und doch minutiös angelegte Geschichtsschreibung, aber darüber hinaus auch das ästhetische Paradigma der Kunst dieser Epoche: Von Picasso bis Brecht entwickelt Weiss ein Bewusstsein von Kunst als kollektivem Gedächtnis der Menschheit, als das produktiv fortwirkende Element aller Klassenkämpfe.

Damit wird jegliches traditionelles Romanschema gesprengt, es geht nicht mehr um die erzählerische Entwicklung eines Gesellschaftspanoramas, eines Einzelschicksals oder eines individuellen Konflikt. Das Politische und Künstlerische sind in diesem Monumentalwerk so unauflösbar miteinander verbunden, dass es auch weitaus mehr ist als die »Wunschbiographie«, die sich Weiss mit dem Ich-Erzähler auf den Leib geschrieben hat. Es ist nichts weniger als eine fiktionale Synthese von Ästhetik und Widerstand, Kunst und Politik, die der Erzähler sich erarbeitet und uns verheißt: »Du mußt lesen, Du mußt dich bilden, Du mußt dich auseinandersetzen mit den Dingen, die auf dich zukommen, Du mußt Stellung ergreifen, Du darfst nicht sitzen und alles nur auf dich zukommen lassen, Du darfst dich vor allem nicht dem Gedanken hingeben, daß Mächtige über dir sind, die doch alles bestimmen. Das sind die Grundgedanken, und deshalb immer wieder das Thema: Wo, zu welchen Zeiten haben sich Menschen gegen anscheinend unübersteigbare Widerstände hinweggesetzt?«

HEINRICH BÖLL

* 21. Dezember 1917 Köln
† 16. Juli 1985 Langenbroich (Eifel)

Erzählungen
  Der Zug war pünktlich
  Wanderer, kommst du nach Spa…
  Irisches Tagebuch
Romane
  Wo warst du, Adam?
  Und sagte kein einziges Wort
  Haus ohne Hüter
  Das Brot der frühen Jahre
  Billard um halb zehn
  Ansichten eines Clowns
  Entfernung von der Truppe
  Ende einer Dienstfahrt
  Gruppenbild mit Dame
  Die verlorene Ehre der Katharina Blum oder wie Gewalt
    entstehen und wohin sie führen kann
  Fürsorgliche Belagerung
  Frauen vor Flußlandschaft
Satiren
  Nicht nur zur Weihnachtszeit
  Unberechenbare Gäste
  Doktor Murkes gesammeltes Schweigen

  Die Menschen, von denen wir schrieben, lebten in Trümmern, sie kamen aus dem Kriege … Sie lebten keinesfalls

HEINRICH BÖLL

in völligem Frieden, ihre Umgebung, ihr Befinden, nichts
an ihnen und um sie herum war idyllisch, und wir als
Schreibende fühlten uns ihnen so nahe, daß wir uns mit
ihnen identifizierten.
HEINRICH BÖLL

Der eine liebt es, mit martialischen Gebärden auf sich aufmerksam zu machen, der andere versucht, seinen Ge-
sprächspartner mit Gesten charmanter Umarmung für sich
einzunehmen, der dritte ist selbst im vertrauten Gedanken-
austausch so schüchtern, dass ihm auch ohne vorgestanzte
Absicht Sympathie zugetragen wird. So einer ist Heinrich
Böll. Lässig in der Kleidung, selten ohne seine geliebte Bas-
kenmütze, zurückgenommen in der Lautstärke, ringend um
jeden Satz, der Nachdenkliches verständlich machen soll, so
lässt dieser »gute Mensch aus Köln« Kritik wie Ehrung an
sich vorüberziehen.

Jahrzehntelang ist Böll, der seine ersten Erfolge mit der
für seine Zeit typischen »Trümmerliteratur« feiert und sich
dann in den sechziger und siebziger Jahren zunehmend kritisch mit der politischen Entwicklung der Republik auseinander setzt und bei keiner Demonstration gegen Rüstung
und Nachrüstung zu fehlen scheint, als professioneller Dis-
sident und streitbarer Katholik mit seinem stets wachsamen
Gespür für Unterdrückung aller Art das Gewissen der Deutschen. Beim Publikum findet der Nobelpreisträger für Literatur eine besonders starke Resonanz. Seine tiefe Religiosität, die sich ständig am real existierenden Katholizismus
reibt, seine anarchische Gegenwehr, sein Widerstand gegen
die Restauration der Nachkriegszeit äußert sich jedoch alles
andere als effekthascherisch und mit großem Getöse. Böll ist
ein Dichter der feinen Ironie, der leisen und um so bezwin-
genderen Kritik.

Richten in *Wanderer kommst du nach Spa...* 25 Kurzge-
schichten den kritischen Blick auf das Schicksal der Soldaten, die Erlebnisse der Heimkehrer und die Tragödien der

Kriegsverwundeten, führt uns *Wo warst du, Adam?* den Widersinn des Krieges vor Augen: »Eine Weltkatastrophe kann zu manchem dienen. Auch dazu, ein Alibi zu finden vor Gott. Wo warst du, Adam? ‚Ich war im Weltkrieg.'«

Nachkriegsdeutschland ist der eigentliche Protagonist in *Und sagte kein einziges Wort* (das Elend beengter Lebensverhältnisse als Ursache der problematischen Ehe eines Heimkehrers), in *Haus ohne Hüter* und – versöhnlicher – in *Das Brot der frühen Jahre,* einer Erzählung, in der die Liebe ein junges Paar aus der seelischen Erstarrung erlöst.

Kunstvoll konstruiert Böll seinen Roman *Billard um halbzehn:* Ausgehend von einem einzigen Tag, dem 6. September 1958, und wieder in diesen einmündend, wird in Rückblenden die Entwicklung von drei Generationen der Architektenfamilie Fähmel seit 1907 geschildert. Alle Fähmels haben in irgendeiner Weise mit der Errichtung, der Zerstörung und dem Wiederaufbau der Abtei Sankt Anton zu tun. Die Symbolik von Schwarz (»das Sakrament des Büffels«) und Weiß (»das Sakrament der Lämmer«) setzt Böll bewusst ein, weil es ihm um einen biblisch aufgeladenen Antagonismus von Verfolgern und Verfolgten, Nationalisten und Pazifisten, Faschisten und Antifaschisten geht.

Der Roman *Ansichten eines Clowns* erzählt die Geschichte von Hans Schnier, Sohn aus reichem Haus, der unter den borniertern Phrasen, der Unbarmherzigkeit und der bequemen Moral der Wohlstandsgesellschaft leidet und aus Protest gegen die Verlogenheit der Gesellschaft zum Clown wird. Bedingt durch familiäre Ereignisse in der jüngsten Geschichte und eine konfessionell begründete Liebesenttäuschung ergeht sich Schnier in zum Teil brillanten, zum Teil larmoyanten zeit- und gesellschaftskritischen Reflexionen.

»Wie Gewalt entstehen und wohin sie führen kann« ist der Untertitel des Romans *Die verlorene Ehre der Katharina Blum,* der Geschichte einer jungen, hübschen Frau, die durch Zufall in den Mittelpunkt des Sensationsjournalismus und der Polithetze einer großen Boulevardzeitung gerät – das

Vorbild der »Bild«-Zeitung und der Terroristenjagd Anfang der siebziger Jahre ist unverkennbar.

Gruppenbild mit Dame ist nicht nur Bölls wichtigster, sondern auch sein umfassendster Roman, mit Romy Schneider in der Titelrolle verfilmt. Mehrere Jahrzehnte der deutschen Vorkriegs- und Nachkriegsgeschichte werden anschaulich durch ein Geflecht von Lebensläufen in einer westdeutschen Großstadt. Im Mittelpunkt steht eine Frau mit großer Anziehungskraft auf alle Menschen, die mit ihr in Berührung kommen: Leni Pfeiffer, die wegen ihrer Liebe zu einem sowjetischen Kriegsgefangenen noch Jahre nach Kriegsende leiden muss, ihr Schicksal jedoch mit der naiven Sicherheit eines zur Liebe bestimmten Menschen besteht.

Frauen vor Flußlandschaften schließlich lässt sich kaum mehr als Roman bezeichnen: Hier dominieren Dialoge und Selbstgespräche, nichts wird linear erzählt, sondern nur dramatisch skizziert – ein Buch, das in jeder Hinsicht offen bleibt und für nicht wenige begeisterte Böll-Leser auch zu wünschen übrig lässt.

PAUL CELAN

* 23. November 1920 Czernowitz (Ukraine)
† April 1970 Paris

Gedichte
Der Sand aus den Urnen
Mohn und Gedächtnis
Von Schwelle zu Schwelle
Sprachgitter
Die Niemandsrose
Atemwende
Fadensonnen
Lichtzwang
Schneepart. Letzte Gedichte

PAUL CELAN

Handwerk – das ist Sache der Hände. Nur wahre Hände
schreiben wahre Gedichte. Ich sehe keinen prinzipiellen
Unterschied zwischen Händedruck und Gedicht.
PAUL CELAN

Schwarze Milch der Frühe wir trinken dich nachts
wir trinken dich mittags der Tod ist ein Meister aus
    Deutschland
wir trinken dich abends und morgens wir trinken und
    trinken
der Tod ist ein Meister aus Deutschland sein Auge ist
    blau
er trifft dich mit bleierner Kugel er trifft dich genau
ein Mann wohnt im Haus dein goldenes Haar Margarete
er hetzt seine Rüden auf uns er schenkt uns ein Grab in der
    Luft
er spielt mit den Schlangen und träumet der Tod ist ein
    Meister aus Deutschland
dein goldenes Haar Margarete
dein aschenes Haar Sulamith
PAUL CELAN, TODESFUGE

Paul Celan kommt aus der Hölle der NS-Vernichtungs-
lager. Die Gedichte dieses Schmerzensmanns der deutschen Lyrik, dem »absoluten Exil« und entfremdetster Isola-
tion abgetrotzt, gehören unbestritten zu den bedeutendsten
der deutschen Nachkriegszeit. Sie wollen weder eine ästhetische Distanz zum Gegenstand noch zum Leser anerken-
nen. Ihre unerhörte Intensität und Dichte ist auch in seiner
berühmten *Todesfuge*, die heute in nahezu jedem Schulbuch
steht, spürbar, eine dichterische Vergegenwärtigung jüdischen Schicksals in den Vernichtungslagern der Nazis,
die durch die Magie der Bilder und das eindringliche Pathos eine düstere Faszination ausübt. Dabei dient die Mehr-
deutigkeit der Präzision nicht dem hermetischen Abschluss
vermeintlich klarer Sachzusammenhänge. *Die Todesfuge* ist
dafür nur ein Beispiel, aber ein besonders wirkmächtiges, ist

es doch gleichsam das Initiationsritual zur gehobenen Gedichtinterpretation im Deutschunterricht.

Nicht nur der Literaturbetrieb, auch die Öffentlichkeit zeigt sich verstört über diese jüdische Mystik des Erinnerns, die stets auf der Flucht vor der Vergangenheit ist und stets auch auf der Suche nach ihr. Mit seinen sprachlich verknappten Gedichten voller metaphorischer Bilder begibt Celan sich hinaus in einen »unheimlichen Bereich«, findet jedoch kaum einen Weg ins Gehör und ins Herz seiner Zeitgenossen. »Lippe wußte, Lippe weiß, Lippe schweigt es zu Ende.«

Celans Sprache, die, wie er selbst sagt, »durch furchtbares Verstummen hindurchging«, seine leise, und doch so eindringliche Stimme versinkt in der Stille. »Es ist Zeit, daß es Zeit wird«, heißt es in *Corona*, in einem flüchtigen Blick der Liebe: »Mein Aug steigt hinab zum Geschlecht der Geliebten: wir sehen uns an, wir sagen uns Dunkles, wie lieben einander wie Mohn und Gedächtnis, wir schlafen wie Wein in den Muscheln, wie das Meer im Blutstrahl des Mondes.« Kann man schöner, wahrer und buchstäblich herzergreifender, herzbeklemmender dichten als Paul Celan?

WOLFGANG BORCHERT

* 20. Mai 1921 Hamburg
† 20. November 1947 Basel

Lyrik
Laterne, Nacht und Sterne
Nachgelassene Gedichte
Prosa
Die Hundeblume
An diesem Dienstag
Generation ohne Abschied
Nachgelassene Erzählungen

WOLFGANG BORCHERT

Drama
Draußen vor der Tür

> Verantwortung ist doch nicht nur ein Wort, eine chemische
> Formel, nach der helles Menschenfleisch in dunkle Erde
> verwandelt wird. Man kann doch Menschen nicht für ein
> leeres Wort sterben lassen. Irgendwo müssen wir doch hin
> mit unserer Verantwortung. Die Toten – antworten nicht.
> Gott – antwortet nicht. Aber die Lebenden, die fragen. Die
> fragen jede Nacht, Herr Oberst. Wenn ich dann wach lie-
> ge, dann kommen sie und fragen. Frauen, Herr Oberst,
> traurige, trauernde Frauen. Alte Frauen mit grauem Haar
> und harten rissigen Händen – junge Frauen mit einsamen
> sehnsüchtigen Augen. Kinder, Herr Oberst, Kinder, viele
> kleine Kinder. Und die flüstern dann aus der Dunkelheit:
> Unteroffizier Beckmann, wo ist mein Vater, Unteroffizier
> Beckmann? Unteroffizier Beckmann, wo ist mein Sohn, wo
> ist mein Bruder, Unteroffizier Beckmann? Unteroffizier
> Beckmann, wo? wo? wo? So flüstern sie, bis es hell wird.
> WOLFGANG BORCHERT, DRAUßEN VOR DER TÜR

Wolfgang Borchert ist vom Krieg gezeichnet: eingezogen
zur Armee mit verbrecherischem Auftrag, dann angeklagt wegen Wehrkraftzersetzung, dann an der Ostfront, im
Lazarett, in der Untersuchungshaft und im Gefängnis. Als
der Krieg zu Ende ist, kehrt er schwer krank nach Hamburg
zurück, wo er als Regieassistent und Kabarettist tätig ist. Mit
sechsundzwanzig Jahren liegt er in einem Krankenhaus und
schreibt in nur einer Woche das Werk, das ihn berühmt machen wird: *Draußen vor der Tür*. Zunächst als Hörspiel, dann
als Theaterstück, »das kein Theater spielen und kein Publikum sehen will« – eine Fehlprognose, wie sich herausstellt,
denn es wird *das* Erfolgsstück der Nachkriegsjahre.

In diesem Stück beschwört Borchert das Schuldbewusst-
sein und die Verlassenheit des Kriegsheimkehrers. Tief verstört kehrt Beckmann, der Anti-Held, aus dem Grauen des
Krieges zurück, müde und zerschlagen, ausgesetzt den Ver-

222

drängungsversuchen seiner Mitmenschen, der Wucht seiner Erinnerungen und Alpträume. Ein müder Held, eigentlich gar keiner, denn die Generation, die Borchert verkörpert wie kein zweiter, ist der Helden überdrüssig: »Zwar hatte dieser Beckmann Lösungen nicht zur Hand, aber gerade daß der Tiefverstörte auf jede Lösung eine Frage wußte, entsprach aufs Haar der Disposition der deutschen Jugend« (Peter Rühmkorf).

Einen Tag vor der Uraufführung stirbt Borchert und hinterlässt ein schmales Werk, auf das man soviel Hoffnung setzen konnte.

FRIEDRICH DÜRRENMATT

* 5. Januar 1921 Konolfingen (bei Bern)
† 14. Dezember 1990 Neuenburg

Dramen
Es steht geschrieben (später unter dem Titel *Die Wiedertäufer*)
Romulus der Große
Die Ehe des Herrn Mississippi
Ein Engel kommt nach Brooklyn
Der Besuch der alten Dame
Der Blinde
Die Physiker
Der Meteor
Play Strindberg (nach *Der Totentanz*)
Titus Andronicus (nach Shakespeare)
Die Frist
Prosa
Der Nihilist
Die Stadt
Der Richter und sein Henker
Der Verdacht
Die Panne
Das Versprechen. Ein Requiem auf einen Kriminalroman
Durcheinandertal

> Claire Zachanassian: Das Leben ging weiter, aber ich habe nichts vergessen, Ill. Weder den Konradsweilerwald noch die Petersche Scheune, weder die Schlafkammer der Witwe Boll noch deinen Verrat. Nun sind wir alt geworden, beide, du verkommen und ich von den Messern der Chirurgie zerfleischt, und jetzt will ich, daß wir abrechnen, beide: Du hast dein Leben gewählt und mich in das meine gezwungen. Du wolltest, daß die Zeit aufgehoben würde, eben, im Wald unserer Jugend, voll von Vergänglichkeit. Nun habe ich sie aufgehoben, und nun will ich Gerechtigkeit, Gerechtigkeit für eine Milliarde.
>
> Friedrich Dürrenmatt, Der Besuch der alten Dame

Auch wenn Friedrich Dürrenmatt sich nicht nur für das Schreiben, sondern auch für das Malen und überhaupt für Verkleidungskünste interessiert – das Dramatische an und von ihm begründet seinen frühen und nachhaltigen Ruhm. Auch die Prosa wird von ihm zu Drehbüchern umgearbeitet, vielleicht in der Hoffnung, sie gewinne erst in Bewegung und Ausdruck umgesetzt an ultimativer Relevanz. Friedrich Dürrenmatt ist oft als Antipode zu Max Frisch gesehen worden, als ergäbe die Komplementarität dieser Autoren das ganze Bild der schweizerischen Literatur des vergangenen halben Jahrhunderts. Beide sind als Dramatiker von Bertolt Brecht beeinflusst, wobei Dürrenmatt eher auf schwarze komödiantische und theatralische Effekte setzt.

Doch so witzig und kabarettistisch sich das liest oder auf die Bühne kommt, so überzeugend sich moralische Analyse mit Ironie und Parodie verbindet und einen gewissen Abstand zur Zeit schafft, es ist etwas Grimmiges bei Dürrenmatt. Er traut der Tragödie keine Kraft zur Katharsis mehr zu: »Die Tragödie setzt Schuld, Not, Maß, Übersicht, Verantwortung voraus. In der Wurstelei unseres Jahrhunderts, in diesem Kehraus der weißen Rasse, gibt es keine Schuldigen und keine Verantwortlichen mehr. Alle können nichts dafür und haben es nicht gewollt.«

Die Ehe des Herrn Mississippi kommt als eine glänzende Satire auf die Weltverbesserer auf die Bühne: Ein Salonkommunist, ein Sittlichkeitsfanatiker und ein Philanthrop scheitern an ihren Ideen, morden um der Gerechtigkeit oder Freiheit willen, während eine berechnende Giftmischerin die Herrschaft an sich reißt. Die Lust am Absurden ist auch in anderen Werken spürbar. *Ein Engel kommt nach Babylon* – und die verkörperte Gnade stiftet zuletzt doch nur Verwirrung und Revolution.

Das Stück *Die Physiker* behandelt die Rolle der Naturwissenschaften beim Fortschritt der Menschheit und kommt – nicht zuletzt unter dem Eindruck des atomaren Wettrüstens – zu einem pessimistischen Resultat: Idealisten wie der Physiker Möbius täuschen sich über die kriminelle Wirklichkeit. Das Irrenhaus, in dem der Entdecker sein Wissen um die »Weltformel« zum Schutz der Menschheit versteckt, entpuppt sich als Schaltzentrale des rationalistischen Wahnsinns.

Auch *Der Besuch der alten Dame* ist alles andere als harmlos. Als »reichste Frau der Welt« kehrt Claire Zachanassian aus Amerika in ihre völlig verarmte Heimatstadt zurück und macht den Honoratioren ein »unmoralisches Angebot«: Sie bietet eine Milliarde und will dafür Gerechtigkeit und Rache: Sie verlangt den Kopf jenes Mannes, der sie in ihrer Jugend verführte und verstieß. Die Honoratioren lehnen den Handel zwar empört ab, nehmen aber im Hinblick auf die mögliche Geldquelle schon einmal Kredit auf und sehen sich dann am Ende aus Gründen der »Moral« tatsächlich genötigt, dem Verlangen der alten Dame nachzukommen. Eine bittere Kritik am aufblühenden Kapitalismus in tragikomischer Verabsolutierung.

INGEBORG BACHMANN

* 25. Juni 1926 Klagenfurt
† 17. Oktober 1973 Rom

Gedichte
Die gestundete Zeit
Anrufung des Großen Bären
Romane und Erzählungen
Das dreißigste Jahr (darin: *Undine geht*)
Malina
Simultan
Undine geht
Hörspiele
Zikaden
Der gute Gott von Manhattan
Libretto
Der Prinz von Homburg (Oper von Hans Werner Henze)

Diese mädchenhafte Frau strömte nur Liebe aus. Die Augen, als sie mich ansahen, die Hände als sie mir zutrank, alles war eine Botschaft der Liebe. Ich habe nie einen Menschen gekannt, der bei aller Zurückhaltung, ja Verschlossenheit, so ganz in jeder Geste, in jedem Wort überströmte von Sympathie ... eine jeden, der ihr begegnete, belebende und bezaubernde Kraft. *Kuno Raeber*

In Ingeborg Bachmanns Büchern wird viel gelitten und hoffnungslos geliebt. Die Frau ist die Schwache, die Leidende. Die flüchten muß. Die unverstanden bleibt. In ihrer Weiblichkeit und Weichheit. *Volker Weidermann*

Ingeborg Bachmann, die Wörterzauberin und Leidensbeschwörerin, der Literatur- und Erotikstar der Gruppe 47, schafft es bis auf einen Titel des »Spiegel«. Obwohl sie sich von keinem Literaturtrend ihrer Zeit vereinnahmen lässt, weder vom Realismusdiktat ihrer Bezugs- und Bezie-

hungsgruppe noch von den Sprachmustern der Studenten-
revolte, ist ihr kritischer Blick ganz auf die Zeit gerichtet:
auf die Verheerungen im Privaten ebenso wie auf den leeren
Konsumismus, in dem die Menschen nur noch die Masken
der Werbung tragen. Schmerzerfüllt, verwundet von dem,
was Liebe genannt wird, ist ihre Sprache oft pures Pathos,
rauschhaft und hellsichtig zugleich, sind ihre Bücher von
dunkler Tragik und luzider Erkenntnis. Ungeschützt gegen
die »ungeheuerliche Kränkung, die das Leben ist«.

Ingeborg Bachmann will lieben, wird aber dabei nie
glücklich. Diese Erfahrung, diese Erkenntnis trägt sie in
beinahe jedes Stück Literatur, das sie auf ihrer Reiseschreib-
maschine verfasst. *Malina* soll der Auftakt zu einem Zyklus mit dem beziehungsreichen Titel *Todesarten* werden:
ein Roman über die Männer, die Täter, und die Frauen, die
einsamen, mysteriösen, die Opfer mit den schönen Gefühlen. Umgebracht haben sie die namenlose Erzählerin: der
lachende und der Welt zugewandte Ivan, der tyrannische
Vater, der scheinbar einfühlsame und doch immer überle-
gene und ungeduldige Malina. »Es war Mord.« Am Ende
verschwindet die Erzählerin in einem Spalt in der Wand.

Der Spalt – Ingeborg Bachmanns Ort, dort wo sie sich
einrichtet, unfähig zerstreut, das Klischee der Dichterin
perfekt erfüllend. Der Spalt zwischen der Figur, die Me-
dien produzieren, und der leidenden Seherin, die sich aus
den Texten erschließt. Klatschlust und Blendung – Ingeborg Bachmann leidet darunter und leistet ihnen zugleich
Vorschub. Was zu einer eigenartigen, überintellektuellen
Rollenprosa führt: »Ich höre darin«, gesteht die Schriftstellerin Ulrike Draesner, »nicht als ,als ob', sondern gewollt
direkt, einen persönlichen Schrei. Und ich glaube ihn nicht.
Er ist gemacht. Da will jemand Opfer sein. Ich finde das
aufdringlich. Wenn ich mich überwinde, das Schrei-Zitat
noch einmal betrachte und damit meine eigene Wahrneh-
mung, spüre ich nicht nur die Inszenierung dieses Schreis,
sondern, darin, ein Taumeln des erzählerischen Ganges.

Hier horche ich auf. Hier scheitern die Texte. Hier sind sie interessant.«

Dieser hohe moralische Ton, diese Inszenierung von Wahrheit und Gewissen, dieser mit Koketterie gepaarte Exhibitionismus der Seele verstört die einen Leser, fasziniert die anderen Leserinnen. Er ist Ingeborg Bachmanns wunder Punkt. Ihr Beweis, dass sie gerade auch im Fragilen, im Scheiternden, in dieser irritierenden Mischung aus Neugier und Scham eine Ausnahmeerscheinung der deutschen Literatur ist.

In Rom verbrennt eines Nachts die Dichterin selbst, durch Tabletten ruhiggestellt, allein in einem Hotelzimmer, als eine brennende Zigarette ihr Négligé in Flammen setzt. Ein Mann ist nicht in ihrer Nähe.

Jahre zuvor, von 1958 bis 1963, sind Ingeborg Bachmann und Max Frisch das Traumpaar der deutschen Literatur. Frisch hat der Geliebten in seiner Erzählung *Montauk* ein Mémorial gesetzt.

Siegfried Lenz

* 17. März 1926 Lyck (Ostpreußen)

Romane

Es waren Habichte in der Luft
Duell mit dem Schatten
Der Mann im Strom
Brot und Spiele
Stadtgespräch
Deutschstunde
Das Vorbild
Heimatmuseum
Exerzierplatz
Fundbüro
Der Verlust

Die Klangprobe
Die Auflehnung
Arnes Nachlaß
Erzählungen und kleine Prosa
So zärtlich war Suleyken. Masurische Geschichten
Lehmanns Erzählungen oder So schön war mein Markt. Aus
   den Bekenntnissen eines Schwarzhändlers
Jäger des Spotts
Das Feuerschiff
Stimmungen der See
Der Spielverderber
Ludmilla
Der Geist der Mirabelle. Geschichten aus Bollerup
Das serbische Mädchen
Essays
Über den Schmerz
Über das Gedächtnis
Drama
Zeit der Schuldlosen

Siegfried Lenz unterscheidet sich in wirklich allem von seinem genialischen Namensbruder aus dem 18. Jahrhundert. Musterknabe der deutschen Literatur – so haben Kritiker diesen ostpreußischen Erzähler genannt, der sich nun schon seit fünfzig Jahren zäh und beharrlich um immer neue Antworten auf die Herausforderungen der Zeit bemüht.

Ohne Zweifel gehört Lenz zu den populärsten Schriftstellern, über die Deutschland verfügt; seine Romane und Erzählungen haben Millionenauflagen, sein Name fehlt in keinem Schulbuch. Dieser Ruhm hat ihn jedoch nicht überheblich oder gar arrogant gemacht, im Gegenteil, er bleibt am liebsten im Hintergrund, wenn literarische Lorbeeren verteilt werden. Und doch mischt er auf seine unnachahmlich zurückhaltende Art mit, wenn es gilt, Stellung zu beziehen.

Lenz hat einen menschenfreundlichen Pakt mit dem Leser geschlossen. Er nennt den Erfolg einen Zuwachs an Freiheit.

Es spricht für seine Bescheidenheit, wenn er Geschichten schreiben will, die sein Publikum nicht unbetroffen lassen.

Plötzlich ist er da, mit seinem Roman *Es waren Habichte in der Luft*. Einer Geschichte, die nach dem Ersten Weltkrieg in Finnland spielt, wo das Böse als politische Macht Angst und Misstrauen entstehen lässt. Und der Dorfschullehrer Stenka, den die Revolutionsregierung sucht und der untertauchen will, kurz vor der Grenze gefasst und »erledigt« wird. Von da an geht es um die großen, drückenden Themen, um Bedrohung und Mut, um Schatten und Schuld, um das Altern (*Der Mann im Strom* und *Brot und Spiele*) und um Gewissen und Widerstand.

In seinen Erzählungen liebt Lenz die pointierte Fabel, solide gearbeitet, einfallsreich konstruiert und mit satirischem Geschick erzählt. *Lehmanns Erzählungen* sind die Bekenntnisse eines Schwarzhändlers. *Der Geist der Mirabelle* verändert die Bewohner von Bollerup. Und das am meisten geliebte Lenz-Buch? Zweifellos die masurischen Geschichten *So zärtlich war Suleyken*.

In seinem bedeutendsten und auch erfolgreichsten Roman *Deutschstunde* lässt Lenz seinen Protagonisten Siggi Jepsen 1954 im Arrest einen Aufsatz über »die Freuden der Pflicht« schreiben. Als Siggi leere Blätter abgibt, wird er in Einzelhaft genommen, um ihn zur Räson zu bringen. Hier erinnert sich der Junge zurück bis ins Jahr 1943, ruft er sich seine Auseinandersetzung mit dem Elternhaus ins Gedächtnis: Der Vater Jesper Jepsen kommt in Rugbüll, dem »nördlichsten Polizeiposten Deutschlands«, den Pflichten seines Amtes rücksichtslos nach. Eines Tages muss der Polizist dem dort zurückgezogen lebenden Maler Max Nansen, seinem ehemaligen Jugendfreund, den Berufsverbotsbescheid der NS-Kulturbehörde zustellen und für dessen Einhaltung sorgen. Während der Vater den Maler mit paranoider Besessenheit zu überwachen beginnt, setzt sich der Sohn von ihm ab. Auch nach 1945, als Jesper Jepsen sich als harmlosen Mitläufer sieht.

Diese Geschichte erzählt Lenz mit großer Detailfreude und in seinem charakteristischen behäbigen Stil. Auch die folgenden Romane greifen »deutsche Themen« auf, ob sich drei Pädagogen über die Aufnahme von Texten in ein zeitgemäßes Lesebuch streiten (*Das Vorbild*), oder ob sich alles um kleine, die lokale Geschichte dreht (*Heimatmuseum, Exerzierplatz*). Von seinen jüngeren Werken überzeugen vielleicht am meisten das skurrile, überraschende, wenn auch manchmal etwas langatmige *Fundbüro* und der zu Herzen gehende Roman *Arnes Nachlaß*.

MARTIN WALSER

* 24. März 1927 Wasserburg (Bodensee)

Romane und Erzählungen
  Ehen in Philippsburg
  Halbzeit
  Das Einhorn
  Lügengeschichten
  Die Gallistl'sche Krankheit
  Der Sturz
  Jenseits der Liebe
  Ein fliehendes Pferd
  Seelenarbeit
  Das Schwanenhaus
  Brandung
  Die Jagd
  Die Verteidigung der Kindheit
  Ohne einander
  Finks Krieg
  Dorle und Wolf
  Meßmers Gedanken
  Ein springender Brunnen
  Tod eines Kritikers
  Der Augenblick der Liebe

Angstblüte
Essays
Über Deutschland reden

> Man kann sich darauf verlassen, daß das, was ich sage,
> um so weniger meine Meinung ist, je heftiger ich es sage.
> Ich wundere mich selber darüber, wie ich mich anstrenge,
> etwas zu beweisen, was ich selber nicht glaube. Und weil
> ich, was ich beweisen will, selber nicht glaube, ist es so
> anstrengend, es zu beweisen. Geht es anderen anders?
> Martin Walser, Meßmers Gedanken

Dieser Chronist der westdeutschen Gesellschaft bezieht
einen nicht geringen Teil seiner kreativen Energie aus
einem nie endenden Kampf gegen die Literaturkritik und
deren vermeintliche Verkennung seiner Leistung. Mit *Ehen
in Philippsburg* findet Martin Walser noch den ungeteilten
Beifall der Rezensenten: Er schildert den Aufstieg eines jungen Journalisten in die großbürgerliche Gesellschaft, deren
Brüchigkeit im Verfall der Ehen offensichtlich wird. Doch
mit den drei Romanen um seinen Helden und Ich-Erzähler Anselm Kristlein, einem wendigen Vertreter, Verkaufs-
repräsentanten und Werbefachmann (*Halbzeit*, *Das Einhorn*,
Der Sturz), ist es aus mit dem gemütlichen Einverständnis.
Mit ihm nimmt Walser einen zweifelhaften Weg nach oben.
Kristleins misslingender Versuch, die Liebe buchstäblich zu
erfassen – er soll im Auftrag einer Schweizer Verlegerin ein
Buch über die Liebe schreiben –, seine Beziehungsdesaster,
seine Reisen und die Feste, die er mitfeiert, geben allerlei
Anlass zu munteren gesellschaftskritischen Seitenhieben.

Groß ist die Anerkennung der sprachlichen Virtuosität
Walsers, als problematisch wird jedoch die leichtfertige Ge-
fährdung der Lesbarkeit durch ungehemmtes Palavern und
durch eine nicht einzudämmende Lust an der Suada, am
Amorphen und Unbändigen empfunden. All diese lustigen
Einfälle, all diese ausufernden Assoziationen, Exkurse, Es-

kapaden und Ausschweifungen aller Art, all dieses mitunter aufdringliche Wortgeklingel, an dem sich Witz, Ironie und Larmoyanz fröhlich beteiligen! Ja, immer wird »das Muster gemacht und dann zerstört. Kunst zeigt nur, daß nichts gerettet wird.« Doch muss man gleich von »gallertartigem Gebilde« (Marcel Reich-Ranicki über *Das Einhorn*) sprechen, die erzählerische Leistung Walsers (bewusst?) missverstehen, weil er dem vorgefassten Verständnis, was ein Roman sei und zu leisten habe, nun einmal nicht entspricht?

Resonanz beim Publikum findet Walser vor allem mit *Ein fliehendes Pferd*, der Geschichte einer Ehe in der Krise der Lebensmitte, sowie mit dem deutsch-deutschen Paar *Dorle und Wolf*. Mit *Meßmers Gedanken* stellt Walser sich in die Tradition autobiographischer Selbsterkundung und wagt sogar so etwas wie einen minimalistischen Kontrapunkt zu seinem ansonsten wortreichen Werk.

Walser hat alles, was er sich nur wünschen kann: Er ist bei den Literaturkritikern umstritten, beim Publikum beliebt, jeder seiner Äußerungen wird auf die Goldwaage der *political correctness* gelegt und löst Stürme frenetischer Zustimmung oder heftiger Ablehnung aus. Furore im Kulturbetrieb macht er mit Meinungen, Ansichten, Einstellungen, Haltungen – zur deutschen Geschichte, zum Holocaust, zur Wiedervereinigung, zum Patriotismus. So bekennt er sich 1998 in seiner Dankesrede zum Friedenspreis des Deutschen Buchhandels zu seinen Vorbehalten gegenüber den ständigen, wie eine »Moralkeule« geschwungenen öffentlichen Hinweisen auf den Holocaust, was nicht nur im Feuilleton eine hitzige Debatte auslöst. Auch seine Fehde mit Marcel Reich-Ranicki, die 2002 im Roman *Tod eines Kritikers* – wohl eine Retourkutsche gegen erlittene Demütigungen – gipfelt, provoziert vehemente Reaktionen.

Walsers Leiden – zum Beispiel an der deutschen Teilung – ist immer laut. Seine Position nicht immer kalkulierbar – mal gilt er als Kommunist, mal als Reaktionär. Doch ob er es nun genießt, mit seinen klugen und psychologisch versierten Beobachtungen deutscher Befindlichkeiten das *enfant terrible* eines nicht unwesentlichen Teils der Literaturszene zu sein, stets das rote Tuch für die meinungsbildenden Stiere schwenkend, wage ich nicht zu entscheiden. Walser wirkt womöglich sogar weniger mit dem, was und wie er schreibt, sondern wie er es verkauft. Er braucht die öffentliche Bühne für Zorn und Affront. In schöner Regelmäßigkeit befeuert er den oft erkaltenden Ofen des Literaturbetriebs. Seine adrenalinfördernde Bedeutung liegt darin, dass er Literatur auch in einer breiteren Öffentlichkeit wahrnehmbar und streitbar macht. Noch immer, immer wieder.

GÜNTER GRASS

* 16. Oktober 1927 Danzig

Gedichte
Die Vorzüge der Windhühner
Ausgefragt
Letzte Tänze
Romane und Erzählungen
Die Blechtrommel
Katz und Maus
Hundejahre
Örtlich betäubt
Das Treffen in Telgte
Der Butt
Die Rättin
Ein weites Feld
Mein Jahrhundert
Im Krebsgang
Autobiographische Prosa
Aus dem Tagebuch einer Schnecke
Zunge zeigen
Beim Häuten der Zwiebel

Dramen
Beritten hin und zurück
Hochwasser
Noch zehn Minuten bis Buffalo
Die Plebejer proben den Aufstand
Davor

> Die Fähigkeit, mittels einer Kinderblechtrommel zwi-
> schen mir und den Erwachsenen eine notwendige Distanz
> ertrommeln zu können, zeitigte sich kurz nach dem Sturz
> von der Kellertreppe fast gleichzeitig mit dem Lautwer-
> den einer Stimme, die es mir ermöglichte, in derart ho-
> her Lage anhaltend und vibrierend zu singen, zu schreien
> oder schreiend zu singen, daß niemand es wagte, mir mei-
> ne Trommel, die ihm die Ohren welk werden ließ, wegzu-
> nehmen; denn wenn mir die Trommel genommen wurde,
> schrie ich, und wenn ich schrie, zersprang Kostbarstes: Ich
> war in der Lage, Glas zu zersingen, mein Schrei tötete Blu-
> menvasen; mein Gesang ließ Fensterscheiben ins Knie bre-
> chen und Zugluft regieren; meine Stimme schnitt gleich
> einem keuschen und deshalb unerbittlichen Diamanten
> Vitrinen auf und verging sich im Inneren der Vitrinen,
> ohne dabei die Unschuld zu verlieren, an harmonischen,
> edel gewachsenen, von lieber Hand geschenkten, leicht
> verstaubten Likörgläsern.
> *Günter Grass, Die Blechtrommel*

Günter Grass ist und bleibt ein Kind aus Danzig. Hier beginnt sein Leben, hier findet er seine Stoffe, diese Stadt
ist sein Mikrokosmos, weil sich »gerade in der Provinz all
das spiegelt und bricht, was weltweit – mit den verschiedenen Einfärbungen natürlich – sich auch ereignen könnte
oder ereignet hat«.
Der Literaturnobelpreisträger hat auch Talente als Gra-
phiker und Bildhauer, doch sein eigentliches Metier ist das
Verwandeln alles Beobachteten in kunstvolles Erzählen und
lebenssattes Fabulieren. Als Epiker tritt er die eigentliche
Nachfolge von Thomas Mann an. Im literarischen Leben

Deutschlands spielt Grass noch immer die zentrale Rolle. Obwohl er in dem fast halben Jahrhundert seit der virtuosen *Blechtrommel* keinen Roman von auch nur annähernd großer Wirkung geschrieben hat.

Mit diesem gewaltigsten und berühmtesten Werk der deutschen Nachkriegsliteratur entwirft Grass ein dreißig Jahre umfassendes chronologisches Zeit- und Lebenspanorama. Erzähler ist Oskar Matzerath, kleinwüchsiger Bewohner einer Heil- und Pflegeanstalt, der einfach aufgehört hat zu wachsen – wie der Simplicissmus von Grimmelshausen ein Pikaro, ein Schelm, der seine Gesellschaft als Außenseiter »von unten« beobachtet. Dieser wütende Wicht kennt die Mächtigen, wie sie sind, weil sie es für überflüssig halten, sich vor ihm zu verstellen. Die Blechtrommel, die Oskar so grimmig bearbeitet, wird zum Symbol der Mahnung, sie will den wegschauenden und wegdämmernden Zeitgenossen aufschrecken. Noch nie zuvor ist über das Dritte Reich in solch krasser, grotesker Perspektive geschrieben worden, mit großem Getöse wird das Trauma des Verschweigens und Verdrängens weggetrommelt. Nicht zuletzt auch der preisgekrönte Film von Volker Schlöndorff trägt diesen Bestseller in alle Welt.

Pflichtlektüre im Deutschunterricht ist die Novelle *Katz und Maus*: Seinen überdimensionalen Adamsapfel (»Maus«), dem gegenüber sich die Umwelt aggressiv wie eine Katze verhält, sucht Joachim Mahlke hinter einem Ritterkreuz zu verbergen. So entwickelt sich aus einem Manko Draufgängertum und militärischer Karrierismus als Paradigma für Anpassung und Aufstieg im Dritten Reich. Grass' unverkrampfte Darstellung der Sexualität trägt ihm in der sündenschnüffelnden Adenauerzeit den Vorwurf ein, ein Pornograph zu sein – im Rückblick nur schwer nachzuvollziehen.

Der kritische Zeitroman *Hundejahre* beleuchtet am Leben des Eduard Amsel die Entwicklung von der Weimarer Republik bis nach dem Zweiten Weltkrieg. *Der Butt* und *Die*

Rättin sind symbolträchtige Figuren aus den deutschen Eingeweiden. Im *Butt* wird die historische Rolle der Frauen seit der Jungsteinzeit am Beispiel von neun Köchinnen unter wechselnden sozialen und politischen Bedingungen dargestellt. Grass folgt hier der feministischen These vom Versagen des männlichen Prinzips, ohne der Versuchung zu erliegen, das Hohelied von der prinzipiell weiblichen Überlegenheit zu singen. Das Symbol der Männerherrschaft, der frauenfeindliche Butt, taugt jedenfalls nicht zur Bereicherung des Küchenzettels.

Die Fontane-Phantasie *Ein weites Feld* vermag weder Publikum noch Kritik recht zu überzeugen: Der Literaturkritiker Marcel Reich-Ranicki verreißt das Buch mit Verve, und »Der Spiegel« macht dazu einen skandalträchtigen Titel.

Die zuletzt erschienene Novelle *Im Krebsgang* verblüfft noch einmal sein Publikum: Mit der Geschichte des Untergangs der »Wilhelm Gustloff« schildert Grass das Schicksal der deutschen Flüchtlinge am Ende des Zweiten Weltkriegs.

CHRISTA WOLF

* 18. März 1929 Landsberg (Warthe)

Romane und Erzählungen
Moskauer Novelle
Der geteilte Himmel
Nachdenken über Christa T.
Kindheitsmuster
Kein Ort. Nirgends
Kassandra
Störfall. Nachrichten eines Tages
Was bleibt
Leibhaftig
Medea. Stimmen
Ein Tag im Jahr

CHRISTA WOLF

Essays
    Der Schatten eines Traumes
    Fortgesetzter Versuch
Autobiographische Schriften
    Blickwechsel
    Zu einem Datum

> Wie aber innerlich beteiligtes Schreiben immer auch mit
> Selbstbehauptung und Selbstentdeckung zu tun hat; wie
> jeder nicht nur die Leiden, sondern auch die Ermuti-
> gungen hat, die zu ihm passen, so hat sie, abends in ih-
> rem Zimmer, unter den vielen Schildern, keineswegs im
> reinen mit sich, doch die Genugtuung gehabt, das Kind
> am Abend wieder aufstehen zu sehen: ängstlich, an die
> Latten der Gartenpforte geklammert, den Auszug der Zi-
> geunerfamilie beobachtend. Schmerz empfinden, Sehn-
> sucht, etwas wie eine zweite Geburt. Und am Ende »ich«
> sagen: Ich bin anders.
> CHRISTA WOLF, NACHDENKEN ÜBER CHRISTA T.

Christa Wolf war und ist die Magna Mater der zeitgenössischen Literatur. Sie war Staatsdichterin in der DDR,
Volkes Stimme, Repräsentantin, und irgendwie ist sie es
auch heute noch. Immer hat sie Zeichen gesetzt, Menschen
ermutigt.

Ihr 1963 veröffentlichter Roman *Der geteilte Himmel* hat
ein deutsch-deutsches Schicksal zum Thema: Zwei junge
Menschen, Rita und Manfred, geraten am Ende auseinander,
nachdem der Mann die DDR in der Zuversicht verlassen hat,
das Mädchen werde nachkommen. Skeptisch gegenüber der
abgeschlossenen DDR, entschließt sich Wolf doch zu einer
optimistischen Perspektive: Rita entscheidet sich gegen die
Flucht in den ökonomisch und technisch effizienteren, aber
auch individualistischen und zynischen Westen. Ihre Zukunft liegt in einem gegenüber der Gesellschaft verantwortlichen, am Kollektiv ausgerichteten Leben in der »besseren
Hälfte Deutschlands«.

In dem Roman *Nachdenken über Christa T.* schreibt die Ich-Erzählerin nach Tagebuchnotizen, Briefen und anderen Dokumenten die Geschichte ihrer an Leukämie verstorbenen Freundin auf: Christa T. wird als scheue, verschlossene Einzelgängerin porträtiert, die sich selbst nur in der Distanz zum sozialistischen Kollektiv verwirklichen zu können glaubt. Mit subtiler Erzählkunst und erstaunlicher Offenheit thematisiert die Autorin das Problem einer individuellen Existenz in der kommunistischen Gesellschaft.

Es ist Christa Wolfs ureigenes Problem: Ihr Glaube daran, dass die DDR der bessere deutsche Staat sei, dass ein Sozialismus mit Anspruch auf Menschlichkeit möglich sein müsse, bekommt permanent Risse. Sie schafft es, zugleich das prominenteste literarische Aushängeschild der DDR zu sein und im Westen »oppositionell« gelesen zu werden. Seit Mitte 1965, bekennt sie, habe sie »mit dem Apparat nichts zu tun«.

»Wie sind wir so geworden, wie wir sind?« fragt Christa Wolf in ihrem Aufarbeitungs-Roman *Kindheitsmuster*, sucht sie Erklärungen für den gewöhnlichen, alltäglichen Faschismus. Sie findet sie in den Erfahrungen der Millionen von Mitläufern, in den Verhaltensmustern, wie sie von Kindesbeinen an gefordert und geprägt werden: Angst, Hass, Verstellung, Scheinheiligkeit, Hörigkeit und ein falsches Bewusstsein von Treue und Pflicht. Nelly Jordan heißt das Kind, dessen »Muster« hier geschildert werden, indem all die vergessenen, verdrängten Bilder der Vergangenheit ans Tageslicht gehoben werden. In einer Art Gerichtsverfahren mit sich selbst konfrontiert sich die Erzählerin auch mit ihrer eigenen kleinbürgerlichen, nicht weniger beschädigten Kindheit, mit all den »Schwierigkeiten beim Schreiben der Wahrheit«, die aus der Abwehr der Tabus und der Unfähigkeit zu trauern erwachsen: »Das Vergangene ist nicht tot; es ist nicht einmal vergangen. Wir trennen es von uns ab und stellen uns fremd. – Frühere Leute erinnerten sich leichter: eine Vermutung, eine höchstens halbrichtige Behauptung.

Ein erneuter Versuch, sich zu verschanzen. Allmählich, über Monate hin, stellte sich das Dilemma heraus: sprachlos bleiben oder in der dritten Person leben, das scheint zur Wahl zu stehen.«

Schließlich *Kassandra*, vielleicht Christa Wolfs dichteste Erzählung. Die Tochter des Trojerkönigs Priamos hat die Fähigkeit, die Zukunft zu schauen. Doch sie leidet unter dem Fluch, dass niemand ihren Prophezeiungen Glauben schenkt. Es ist Kassandras »innere Geschichte«, die Wolf interessiert, ihr »Ringen um Autonomie«, auch um Weiblichkeit angesichts der »Megamaschine« von »zerstörerischer Irrationalität«: der mykenischen, männlich-kriegerischen, zweckrationalen Zivilisation, die sich sowohl gegen die mutterrechtlich geprägte kretisch-minoische Kultur wie auch gegen Troja durchsetzt. Ein großartiger innerer Monolog der Titelheldin, der dem Mythos folgen will und doch auch die Versteinerungen des zeitgenössischen Denkens aufzubrechen versucht.

Auch in *Kein Ort. Nirgends*, einem fiktiven Gespräch zwischen Heinrich von Kleist und Karoline von Günderrode aus dem Jahr 1804, reflektiert Christa Wolf gesellschaftliche Befindlichkeiten im Gewand eines historischen Sujets. Für genau diese präzise Beobachtung und Verarbeitung sozialer und politischer Erfahrungen steht diese Schriftstellerin wie kaum eine zweite. Die Tragik ihrer Naivität liegt darin, dass Christa Wolf, die in den fünfziger Jahren selbst informelle Mitarbeitern der Staatssicherheit gewesen ist, später durch die Stasi überwacht wird, was sie in *Was bleibt* enthüllt.

Nach Wende und Wiedervereinigung schießen sich die westdeutschen Meinungsmacher auf sie ein und stilisieren sie zu einer – entweder opportunistischen oder in Illusionen befangenen – intellektuellen Verräterin an der Sache der Humanität. Sie wird zur Zielscheibe der Kritik, doch sie verschließt sich ihr hartnäckig.

Ja, was bleibt?

Christa Wolf ist eine Instanz. Eine moralische Instanz, die

von ihren heute zumeist älteren Leserinnen und Lesern geliebt wird. Für was? Vielleicht für ihr Pathos, für den hohen Ton der Leidenschaft und die Ambivalenz, die das sozialistische Deutschland seinen Bürgern aufgenötigt hat. Vielleicht aber auch nur für die Klischees, in welche die Lebenslügen gepresst sind.

Hans Magnus Enzensberger

* 11. November 1929 Kaufbeuren

Gedichte
    Verteidigung der Wölfe
    Landessprache
    Blindenschrift
    Die Furie des Verschwindens
    Der flüchtige Robert
    Zukunftsmusik
    Leichter als Luft. Moralische Gedichte
Roman
    Der kurze Sommer der Anarchie
    Wo warst du, Robert
Verserzählung
    Der Untergang der Titanic
Essays
    Einzelheiten
    Politik und Verbrechen
    Deutschland, Deutschland unter anderm
    Politische Brosamen
    Ach Europa!
    Mittelmaß und Wahn
    Aussichten auf den Bürgerkrieg

Dieser eine hat geschrieben, was es in Deutschland seit Brecht nicht mehr gegeben hat: das große politische Gedicht.
Alfred Andersch

was habe ich hier verloren,
in diesem land,
dahin mich gebracht meine älteren
durch arglosigkeit?
eingeboren, doch ungetrost,
abwesend bin ich hier,
ansässig im gemütlichen elend,
in der netten, zufriedenen grube ...
Hans Magnus Enzensberger, Landessprache

Der Lyriker Hans Magnus Enzensberger ist von überragender Bedeutung, der Erzähler jedoch von eher fragwürdiger Qualität, was seinem Ruhm, der Boss der Bosse der deutschen Intelligenzmafia zu sein, keinen Abbruch tut. Enzensberger hat sich mit Beharrlichkeit, Talent und Organisationsfreude – nicht zuletzt als Herausgeber des *Kursbuches*, des legendären Magazins *TransAtlantik* und der *Anderen Bibliothek* –, eine nahezu unanfechtbare Position an der Spitze des Kulturbetriebs und auch jener Bewusstseinsindustrie erworben, die er in *Einzelheiten* bereits perfekt desavouiert hat, als er sich gegen alle stellte, die etwas zu sagen haben in diesem Land: den »Spiegel«, die »Frankfurter Allgemeine Zeitung« und die »Bild«.

Früh erringt Enzensberger Aufsehen als Zeitkritiker und als »zorniger junger Mann«, der die intellektuelle Szene von links aufmischt. Locker im Aufbau, frei assoziierend und Bilder entwerfend, munter unterteilt in »freundliche«, »traurige« und »böse« Gedichte, ist *Verteidigung der Wölfe* ein Spiegel der gesellschaftlichen, kulturellen und politischen Situation, auf die Enzensberger ironisch oder aggressiv reagiert und mit dem er Aufsehen erregt, weil die politische Wirklichkeit hier Eingang in die Lyrik findet, ohne die Poesie zu zerstören.

Enzensbergers Gedichte sind ein mitunter ironischer Abgesang auch auf die traditionelle Hochtonlyrik: »Diese Gedichte sind Gebrauchsgegenstände, nicht Geschenkartikel im engeren Sinne … Der Leser wird höflich ermahnt, zu erwägen, ob er ihnen beipflichten oder widersprechen möchte.«

Landessprache bezieht sich auf Deutschland, formuliert eine Absage an den Kulturbetrieb und zieht sich in die Natur zurück, ohne zur teilnehmenden Versenkung wie in alten Zeiten zurückzukehren. Auch in späteren Lyrikbänden ist dies Enzensbergers Markenzeichen: ein gewagtes, aber auch überzeugtes Oszillieren zwischen Engagement und Eskapismus, Hoffnungsbereitschaft und Desillusionierung, Kritik und Ironie.

Leicht zu fassen ist Enzensberger nicht: Er profiliert sich als Kritiker der Restauration, als Fürsprecher des Sozialismus, doch auch als erfreulich unsicherer Kantonist für Fanatiker jeglicher Couleur, rechnet er doch auch mit den preiswerten Utopien allzu stürmischer Weltverbesserer ab. Gegen allen politischen Dezisionismus hält er den Geist offen, stellt er eine Haltung und Geste der Nüchternheit, des Zweifels, des hartnäckigen Beharrens gegen allzu aufdringliche Meinungsmoden, der Fähigkeit zur Selbstkorrektur auch und nicht zuletzt der unaufgebbaren Eigenverantwortlichkeit. Darin ist er wirklich bewundernswert.

Enzensberger ist ein produktiver Unruheherd in der deutschen Literaturküche. Dieser *Agent de la lettre* hat auf seiner Klaviatur ein unerschöpfliches Repertoire parat: »Enzensberger, der Essayist, der Dichter, Weltreisende, Übersetzer, Denker, Kritiker, Provokateur ist vor allem auch ein Unternehmer in eigener Sache« (Volker Weidermann).

MICHAEL ENDE

* 12. November 1929 Garmisch-Partenkirchen
† 28. August 1995 Filderstadt-Bonlanden

Romane und Erzählungen (vor allem, aber nicht nur für Kinder)
Jim Knopf und Lukas, der Lokomotivführer
Jim Knopf und die wilde 13
Momo
Die unendliche Geschichte
Der Spiegel im Spiegel
Trödelmarkt der Träume. Mitternachtslieder und leise Balladen
Der satanarchäolügenialalkohöllische Wunschpunsch
Michael Endes Zettelkasten. Skizzen und Notizen

> Es gibt Menschen, die können nie nach Phantásien kommen, und es gibt Menschen, die können es, aber die bleiben für immer dort. Und dann gibt es noch einige, die gehen nach Phantásien und kehren wieder zurück. So wie du, Bastian. Und sie machen beide Welten gesund.
> MICHAEL ENDE, DIE UNENDLICHE GESCHICHTE

Michael Ende ist vermutlich der unterschätzteste der bedeutenden deutschen Schriftsteller. Der enorme und anhaltende Erfolg seiner Kinder- und Jugendbücher (vor allem seiner abenteuerlich-phantastischen Erzählungen für Kinder, die beiden *Jim-Knopf*-Bücher sowie die unvergessliche *Momo*) verführt zu der Einschätzung, es hier »nur« mit einem zwar irgendwie genialen, aber doch auf sein jüngeres Publikum fixierten Erzähler zu tun zu haben.

Doch Ende ist ein Vorläufer dessen, was man heute modisch »All-Age« nennt: Literatur, die eigentlich Menschen aller Altersstufen lesen können. Sein Charme, seine Fabulierfreude, seine lustigen Charakterzeichnungen, seine witzigen Dialoge, seine unerschöpfliche Fähigkeit, Spannung und Poesie, märchenhafte Welt und realistische Welt miteinander zu verknüpfen, machen diesen geborenen Geschichtenerzähler zu einer Ausnahmeerscheinung in der deutschen Literatur. Dabei ist Ende kein versponnener Märchenerfinder, sondern ein kritisch reflektierender und genau kalkulierender Künstler, der sein Publikum auch und gerade bei Erwachsenen sucht, zum Beispiel mit *Spiegel im Spiegel, Trödelmarkt der Träume* und *Michael Endes Zettelkasten*.

Vor allem aber versteht er es, unzähligen Leserinnen und Lesern das Tor zur Welt der Phantasie aufzustoßen. Eine nachdenkliche Auseinandersetzung mit der Zeit bietet er in *Momo*, einem »Märchenroman«. In einem unbekannten Reich, das im Nirgends und Nie liegt und daher nur die Gegenwart kennt, ist eine Gesellschaft grauer Herren am Werk, die Menschen zum Zeitsparen zu verleiten und dabei in Wirklichkeit um die Zeit und das Leben zu betrügen. Allein Momo, die kleine Heldin der Geschichte, kämpft, nur mit einer Blume und einer Schildkröte, gegen die grauen Herren – und siegt.

Auch Bastian lernt ein unbekanntes Reich kennen, als er das Buch mit der *Unendlichen Geschichte* aufschlägt, das Michael Ende einen unendlichen Erfolg beschert hat. Er gelangt in das Land Phantásien und erhält ein Medaillon mit der Inschrift »Tu was du willst«. Zunächst verliert er sich in allerlei Phantasien, dann lernt er, seinen eigentlichen Sinn zu erkennen. Die wohl reizvollste Verquickung von phantastischer und realer Welt, die es je zwischen zwei Buchdeckeln gab.

REINER KUNZE

* 16. August 1933 Oelsnitz (Erzgebirge)

Gedichte
Vögel über dem Tau
Der Wind mit Namen Jaromir
Widmungen
Sensible Wege
Zimmerlautstärke
Brief mit blauem Siegel
Auf eigene Hoffnung
Eines jeden einziges Leben
Ein Tag auf dieser Erde
Prosa
Aber die Nachtigall jubelt
Die wunderbaren Jahre
Der Löwe Leopold. Fast Märchen, fast Geschichten
Das weiße Gedicht
Wohin der Schlaf sich schlafen legt. Geschichten für Kinder

Sie hatte den »Archipel GULAG« gelesen. Gegen meinen
Rat. Aber nicht die Berichte von den physischen Foltern
waren es, die sie verfolgten. »Hast du das gelesen von
der Ira Kalina?« sagte sie. Ich konnte mich nicht erinnern.
– Im Bahnhof der Butyrka, eines Durchgangsgefängnisses,
sagt ein Käufer, nachdem er die siebsehnjährige Ira Kalina
entdeckt hat: Na, zeigen Sie mal her. Ihre Ware! Sie wird
nackt zur Besichtigung vorgeführt.
»Wenn du dir vorstellst, daß es über Nacht wieder so werden kann«, sagte sie, »es laufen doch genug herum von
diesen Typen –, wenn du dir das vorstellst, dann fragst du
dich, warum du hier nicht doch abhaust. Lieber sich dabei
abknallen lassen.«
REINER KUNZE, DIE WUNDERBAREN JAHRE

Reiner Kunze scheint zunächst ein Glücksfall für die DDR-Literatur zu sein: Als studierter Bergarbeitersohn verkörpert er geradezu das Ideal des proletarischen Dichters, der mit seiner Klasse aufsteigt und dichtend ihren Standpunkt vertritt. Seine frühen Verse und Reimsprüche akklamieren das schöne Leben im Sozialismus: Bejahungslyrik ganz nach dem Geschmack der Nomenklatura. Wird *Widmungen* in der DDR noch als literarisches Ereignis von Rang gefeiert, stellt sich jedoch bald Entfremdung zwischen dem Dichter und seinem Staat ein. Mit *Sensible Wege* zieht Kunze sich schon den diskreditierenden, ja im Grunde vernichtenden Vorwurf der Innenweltschau und des Individualismus zu – in der Rhetorik der DDR-Kulturbürokratie ist das gleichbedeutend mit »erledigt«.

Es ist allzu offensichtlich: Kunze hat das Vertrauen in seinen Staat verloren. Nach der Beteiligung von DDR-Truppen am Einmarsch in die Tschechoslowakei – zu der Kunze eine besonders enge biographische Beziehung hat – und der Zerschlagung des »Prager Frühlings« 1968 kommt es zum Bruch. Zunehmend spricht er von Skepsis, Verzweiflung, Einsamkeit, sein Ton wird immer bitterer und schärfer. Kunze fällt aus der sozialistischen Gnade heraus, die Kommunikation mit ihm wird immer dünner. Dabei ist er alles andere als ein Befürworter oder gar Bewunderer westlicher Verhältnisse: »Der Mensch ist dem Menschen ein Ellenbogen« heißt es im Gedicht *Düsseldorfer Impromptu*. Doch das Bekenntnis zur DDR, das Land, »das ich wieder und wieder wählen würde«, klingt nurmehr trotzig und schon bang.

Kunze verliert seine Bilder und Metaphern, seine Texte werden immer kürzer, prägnanter, epigrammatischer. Man lese das Gedicht *Kurzer Lehrgang*, zum Beispiel die Strophe »Ethik« (»Im Mittelpunkt steht der Mensch. Nicht der einzelne«), und man hat in diesem einen Gedankenblitz eine ganze Philosophie. Aphoristisch pointiert, oft mit einem melancholischen oder bitteren Witz, knapp und doch in jeder Hinsicht vielsagend.

Schließlich, 1977, geht Kunze in den Westen. *Die wunderbaren Jahre* sind sein wunderbarstes Werk, ein schmales, doch ungemein gewichtiges Buch – randvoll mit kurzen Erzählungen, Notaten und Zitaten, fast dokumentarischen Berichten von geradezu halluzinatorischer Schärfe, Prosagedichten –, das lakonisch die lebensbedrohliche Gewalt des Lebens im realen Sozialismus beschwört. Wunderbar sind die Jahre nicht, eher traumatisch, wunderbar ist es für den Ich-Erzähler allein, das Aufwachsen seiner Tochter zu erleben, die bereit ist, sich den Wundern des Lebens zu öffnen und doch schon früh feststellen muss, wie sehr sie von totalitärer Gewalt bedroht sind. Nicht zuletzt angesichts der Niederschlagung des Prager Frühlings, die das Unvermögen der von der Sowjetunion dominierten Staaten zur Reform und zu einem »Sozialismus mit menschlichem Antlitz« aller Welt nur allzu deutlich vor Augen führt.

Die wunderbaren Jahre sind eine Offenbarung der Anfechtungen, der Schwierigkeiten, mit der Wahrheit zu leben und von einer ganz unerhörten, zärtlichen, verzweifelten Traurigkeit.

UWE JOHNSON

* 20. Juli 1934 Kammin (Pommern)
† 23. Februar 1984 Sheerness-on-Sea (Kent)

Romane und Erzählungen
  Ingrid Babendererde
  Mutmaßungen über Jakob
  Das dritte Buch über Achim
  Karsch und andere Prosa
  Zwei Ansichten
  Jahrestage. Aus dem Leben von Gesine Cresspahl (vier Bände)

UWE JOHNSON

Daß Öffentlichkeit und Rechtsprechung für eine Gesellschaft das sein können, was lebensgeschichtliche Selbstreflexion für das Individuum ist, das ist der utopische Gehalt der »Jahrestage«, wenn sie denn einen haben. *Bernd Auerochs*

Uwe Johnsons Erfolg lebt nicht zuletzt von dem Etikett »Dichter beider Deutschland«, das ihm die Literaturkritik angeheftet hat.

Der Roman *Mutmaßungen über Jakob* ist eine stimmen- und perspektivreiche Investigation: Die Umstände, die zur Verunglückung des Eisenbahners Jakob Abs führen (»Aber Jakob ist immer quer über die Gleise gegangen«), als er die Zonengrenze überschreiten will, werden nur durch Mutmaßungen eingekreist, letztlich aber nicht geklärt.

Das dritte Buch über Achim stellt am Beispiel des Buches, das ein westdeutscher Journalist über den ostdeutschen Rennfahrer Achim schreiben will, die ideologischen Verständigungsschwierigkeiten zwischen den beiden Teilen Deutschlands dar.

Auch *Zwei Ansichten* handelt von den beiden Deutschlands, in denen die Krankenschwester D. (aus Ostberlin) und der Fotograf B. (aus Holstein) den Mauerbau vom 13. August 1961 als das Symptom ihrer Getrenntheit erleben, die aber eigentlich durch ihre unterschiedlichen Lebenseinstellungen bedingt ist.

Im fernen New York beginnt Johnson mit seinem *Opus magnum*, dem schließlich mehrbändigen Roman *Jahrestage*. Und dort erzählt auch die Bankangestellte Gesine Cresspahl ihrer zehnjährigen Tochter Marie die Geschichte ihrer Familie. Die Gespräche und Tagebuchnotizen blenden immer wieder auf Erlebnisse und Erfahrungen der Nachkriegszeit im heimatlichen Mecklenburg zurück und zeigen Menschen auf der Suche nach einem wahrhaftigen Leben in einer Welt der Systemzwänge und gegensätzlichen Ideologien.

Mit diesem Meisterwerk, »diesem transatlantischen deutschen Roman«, befinden Norbert Niemann und Eberhard Rathgeb, »ist ihm etwas Einmaliges in der deutschen Nachkriegsliteratur gelungen: eine elementare Sprache für den feinen Sand der Geschichte zu finden, auf dem die Menschen immer wieder, allen Rückschlägen zum Trotz, ihre Glückszelte zu stellen versuchen.«

JUREK BECKER

* 30. September 1937 Lodz (Polen)
† 14. März 1997 Sieseby

Romane und Erzählungen
Jakob der Lügner
Irreführung der Behörden
Der Boxer
Schlaflose Tage
Nach der ersten Zukunft
Aller Welt Freund
Bronsteins Kinder
Die beliebteste Geschichte und andere Erzählungen
Amanda herzlos
Verschiedene Schriften
Ende des Größenwahns (Aufsätze und Vorträge)
Jurek Beckers Neuigkeiten
Drehbücher
Liebling Kreuzberg (TV-Serie)

Becker erfindet eine Erfahrung neu, eine, die immer galt und immer gelten wird, solange Menschen so grausam zu Grunde gehen: Die Verzweifelten und sogar die unrettbar Verlorenen brauchen eben noch bis zum allerletzten Atemzug die erfundene Hoffnung auf eine Überlebenschance. *Wolf Biermann über »Jakob der Lügner«*
In dieser Sprache gewinnt das osteuropäische Judentum eine unverwechselbare Stimme: ihre Intelligenz, dialogische Offenheit und menschliche Wärme sticht gegen die menschenverachtende Befehlssprache jener ab, die (wie dümmlich sie im einzelnen auch

sein mögen) sich als »Herrenmenschen« anmaßen, über Leben und Tod zu entscheiden. Jurek Becker gelingt es, statt lediglich über die Opfer zu sprechen, sie selber sprechen zu lassen – eine Erinnerungsarbeit, in der Gedenken und Kunst unauflöslich verbunden sind. *Gerhard R. Kaiser*

Als Absolvent der Filmhochschule Babelsberg und als Drehbuchautor (im Osten für die DEFA, im Westen für das Fernsehen) hat Jurek Becker ein untrügliches Gespür für Dramaturgie entwickelt, die ihm auch bei seinen Texten für das Kabarett »Die Distel« zugute kommt. In Filmen wie *Das Versteck, Der zerbrochene Krug* (nach Heinrich von Kleist) oder *Meine Stunde Null* (dessen Handlung im Zweiten Weltkrieg spielt) zeigt er, dass er schwierigste Erfahrungen und Probleme mit sanfter Ironie, ja einer besonderen Heiterkeit behandeln kann. Er hat eine ganz eigene Art, mit der Geschichte umzugehen.

An seine Kindheitserfahrungen im Ghetto und im Konzentrationslager erinnert sich Becker nicht. Und doch geben diese Orte des Grauens ihm die Themen vor. So erzählt er in seinem Erfolgsbuch *Jakob der Lügner* die Geschichte eines Juden, der im Ghetto einer kleinen polnischen Stadt gefangen ist. Eines Tages wird Jakob Heym nach einer Ausgangssperre verhaftet, aber statt in den Tod wird er einfach ins Ghetto zurückgeschickt. Auf dem Polizeirevier hat er im Radio gehört, dass die Rote Armee schon in der Nähe ist. Diese Neuigkeit will er im Ghetto unter die Leute bringen. Doch um nicht in den Verdacht zu geraten, ein Spitzel geworden zu sein, behauptet er, ein Radio zu besitzen, und erfindet von nun an täglich neue positive Nachrichten. Mut, Hoffnung, Lebenswillen weckt er, ohne sie jedoch letztlich einlösen zu können. Bis die »Wahrheit« seiner erfundenen Nachrichten offenbar wird: Die Front nähert sich tatsächlich, aber gerade das bedeutet für die Gefangenen den Tod, denn das Ghetto wird vor dem Eintreffen der Befreier liquidiert.

Ein seltsam weises, leuchtendes Buch, alles Pathos unterdrückend, ohne falsche Helden, doch voller Traurigkeit und Tragik, Witz und Sentiment und vor allem: Humanität.

Autobiographische Züge trägt Beckers Roman *Irreführung der Behörden*, die Geschichte einer Ehe sowie der Freundschaften, Probleme und Möglichkeiten eines DDR-Schriftstellers. »Vor einem Jahr kam mein Vater auf die denkbar schwerste Weise zu Schaden, er starb.« So lakonisch erzählen *Bronsteins Kinder* vom Tod ihres Vaters. Eine jüdische Familie übt Selbstjustiz an einem ehemaligen KZ-Lageraufseher, muss sich aber auch mit den moralischen Abgründen ihrer Tat auseinandersetzen.

Die Markenzeichen Jurek Beckers – Tränen und Gelächter, Trauer und Freude, Verzweiflung und Hoffnung, ständiges Bemühen um klares Denken – prägen auch die Drehbücher zur immens erfolgreichen Fernsehserie *Liebling – Kreuzberg*, in der Manfred Krug den leicht phlegmatischen Rechtsanwalt Robert Liebling spielt, der seine Alltagsfälle mit Witz, kleinen juristischen Tricks und persönlichen Marotten löst.

PETER HANDKE

* 6. Dezember 1942 Griffen (Kärnten)

Gedichte
Die Innenwelt der Außenwelt der Innenwelt
Dramen
Publikumsbeschimpfung
Kaspar
Das Mündel will Vormund sein
Der Ritt über den Bodensee
Die Stunde da wir nichts voneinander wußten
Zurüstungen für die Unsterblichkeit
Romane und Erzählungen
Die Hornissen
Der Hausierer

Die Angst des Tormanns beim Elfmeter
Der kurze Brief zum langen Abschied
Als das Wünschen noch geholfen hat
Wunschloses Unglück
Die linkshändige Frau
Die Stunde der wahren Empfindung
Die Lehre der Sainte-Victoire
Langsame Heimkehr
Die Wiederholung
In einer dunklen Nacht ging ich aus meinem stillen Haus
Mein Jahr in der Niemandsbucht
Der Bildverlust
Essays und Aufzeichnungen
Ich bin ein Bewohner des Elfenbeinturms
Die Geschichte des Bleistifts
Versuch über die Müdigkeit
Versuch über den geglückten Tag

Peter Handke betritt die Literaturszene nicht durch den Bühneneingang, sondern mit einem spektakulären Auftritt an der Rampe, als er 1966 bei der Tagung der Gruppe 47 in Princeton »der gegenwärtigen deutschen Prosa eine Art Beschreibungsimpotenz« vorwirft. Doch ob Kollegenschelte oder *Publikumsbeschimpfung*, radikale Schuldzuweisungen sind Handkes Sache eigentlich nicht. Vor allem dann nicht, wie im Fall seiner heftig umstrittenen Parteinahme für Serbien, welches fast die ganze Welt für Kriegstreiber und -verbrecher hält. Wenn er seinen Sinnen traut und nur das sieht oder zu sehen vorgibt, was die Wirklichkeit ist oder was er dafür hält.

Mit seinen frühen Werken wird Handke zu einem wichtigen Vertreter sprachexperimenteller Literatur. Er zeigte, »daß die Literatur mit der Sprache gemacht wird, und nicht mit den Dingen, die mit der Sprache beschrieben werden.« So kommt es zu der heftigen Kritik an den traditionellen Formen in Lyrik, Prosa und Drama sowie den damit verbundenen Erwartungshaltungen des Publikums. Immer wieder polemisiert Handke gegen eine direkte gesellschaftskritische Ausrichtung der Literatur. Doch dann vollzieht er eine Wende in seinem Schaffen, zurück zum traditionellen Erzählen, in dem großen und würdigen Wagnis der Erzählung *Wunschloses Unglück*, in der Handke vom Leben und Freitod seiner Mutter berichtet. Immer stärker wendet er sich nun ab von den Themen der Lebensgefahr sich auflösender Ordnungen und der Selbstvergessenheit: Er sucht das Positive, das Annehmbare, das Bedeutungsvolle, Zeichen anwesenden Lebens. Spuren, die ein feiner Bleistift zeichnet. Wahre Empfindungen.

Den Vergleich mit Adalbert Stifter hat Handke selbst oft provoziert. Er sieht sich in der Nachfolge dieses kaum zu übertreffenden präzisen Beobachters noch der subtilsten Seelenvorgänge. Dabei ist Handke nie wirklichkeitsvergessen, selbst dann nicht, wenn er – wie Stifter – die scheinbar einfachsten Dinge und kleinsten Einzelheiten in den Blick nimmt. Einen genaueren, detailverliebteren Schriftsteller kennt die deutsche Literatur nicht.

BOTHO STRAUß

* 2. Dezember 1944 Naumburg an der Saale

Prosa

Marlenes Schwester
Die Widmung
Rumor
Paare, Passanten
Niemand anderes
Fragmente der Undeutlichkeit
Der junge Mann
Über Liebe
Wohnen Dämmern Lügen
Die Fehler des Kopisten

Das Partikular
Die Nacht mit Alice, als Julia ums Haus schlich
Dramen
Die Hypochonder
Bekannte Gesichter, gemischte Gefühle
Trilogie des Wiedersehens
Groß und klein
Kalldewey
Der Park
Die Fremdenführerin
Das Gleichgewicht
Ithaka
Essay
Anschwellender Bocksgesang

B ei kaum einem anderen Schriftsteller lässt sich Kultur-
und Gesellschaftskritik so genussreich aufnehmen wie
bei Botho Strauß. Wirkung und Publizität erfährt er zunächst
auf der Bühne: Mit Stücken, welche die Deformationen und
Krisenerscheinungen der bundesdeutschen Gesellschaft in
eine Ästhetik des Verlusts kleiden, gewinnt Strauß in den
achtziger Jahren einen dominierenden Einfluss auf die
Spielpläne.

Doch auch seine Prosa macht den Hauptabteilungsleiter
der Sprachausstattung rasch bekannt. Mit dem Roman *Der
junge Mann* setzt Strauß sich bei der Kritik durch, vermutlich weil sich dieses Werk in der Tradition des deutschen Bil-
dungsromans lesen lässt. Eine Wahrnehmungsfähigkeit und
Sensibilität, über die er in reichem Maße verfügt, zeichnet
diesen Poeten der Beobachtung aus. Die leisen Töne, die er
der Wirklichkeit ablauscht, verdichtet Strauß zu artistischen
Sprachspielen. So ist dieser Meister der Sprachpreziosen,
dessen Figuren sich immer ein bisschen zu wichtig nehmen
oder die Welt mit ihren privaten Problemen verwechseln,
auch unumstrittener Spezialist für verwirrte Gefühle und
gescheiterte Kommunikation.

In *Paare, Passanten*, epigrammatische Prosa in der Tradi-

BOTHO STRAUß

tion der *Minima Moralia* von Theodor W. Adorno, wird das Maß der Entfernung zwischen Menschen gerade im Schein und Anschein der Nähe erkennbar. Das Fehlen »großer Gefühle« ist Anlass für beredte Klage, aber auch für eine Selbststilisierung, die Strauß, diesen »hellsichtigen Diagnostiker bundesrepublikanischer Wohlstandsbefindlichkeiten« (Gerhard R. Kaiser), die Rolle des einsamen dichterischen Sehers beanspruchen lässt. Er scheut sich nicht, das romantische Modell einer Erlösung durch Poesie und Liebe zu restaurieren und setzt sich damit mancherlei Missverständnissen aus, die aufzulösen er sich jedoch nicht zur Verfügung stellt.

Wie sehr Strauß den Nerv der Zeit zu treffen versteht, zeigt die immense öffentliche Reaktion und Aufregung, die seinem »Spiegel«-Essay *Anschwellender Bocksgesang* folgt.